# 中华商文化：
# 传承与创新

## （第 2 版）

主　编　俞　泠　来金晶　季瑶娴
副主编　陈　君　王　佩　徐　洁　程燕婉

北京理工大学出版社
BEIJING INSTITUTE OF TECHNOLOGY PRESS

版权专有　侵权必究

### 图书在版编目(CIP)数据

中华商文化：传承与创新 / 俞涔，来金晶，季瑶娴主编. — 2版. -- 北京：北京理工大学出版社，2024.2

ISBN 978-7-5763-3252-0

Ⅰ.①中⋯　Ⅱ.①俞⋯②来⋯③季⋯　Ⅲ.①商业文化-中国　Ⅳ.①F72

中国国家版本馆 CIP 数据核字(2024)第 002477 号

责任编辑：李　薇　　　文案编辑：李　薇
责任校对：周瑞红　　　责任印制：施胜娟

出版发行 / 北京理工大学出版社有限责任公司
社　　址 / 北京市丰台区四合庄路 6 号
邮　　编 / 100070
电　　话 / (010) 68914026（教材售后服务热线）
　　　　　 (010) 68944437（课件资源服务热线）
网　　址 / http://www.bitpress.com.cn

版 印 次 / 2024 年 2 月第 2 版第 1 次印刷
印　　刷 / 唐山富达印务有限公司
开　　本 / 787 mm×1092 mm　1/16
印　　张 / 11.25
字　　数 / 245 千字
定　　价 / 65.00 元

图书出现印装质量问题，请拨打售后服务热线，负责调换

# 《中华商文化：传承与创新》系列教材
## 建设委员会名单

**总顾问**：全国电子商务职业教育教学指导委员会　陆春阳

**主　任**：浙江商业职业技术学院　张宝忠

**副主任**：山东商业职业技术学院　张志东
　　　　　无锡商业职业技术学院　杨建新
　　　　　湖南商务职业技术学院　李定珍
　　　　　广西国际商务职业技术学院　王国红
　　　　　安徽商贸职业技术学院　郑承志
　　　　　中山职业技术学院　李懋
　　　　　北京理工大学出版社　刘铁

**成　员**：浙江商业职业技术学院　俞涔
　　　　　湖南商务职业技术学院　曾鸣
　　　　　中山职业技术学院　渠晓伟
　　　　　山东商业职业技术学院　冯成伟
　　　　　无锡商业职业技术学院　叶东
　　　　　广西国际商务职业技术学院　李庆文
　　　　　山东商业职业技术学院　杨秉强
　　　　　安徽商贸职业技术学院　夏名首

# 前 言

文化是一个国家、一个民族的灵魂。民族的复兴需要强大的物质力量，更需要强大的精神力量。而文化自信正是凝聚和引领一个国家、一个民族胜利前行的强大精神力量。党的二十大报告提出"推进文化自信自强，铸就社会主义文化新辉煌。"习近平总书记强调指出："在新的起点上继续推动文化繁荣、建设文化强国、建设中华民族现代文明"，指明了新时代文化建设的历史方位和文化使命。

世界上每一种文明，都有自己的成长史，有自己独特的个性和记忆。作为一种社会文化现象，中华商业文明源远流长、历史厚重，是伴随着商品交换的产生而产生，与商业实践活动相始终的。从原始社会的以物易物，到古代商业的重农抑商，再到近现代商业的蓬勃发展，过程漫长而又耐人寻味，其间既有繁荣辉煌，也有曲折艰难。岁月的积淀铸成今天悠久灿烂的中华商文化，既浓缩了中国商业文明发展的高度，折射了中华民族兴衰沉浮的发展历程，又凝聚了商业先辈们的智慧和汗水。在几经变迁的历史长河中，中华民族悠久灿烂的商文化是一个动态的、不断超越的文化系统，其内部犹如存在着一种新陈代谢机制，无论在怎样的环境里，始终顽强求存，并且不断实现自我筛选、自我反省，甚至自我淘汰和自我创新，久盛不衰。中华商文化中蕴含着"以商富国、以商福民"的商业职业精神，凝结着中国商人"爱国、敬业、诚信、友善"的优秀基因，这不仅是中华民族生生不息的基础，也是推动我国商业经济不断向前发展的精神动力。

不忘本来才能开辟未来，善于继承才能更好创新。改革开放40多年来，中国商人群体筚路蓝缕、乘风破浪，在全国乃至世界经济舞台上扮演着重要角色，成为我国社会主义建设中的一支重要力量。尤其是当下数字技术大变革、大发展、大融合的数字经济带来了全新的商业思维和运作模式，以创新分享为基础、合作共赢为核心的新商业文化价值观正在逐渐形成并指引着当下商业经营活动全过程。教育的核心是"立德树人"，关键在"培根铸魂"。职业院校必须坚持德技并修的育人标准，推进价值引领、知识传授和能力培养的融合统一，回归育人本原，将"达济天下的商业精神、全球视野的新商业价值观和跨界融合的新商业思维"内化到商科职业人才培养的各领域、各方面、各环节。

教材体现国家意志，是育人育才的重要依托，教材建设是国家事权。《中华商文化：传承与创新》一书自2018年出版以来，被全国多所高职高专院校选用，受到了广泛的好评。以本教材为重要依托的教学改革项目荣获2022年职业教育国家教学成果二等奖,入选了教育部首批课程思政示范课、教学名师及团队,荣获全国职业院校教师教学能力大赛等多项国家级成果荣誉。在新一版教材的建设中,编者以立德树人的政治方向为指导思想,通过信息技术与教材建设的深度融合,运用新的表现形态,致力于统筹线上、线下两种教育形式,课上、课下两种教育时空,自学、导学两种教学模式。教材中包括了各章教学说明、导学单、重难点微课讲解、同步训练、即问即答、拓展资源、知识链接、学习评价、自我检测等内容,除传统的文字之外,还包括了视频、音频、图片、文档、网页等资源,充分体现了"让教材变薄,让知识变厚"的理念,有限的书本内容得到了"无界限"的拓展。教材的创新保障了贯穿全程教学服务模式升级,能支持教师"翻转课堂"教学和学生"随时随地"学习。课前,"教学说明"和"导学单"帮助教师、学生全面把握各章节的教学重难点,明确学习内容与目标、学习路径与方式、学习测试与成果要求。课中,教师可以利用"资料卡""案例分析"等进行情境导入、引导学生参与课堂讨论,"微课视频"剖析重难点,"同步训练""自测题"进行随堂小测验等教学活动,并全面掌握学生学习偏好、心理和学习行为数据等,便于及时调整教学策略。课后,"应用自测"提升各章节理论知识的运用能力,实现知识、能力和素养提升目标,也能帮助教师通过多维度教学评价实现教学反思和诊改。"一本教材"带走"一个课堂",真正实现了"教材即课堂,即教学服务,即教学环境"的建设目标。

  本次《中华商文化:传承与创新(第2版)》教材修订工作分工如下:俞涔教授负责修订方案的制定和栏目体例的设计、总纂和审定全书,来金晶老师负责文字与资源的统筹与汇总以及第1章的修订,陈君老师负责第2章的修订,季瑶娴老师负责第3章的修订,王佩老师负责第4章的修订,徐洁老师负责第5章的修订,程燕婉老师负责第6章的修订。本教材的修订得到了中国职业技术教育学会、浙江省高等教育学会及有关兄弟院校的大力支持。在编写和修订本教材的过程中,编者参考了国内外有关著作等文献资料,在此一并表示感谢。限于时间和编者水平因素,教材中定有诸多纰漏和不足,请广大读者指正。

编 者

# 目 录

## 第1章 商史文化 ( 1 )

### 第1节 商业的起源 ( 3 )
一、商业的含义 ( 3 )
二、商业活动的兴起 ( 4 )
三、商业存在的意义 ( 6 )

### 第2节 中国古代商业文明 ( 6 )
一、春秋时期商业文明 ( 6 )
二、唐宋时期商业发展 ( 8 )
三、明清时期商业伟绩 ( 11 )

### 第3节 中国近现代商业发展 ( 12 )
一、清末民初商业曲折发展 ( 12 )
二、中华人民共和国成立初商业低潮 ( 13 )
三、改革开放以来商业繁荣 ( 14 )

本章小结 ( 19 )
理论自测 ( 19 )
应用自测 ( 20 )
商道传承 ( 21 )

## 第2章 商路文化 ( 23 )

### 第1节 大运河 ( 26 )
一、大运河的凿建与变迁 ( 26 )
二、大运河的商业贸易 ( 28 )
三、大运河的影响 ( 31 )

### 第2节 丝绸之路 ( 32 )
一、陆上丝绸之路 ( 33 )
二、海上丝绸之路 ( 36 )
三、丝绸之路的历史价值 ( 40 )

### 第3节 一带一路 ( 43 )
一、"一带一路"的时代背景和框架思路 ( 44 )

二、"一带一路"的合作重点 ……………………………………………（45）
　　三、"一带一路"的实践意义 ……………………………………………（49）
本章小结 ……………………………………………………………………（51）
理论自测 ……………………………………………………………………（51）
应用自测 ……………………………………………………………………（53）
商道传承 ……………………………………………………………………（53）

## 第3章　商帮文化 …………………………………………………………（55）

第1节　商帮概述 …………………………………………………………（57）
　　一、商帮的含义 …………………………………………………………（57）
　　二、商帮的出现 …………………………………………………………（59）
第2节　传统商帮 …………………………………………………………（61）
　　一、明清十大商帮概述 …………………………………………………（61）
　　二、典型的商帮文化 ……………………………………………………（64）
第3节　新商帮 ……………………………………………………………（76）
　　一、新商帮的由来 ………………………………………………………（76）
　　二、新商帮的经商特点 …………………………………………………（78）
本章小结 ……………………………………………………………………（83）
理论自测 ……………………………………………………………………（83）
应用自测 ……………………………………………………………………（84）
商道传承 ……………………………………………………………………（84）

## 第4章　商号文化 …………………………………………………………（85）

第1节　商号概述 …………………………………………………………（87）
　　一、商号的含义与内涵 …………………………………………………（87）
　　二、商号的形成与发展 …………………………………………………（88）
第2节　传统商号的经营与变革 …………………………………………（92）
　　一、百年老店典型商号 …………………………………………………（92）
　　二、典型商号的经营管理方式 …………………………………………（101）
　　三、传统商号的困境与变革 ……………………………………………（103）
第3节　企业文化的传承与创新 …………………………………………（106）
　　一、客户至上文化 ………………………………………………………（107）
　　二、制度管理文化 ………………………………………………………（108）
　　三、人才发展文化 ………………………………………………………（110）
　　四、改革创新文化 ………………………………………………………（111）
本章小结 ……………………………………………………………………（112）
理论自测 ……………………………………………………………………（112）
应用自测 ……………………………………………………………………（113）
商道传承 ……………………………………………………………………（114）

## 第5章　商业精神 (115)

### 第1节　商业精神概述 (117)
一、商业精神的内涵 (117)
二、中国商业思想与商业精神 (118)

### 第2节　商业精神的文化内核 (120)
一、爱国敬业，经商之魂 (120)
二、诚毅勤朴，行商之道 (122)

### 第3节　商业精神的时代表达 (126)
一、改革开放与"四千精神" (126)
二、新商业文明与企业家精神 (130)

本章小结 (135)
理论自测 (135)
应用自测 (136)
商道传承 (137)

## 第6章　商业模式 (139)

### 第1节　商业模式概述 (141)
一、商业模式的含义 (141)
二、商业模式的构成要素 (142)

### 第2节　商业模式设计与创新 (144)
一、商业模式画布 (144)
二、商业模式的改革与创新 (146)
三、商业模式的设计与再造 (148)

### 第3节　商业模式分析与借鉴 (152)
一、自带优势的电商模式 (152)
二、备受青睐的免费模式 (154)
三、愉悦加倍的体验模式 (157)
四、积少成多的长尾模式 (158)
五、无死角的全渠道模式 (161)

本章小结 (163)
理论自测 (163)
应用自测 (165)
商道传承 (165)

## 参考文献 (166)

# 第1章

## 商史文化

学史可以看成败、鉴得失、知兴替；学诗可以情飞扬、志高昂、人灵秀；学伦理可以知廉耻、懂荣辱、辨是非。我们不仅要了解中国的历史文化，还要睁眼看世界，了解世界上不同民族的历史文化，去其糟粕，取其精华，从中获得启发，为我所用。

——摘自习近平总书记2013年3月1日在中央党校建校80周年庆祝大会暨2013年春季学期开学典礼上的讲话

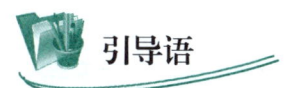 **引导语**

　　商业是一个历史范畴，它是历史发展到一定阶段才产生的，存在于一定历史时期。商人不是凭空出现的，而是在一定的时代背景下产生的，既是实践的产物，又与特定的自然环境和社会结构紧密相连。中国人经商的传统和中国历史一样绵久悠长。从春秋战国时期出现的范蠡、白圭、吕不韦等经商奇才，到明清盛世的中国十大商帮，不同时期、不同地域的商人形成了独特的商业智慧和财富观念，一直影响到现在。当下，随着全球化进程加快、数字经济大潮的涌动，中国人正创造着新时代的商业奇迹。纵观商业发展史，自然环境和历史传承对于一个国家或地区的经济发展和社会结构具有相当重要的影响。本章将从商业的起源、中国古代商业文明、中国近现代商业发展等内容入手，将这条传承自历史而又流向未来的商史之河文化精神，生生不息地传承下去。

教学说明

 **学习目标**

◎ 理解商业的含义，商业起源；
◎ 了解中国古代商业文明；
◎ 掌握中国近现代商业发展的主要特征；
◎ 弘扬商业精神，传承商史文化。

导学单

## 第1节　商业的起源

### 一、商业的含义

　　在商品经济相当发达的今天，提到商业，大家都已经非常熟悉，但商业并非是自古就有的。人类产生后，在漫长的时间里是没有商业的，直到第三次社会大分工，出现了一个不从事生产而只专门从事商品买卖的商人阶级，才产生了商业。一般认为，商业源于原始社会以物易物的交换行为，它的本质是交换，而且是基于人们对价值的认识的等价交换。具体来说，商业是以货币为媒介进行交换从而实现商品流通的经济活动。它有广义与狭义之分：广义的商业是指所有以营利为目的的事业；狭义的商业是指专门从事商品交换活动的营利性事业。

商业的含义

 **知识拓展**

#### 人类历史上的三次社会大分工

　　原始社会的早期阶段，人类使用木棒、石块等简陋的生产工具，在自然分工的基

中华商文化：传承与创新（第2版）

何时出现商业

础上，从事采集、狩猎和捕鱼，维持最低的生活。第一次社会大分工是畜牧业从农业中分离出来，社会出现对立阶级，人类进入奴隶社会；第二次社会大分工是手工业从农业中分离出来，促进了社会生产力的发展；第三次社会大分工是商业的分离，商品交换发展到一定时期，交换规模扩大，品种增多，各生产者和消费者之间直接的产品交换越来越不便利，于是出现了不从事生产而专门从事商品交换的商人阶级。

（资料来源：编者整理）

应从以下五个方面理解商业的实质内涵：

（1）经营商品买卖的主体具有独立的经济地位。在奴隶制时代和封建领主制时期，商人是"工商食官"，封建地主制时期是商人阶级，资本主义社会时期则出现了资本家的私人企业和商业托拉斯等组织形式。

（2）商品买卖业务完全专业化。商业劳动与物质生产劳动相分离，在此基础上形成社会分工的基本体系。

（3）商业主体拥有独立的货币资金。商人预付的货币资金专门执行商品交换的职能，实现价值和使用价值，它不生产商品。

（4）商业资金运动具有特殊的规律性，即遵循着先买再卖、反复买卖的规律运动。

（5）商业资金运动的目的是取得商业利润。贱买贵卖是商业价格形成的一般规律。

 **知识拓展**

### 工商食官

工商食官是西周官营手工业制度，是指当时的手工业者和商贾都是官府管的奴仆，他们必须按照官府的规定和要求从事生产业贸易。在这种制度下，周王室和诸侯都有官府管理的各种手工业作坊，属司空管辖。这些手工业作坊的各类生产者称为百工，他们既是具有一定技术水平的工匠，又是从事手工业生产的管理者。

工商食官具有两重性。因为他们的服务对象以统治国家的天子、诸侯、领主、贵族为主，所以具有"公"的性质；另外，由于他们对自己的产品或者商品有一定程度的自由支配权，因此又具有"私"的特点。

工商食官制度盛行于西周时期，春秋战国时期随着私营手工业的出现，以及官营手工业效率的低下，周王室的衰微，工商食官制度逐渐衰落。战国后期，私营商业在流通领域已居主要地位，工商食官制度崩溃。

（资料来源：杨紫元．商业文化与素养［M］．北京：高等教育出版社，2016：1；百度百科．工商食官制度［EB/OL］．https://baike.baidu.com/item/工商食官制度，编者整理）

## 二、商业活动的兴起

商业是一个历史范畴，也就是说，它是在历史发展到一定阶段产生的，存在于一定历史时期，不是和人类社会相始终的。

原始社会后期的母系氏族社会时期，在产品偶然有剩余的情况下，便发生偶然、个别的物物交换。到了父系氏族社会时期，随着社会分工进一步发展，手工业和农业分离，交换由偶然逐渐转为经常，交换内容由少数有限的产品逐渐转为相对多的广泛交换。由于物物交换是买与卖的结合，买进的同时也在卖出，这种物物交换在广泛交换的过程中使人感到越来越不方便，便产生了辅助交换的"等价物"。"等价物"的出现使交换活动进入一个崭新的时期，这也使交换过程被分解成为买和卖两个不同的交换阶段。

河南商丘是商人、商品、商业的发源地、商文明的诞生地，有"华商之源"的美誉。《诗经·商颂·玄鸟》说："天命玄鸟，降而生商。"《史记·殷本纪》中记载："三人行浴，见玄鸟堕其卵，简狄取吞之，因孕生契。"《楚辞》《吕氏春秋》等很多史书也都有简狄因为吞下玄鸟的卵而生下契的记载。商部落始祖契，也就是阏伯，居高丘观星授时、发明殷历二十四节气，指导农业生产，开启古老的农耕文明。农牧业的迅速发展，使商部落很快强大起来，他们生产的东西有了剩余，后来阏伯之孙相土首先发明了马车，六世孙王亥又发明了牛车。这便是史书上"立皂牢，服牛马，以为民利"的记载。王亥为了解决物资过剩的问题，于是与其弟王恒讨论如何跟其他部落以物换物。决定好之后，他与王恒选一些有活力的牧人，一起亲自将这些货物送至有易国（今河北省易县一带），这就是最早的商业。王亥被专家们论证为中华民族经商第一人，尊称为"华商始祖"。因商部落人的这种交换行为开创了华夏商业贸易的先河，久而久之人们就将从事贸易活动的商部落人称为"商人"，将用于交换的物品称为"商品"，把商人从事的职业称为"商业"。

华商始祖王亥

约在公元前1600年，中国进入商代，社会分工不断深化，如酿酒业、蚕丝纺织业、青铜器皿制造业等得到进一步发展。由于生产力的进步和社会分工的发展，商代是我国古代商业和商品交换迅速发展的时代。

在商代，商业性城市开始出现。商后期的都城殷，经过几代统治者的着力经营，规模扩大了，被称为"大邑商"。城市是奴隶主及其家内奴隶和卫队集中的地方。他们为满足生活的需要，在都邑里设立交易场所，市内有各种各样的"肆"。城市的发展为商业交换的进一步扩大和深化创造了条件。

在商代，作为贸易活动的结算和支付工具——货币，更趋完善，在贸易和交换中人们已普遍采用海贝作为货币。贝是自然计数单位，坚固耐用，重量轻，体积小，便于携带和保存，因而被选择作为货币。到后来，产于远方的海贝难以满足日益扩大的商品流通要求，于是又出现了骨制贝和铜制贝。其中，铜贝是世界上已发现的最早的金属货币。它的出现反映了商品交换的发展更需要货币的媒介来组织发达的商品流通。

贝币

## 三、商业存在的意义

所谓"无农不稳,无工不富,无商不活",商业作为独立的经济部门存在,有其深刻的含义,可以概括为以下几个方面:

(1)商业的独立存在可以缩短商品的流通时间,加速社会的再生产过程。在商品经济条件下,社会再生产过程是生产过程和流通过程的统一,因而,流通时间越短,社会再生产周期的更新就越快,为社会提供的物质财富也就越多。

(2)商业的独立存在可以节约流通领域的社会劳动。商业部门不只是为一个生产部门和企业推销商品,而是为许多生产部门和企业进行商品购销活动,它可以在一个生产企业的资金周转一次的时间内完成若干次周转。这就比每一个生产部门和企业都设一套供销机构、配备一批销售人员直接进行商品买卖节省了大量的人力、物力和财力。

(3)商业的独立存在有利于生产分工的发展和生产专业化程度的提高,从而有利于劳动生产率的提高。生产的社会分工要求各个生产者之间要相互联系,且这种联系的深度、广度和社会分工的发展成正比。在商品经济条件下,这种联系是通过商业发挥自己在生产和生产、生产和消费之间的媒介作用来实现的。

商业通过为不同的生产企业提供其所需要的流通、交换媒介,为其销售产品,从而促进了社会生产分工的发展和生产专业化程度的提高。

# 第 2 节　中国古代商业文明

古代中国,以农为本,将"重农抑商"作为治国方略,所以商业经济发展比较缓慢。但尽管如此,中国人民在几千年的商业实践中,还是在积累了丰富的社会物质财富的同时,形成了富有特色的民族商业文明,如爱国守法、重义轻利、诚实守信、克勤克俭,以及高瞻远瞩、重视人才、乐观时变等具有经典意义的商业道德观念和商业经营思想。

春秋时期
商业文明

## 一、春秋时期商业文明

### 1. 春秋时期商业发展概况

商业和商品经济在原始社会已经萌芽,但是到春秋中期一直维持在比较低的水平。春秋时期的商业发展,一方面,上承西周,继续保持工商食官制度的特点;另一方面,私人商业开始逐渐发展起来,为战国时期私人商业的大发展打下了基础。春秋战国时期是一个诸侯纷争的时期,此时周王室力量衰微,失去了控制诸侯的力量,形成了"礼乐征伐自诸侯出"的局面。诸侯国之间战乱不断,互相兼并。为了能够在战争中立足,也为了能够富国强兵,走上霸主的地位,诸侯国采取了多种措施鼓励发展经济,巩固实力,增强统治,农商并举成了终春秋之世各国奉行不悖的政策。春秋列国不抑商，其主要原因是早期商业不仅未能达到分解农业经济的程度，而且农业、手工业也向着初步建立起来的封建经济方面发展。商业担负了诸国内部城乡之间、经济各部门之间、各社会阶层之间的交换任务。这些对封建领主制向封建地主制转变，对封建制度的完全确立和巩固都极为有利。

春秋初期，卫国卫文公就以"务财训农，通商惠工"教民。卫国大商人子贡，自己就是见识卓著的大商人，不仅能"亿则屡中"，而且"结驷联骑，束帛之币，以聘享诸侯。所至，国君无不分庭与之抗礼"。商人对于诸侯来说也变得越来越重要，他们的身份逐渐被认同，渐渐取得了和士、农、工同等的地位。

春秋时期，随着生产力的发展和社会分工的更加精细，手工业的发展已经达到了一个很高的水平，剩余产品的增加，使得商业活动越来越成为社会经济生活的重要组成部分。在这个过程中，就出现了专门为了商品买卖的生产者，商品经济也就在这个时期正式形成了。

值得一提的是，在商品经济发展的过程中，诸侯国金属铸币逐渐兴起，金属铸币的大量流通为商业的繁荣提供了极大的帮助。随着社会分工的扩大，加之生产活动所具有的很强的区域性，客观上要求商品交换存在，"以其所有易其所无"，使"四民"之间和地区之间互通有无，满足社会生活的需要，保证社会生产的发展和延续。因此，较大规模的商品交换市场在各地出现，使商业的发展达到了一个前所未有的水平，春秋时期商品经济的发展进入了中国历史上的第一个高峰阶段。

### 2. 春秋时期商业思想

春秋时期
商业思想

春秋战国时期是历史上思想文化交流最鼎盛活跃的一个时期。在此时，出现了百家争鸣的景象，在古老的中华大地上产生了许多杰出的思想大家和流派。他们的思想和学说对当时的商业发展和商业文化产生了深厚的影响。例如儒家思想产生了像子贡那样的"儒商"，兵家思想产生了像白圭那样的天下"法始祖"，法家思想产生了像吕不韦那样的"官商"……诸子百家的思想，几乎每一家都对商业思想产生了影响。

子贡（公元前520—公元前456年），孔门十哲之一，春秋末年卫国人，是公认的儒商始祖。儒家思想从其诞生之日起，就以中华正统的身份为世人所瞩目，不可避免地对商业文化产生影响，形成儒商文化。子贡所追求"以义制利，义利合一"的儒商理想，实际上就是"理性经济人"。商业当然是为了逐利的，但利有小利、大利。当个人的利益与大众的利益发生冲突乃至矛盾时，必须牺牲"小我"以成就"大我"。只有在公平、正义、稳定的外部环境下，个人的商业才能和智慧才能才得以最大程度发挥，实现利益最大化。从这一点上来说，儒商所强调的是"儒魂"与"商才"的完美结合，即"以儒修身，以商济世"。将儒和商结合在一起，子贡很快做出了一番大事业。从国家层面上来说，他帮助鲁国解除困境，游说齐国、吴国、越国和晋国，成功地进行了外交上的斡旋。《史记·仲尼弟子列传》记载："故子贡一出，存鲁，乱齐，破吴，强晋而霸越。子贡一使，使势相破，十年之中，五国各有变。"从社会层面上来说，子贡将商业活动和社会事业联系在一起，他交往富者，帮助贫民，所以上至君王，下至平民，没有人不称颂他的仁德。

白圭，名丹，战国时期洛阳著名商人，曾在魏国做官，后来到齐、秦，也是一名著名的经济谋略家和理财家。《汉书》称他是经营贸易发展工商的理论鼻祖，即"天下言治生者祖"。白圭在商业经营中博采兵家之长，开历史先河，将《孙子兵法》中孙武提出的"人弃我取，人欲我予"的思想运用于经营活动。他认为经商如孙吴用兵，审时度势；如商鞅变法，顺应时机。白圭对经商的时机把握得恰到好处，靠贱买贵卖获取利润。他在谷类成熟的时候收购粮食，出售丝织品、漆类；在蚕茧收获的季节，收购帛絮，出售粮食。白圭还认为，真正的商人，不应唯利是图，应当有"智、勇、仁、强"四种秉性，才能在复杂多变、竞争激烈的市场环境中，运筹帷幄，决胜千里。他把经商之道称为"仁术"。他所说的"仁"，具有两个方面的含义：一方面他反对"人弃我不取，以待更残时取之，人取我不予，而待更贵时予之"的奸商行径，在一定程度上反映出他对商业道德的注重。另一方面他认为，经商必须"示观时变"，灵活通达，通过准确地市场预测，有远见地拟定和调整经营方针。除此之外，白圭在其经商活动中，也主张面向大众，薄利多销，重视商品服务的质量，主张以质取胜。这一经营准则，直到今天仍为商界广为运用和提倡。

春秋末期，吴越争霸中出现了计然、范蠡等著名的经济专家。史书记载说："计然之策七，越王用其五而得意。"范蠡不仅营救越王勾践回国，还辅佐他在异常艰苦的条件下再度复兴，最终反败为胜。在范蠡辅佐越王勾践完成复兴国土的目标后，他便辞去官职为民，解甲经商。他提出一系列经世致用的商业思想：薄利多销、四通贸易、物价之贵贱源于供求之余缺等，十九年之中三致千金，创造出了商界的奇迹，对当时社会及经济发展作出了重要贡献，被后人尊称为"商圣"。

 **知识拓展**

**计然七策**

  1. 知斗则修备，时用则知物，二者形则万货之情可得而观已。
  2. 夫粜，二十病农，九十病末。末病则财不出，农病则草不辟矣。上不过八十，下不减三十，则农末俱利。
  3. 积著之理，务完物，无息币。
  4. 以物相贸易，腐败而食之货勿留，无敢居贵。
  5. 论其有余不足，则知贵贱。
  6. 贵上极则反贱，贱下极则反贵。
  7. 贵出如粪土，贱取如珠玉。财币欲其行如流水。
  （资料来源：东方资讯. 古代商人的经商必备《计然七策》[EB/OL]. https://mini.eastday.com/a/180525121053753.html，2018—05—25/2020—01—01）

## 二、唐宋时期商业发展

  唐宋时期的商业，是中国商业发展史上继春秋战国时期之后的又一个发展高峰。唐朝在隋朝经济初步繁荣的基础上，商业进一步发展，为两宋的商业繁荣创造了良好的物质条件。北宋与南宋尽管经历了诸多战乱，但商业发展的势头仍然不减，也创造了辉煌的业绩。

### 1. 唐朝商业发展概况

唐宋时期商业发展

唐朝时期，由于国势强盛、国家开放、文化发达、交通便利等因素，促进了商业的快速发展，主要表现在以下几个方面：

（1）商业性城市出现和城市商业繁荣。唐朝时期，中国国内出现了一批有代表性的商业城市，如扬州、长安、洛阳等。京杭运河的开通，使得运河沿线城市日益成为往来商船的集散地和物资的集散地。史书中有"商贾贸易车马，填塞于市"的描写，可见商业贸易之活跃。唐朝中前期，坊市分界，白天定时开市、闭市。仅长安城就有东市和西市两座市场，市内店铺林立，各有200多种行业，四方珍奇聚齐，繁华异常，集中了长安城的主要商业。随着商业买卖、交换的愈加频繁，固定的交易场所、固定的交易时间已经不能满足人们日常商品交易的需要。于是，在政府默许下出现了坊市逐渐放开的形态，出现了长安、洛阳、扬州、成都等商业都市，城市的发展是商业繁荣的重要标志。

（2）柜坊、飞钱的出现，货币的统一加速了商业的发展。柜坊是专营钱币存放与借贷的机构，是我国最早的银行雏形，它经营的业务是代客商保管金银财物，收取一定的租金，商人需用时，凭帖（相当于支票）或信物提取。与柜坊同时出现的还有"飞钱"，这是中国最早出现的汇兑制度，可以避免长途携带钱币的不便和可能出现的危险，对商业的发展起到了促进作用。与此同时，唐朝对货币的改革，确定了后代货币的范式，对经济的发展也起了不小的推进作用。

（3）对外贸易繁盛。唐朝实行开放的外交政策，对外交通极其发达。陆上和海上丝绸之路并进，与西亚、南亚、东亚、东南亚、欧洲和非洲国家有密切的交往。此外，唐朝时期，鼓励外商到中国境内自由贸易，胡商遍布各大都会。朝廷为规范胡商的经营，专门为胡商立法，在沿海重要港口城市设置市舶司，专门掌管对外贸易。对外贸易随着国力的强大而扩展到更广阔的国家和地区，与世界的联系也更加紧密。

（4）商品产销和流通管理制度逐渐规范化。专卖制度始于管仲在齐国推行的"官山海"政策，即实行盐铁官营。至西汉时，盐、铁和酒都被列入了国家垄断的专卖范围。到唐朝时，政府专卖变为注重征商。刘晏进行改革，把政府对经济活动的强制干预变为经济管理，在榷盐工作中实行民制、官收、商运、商销的运营模式，从把商人作为打击对象转变为在一定程度上把商人变成国家推行改革的助手。此外，政府还积极规范商税制度，设置了专门课征商税的机构——商税场，这也表明了国家承认和保护私营商业的倾向，从而进一步推动了商品经济的蓬勃发展。

### 2. 宋朝商业发展概况

宋朝，商业环境相对宽松，由于经济重心南移、商业政策的改变、航海技术发达等因素，商业也出现了繁荣景象，主要表现在以下几个方面：

（1）城市商业繁荣，超越了地点和时间的限制。唐末坊市之间的界线开始被打破，到了北宋时期，这种界线被彻底打破，城市街道两旁和居民区都有商业活动，商业渗入坊区，处处是店铺，既方便了商业，也方便了居民生活。旧时日中为市的经营时间限制也被打破，出现了早市、日市、夜市等。城市中出现了各种类型的集市，比如定期的庙会、专业性的集市以及节令性集市等。

(2) 产品种类繁多，商品化程度提高。宋朝时期，农业在耕作技术、农具、农作物品种上都有很大改良，使得生产物产量大为提高。生产物除了交纳赋税、满足自己需用外，有了相当的剩余，这些剩余的生产物通过商业渠道输往市场，加大了产品的商品化程度。与此同时，纺织业、采掘业等手工业都有了很大的发展。手工业的巨大发展更是极大地丰富了商品种类。据史载，北宋时东京的市场上至少有160种行业。到了南宋，临安的市场上已发展到440种之多。

(3) 区域性市场的形成与发展。宋代众多的水陆交通干线、支线，将地区性中心城市与其他县、镇联结起来，形成了全国性的商业网络，这也是宋代商业繁荣的一个最显著的特征。北宋时期的商业网络已形成若干区域市场，主要有以首都汴京（开封）为中心的北方市场、以苏杭为中心的东南市场、以成都为中心的川蜀市场和以陕西、河东一带为主的西北市场等。南宋时期又形成了以首都临安（杭州）为中心、以建康（南京）为枢纽，联结长江中下游和东南沿海一带的商业网络。这些区域性市场的形成，是宋代商业繁荣的一个重要标志。

(4) 纸币的出现和商业资本的扩大。宋代商业的繁荣造就了一大批富商，良好的商业经营环境又使得他们财富与日俱增。据史料记载，北宋首都汴京富商云集，家产10万贯文以上者比比皆是，资产百万者已不足为鲜，一些从事海外贸易的富商年收入可达千万。商业资本的扩大和商品交换的日益频繁，使货币铸造量猛增，但也无法满足需求。于是，就出现了世界上最早的纸币——交子。至南宋时期，纸币的品种又有所增加，主要有东南会子、川引、淮交、湖会四种，且有不同的面额。除纸币的品种有所增加外，发行数额也大大增多。这些都大大便利了商业活动。

 **知识拓展**

### 世界上最早的纸币——交子

交子，是世界上最早使用的纸币，发行于北宋前期（1023年）的成都。

**宋代交子**

最初的交子实际上是一种存款凭证。北宋初年，四川成都出现了为不便携带巨款的商人经营现金保管业务的"交子铺户"。存款人把现金交付给铺户，铺户把存款数额填写在用楮纸制作的纸卷上，再交还存款人，并收取一定保管费。这种临时填写存款金额的楮纸券便谓之交子。

随着市场经济的发展，交子的使用也越来越广泛，许多商人联合成立专营发行和兑换交子的交子铺，并在各地设分铺。由于铺户恪守信用，随到随取，交子逐渐赢得了很高的信誉。商人之间的大额交易，为了避免铸币搬运的麻烦，也越来越多地直接用交子来支付货款。后来交子铺户在经营中发现，只动用部分存款，并不会危及交子信誉，于是他们便开始印刷有统一面额和格式的交子，作为一种新的流通手段向市场发行。正是这一步步的发展，使"交子"逐渐具备了信用货币的特性，真正成为纸币。

随着交子影响的逐步扩大，对其进行规范化管理的需求也日益突出。北宋景德年间（1004—1007年），益州知州张泳对交子铺户进行整顿，剔除不法之徒，专由16户富商经营。至此，"交子"的发行正式取得了政府认可。宋仁宗天圣元年（1023年），政府设益州交子务，以本钱36万贯为准备金，首届发行"官交子"126万贯，准备金率为28%。

从商业信用凭证到官方法定货币，交子在短短数十年间就发生了脱胎换骨的变化，具备了现代纸币的各种基本要素，是中国最早由政府正式发行的纸币，也被认为是世界上最早使用的纸币，比美国（1692年）、法国（1716年）等西方国家发行纸币要早六七百年。

（资料来源：吴雪莲. 中国最早的纸币［EB/OL］. http://www.airmb.com/html/5/2017/0911/55335.html，2017-09-11/2020-01-01）

（5）海上贸易十分发达。宋朝的造船技术和航海技术相当发达，政府制定了一系列有助发展海运贸易的规定，促进海外贸易发展。与此同时，受到战事的影响，陆上丝绸之路受到阻断，海上贸易成为对外交往的主要手段。此时，同中国进行海路贸易的国家和地区多达50多个。政府陆续在杭州、明州、泉州以及密州的板桥镇、秀州的华亭县设置市舶司或市舶务，管理对外贸易，征收税金，收购朝廷专买品和管理外商等。

## 三、明清时期商业伟绩

明清时期，世界经济结构发生了变化，并引发了一场"商业革命"，形成了"近代资本主义萌芽"之说。这一时期中国经济同样发生了很大的变化：小农经济与市场的联系日益密切，农产品商品化得到了快速发展，城镇经济空前繁荣，农村商贸也很繁华。全国性的商贸城市不断出现，汇集了四面八方的特产。

明朝中期，随着海禁政策的放松，无论是农村还是城镇，受到西方工业文明的影响已相当显著。这种影响在农村主要表现为，随着农业生产的快速发展，分工不断扩大，生产的商品化倾向不断增强，农村雇佣劳动者的队伍也日益壮大，贫富差距加剧，阶级日益分化，货币地租日渐取代实物地租。农产品市场的扩大，不仅推动了商业的发展，而且极大地刺激了手工业的发展，从而促进了市镇经济的繁荣。大批的农村无产者为寻求生机，不断涌入市镇。人员的流动，不仅为市镇经济的繁荣增添了力量，同时又进一步促进了贸易的发展。此时，兴起了一大批以经济功能为主的中小工商业市镇，尤以江南地区为盛。在这些市镇中，手工业作坊、工场林立，有的规模大得惊人，浙东地区出现了具有资本主义萌芽性质的"机户"和"包买商"，这可能是中国最早的个体工商户。此时，还形成了几个颇具特色的经济区域，如高效农业与丝、棉纺织业并重的江南经济，全国最大的商品粮输出区——长江中上游地区等，全国性的市场网络进一步形成和整合。此外，还出现了各种商行，这些商行不仅控制了商业，而且利用资本不断影响和控制着生产，这标志着商业资本已经逐渐向产业资本转化。

明清时期城镇经济繁荣，专业化市镇出现

明清时期地域性商人群体涌现

明朝中期起,交通条件大为改观,商品生产日益发展,商品流通愈加发达。在支付方式上改变了传统的支付方式,白银逐步货币化,提高了结算效率,推进和刺激了商品的大规模流通。随着商品行业繁杂和数量增多,商人队伍日渐壮大,竞争日益激烈。为了避免恶性竞争、排除异己和垄断市场,全国各地涌现出了许多地域性的商人群体,这些群体被称为商帮。最著名的有十大商帮,其中以晋商和徽商势力最大,影响深远。吴承明先生认为:"16世纪,即明嘉(靖)万(历)年(1522—1620年),大商帮的兴起是一个信号。"经济学界一些学者称之为"现代化的因子",是当时经济繁荣的一个显著标志,它说明商业、市场、商品经济的发展进入了一个崭新的阶段,"标志着中国开始走上近代化或者现代化的过程"。

## 第3节 中国近现代商业发展

近代商业发展

### 一、清末民初商业曲折发展

19世纪60年代到90年代,晚清洋务派进行了一场引进西方军事装备、机器生产和科学技术以挽救清朝统治的自救运动,兴办了许多军工业和民用工业,并成立了中国最早的股份制企业轮船招商局,客观上推动了民族工商业的发展。但甲午战争与洋务运动失败后,中国工商业由于《马关条约》的签订再度陷入低谷。

1911年辛亥革命推翻了封建专制统治,代表资产阶级利益的孙中山等人制定了一系列政策大力发展民族工商业。从中央到地方都建立了专门负责振兴实业的机构,制定了许多发展资本主义工商业的政策和措施,为民国初年中国工商业健康有序地发展起到了积极的推动作用。中国一度出现了兴办工商业的浪潮,极大地促进了中国工商业的发展,但随着帝国主义的剥削压迫,商业发展再次减缓。

1914年,第一次世界大战爆发,各帝国主义国家忙于战争,无暇顾及中国。以张謇等人为首的民族实业家提出了"实业救国"的口号,许多爱国人士纷纷设厂救国,创办纱厂、面粉厂等多种工商企业,还兴办学校,试图以实业所得资助教育,用教育改进实业,凭实业发展救国。中国工商业在这一时期一度发展到巅峰。但随着第一次世界大战结束,帝国主义国家重新来到中国,中国工商业又迅速消沉下去。

1927年,南京国民政府成立。国民政府开展"国民经济建设运动",鼓励发展农业、工商业和交通运输业。1927—1936年,民族工商业得到较快的发展。1937年,日本发动全面侵华战争,中国民族企业遭受空前残酷的打击。在沦陷区,来不及内迁的民族企业或被日军侵毁,或被日军吞并。在国统区,国民政府实行战时体制,强化对经济的全面控制。这虽然是出于抗战需要,但是国民政府官僚阶层却借此控制经济命脉,压榨民族企业,从而使官僚资本迅速膨胀,民族资本日益萎缩,战乱及动荡的社会使中国商业发展处于停滞状态。

抗战胜利后,蒋介石为取得美国援助不惜大肆出卖国家主权。国民政府与美国签订了《中美友好通商航海条约》,美国取得了在华的政治、经济等特权。美国商品大量涌入中国市场，排挤国货。国民政府还不断增加苛捐杂税，滥发纸币，导致通货急剧膨胀，造成原料昂贵而产品滞销，民族工业陷入绝境，整个商业也处于崩溃的边缘。

## 二、中华人民共和国成立初商业低潮

现代商业发展

从中华人民共和国成立初期到 70 年代末，中国的商业经历了将半殖民地、半封建的旧中国商业改造成为社会主义商业，并进而发展成高度集中的计划商业体制的过程，中国的工商业活动基本处于低潮期。

中华人民共和国成立初期，商业主要通过三方面的途径得以建立。其一，对官僚资本主义商业的剥夺。中华人民共和国成立前庞大的、处于垄断地位的官僚资本主义商业被剥夺并向社会主义商业的直接转化，构成了中华人民共和国国营商业的雄厚实力基础。其二，对民族资本主义商业进行以"赎买"为特征的社会主义改造，使其逐步转化为社会主义的国营商业。其三，以农村小农经济为基础的民间商贸活动的集体化改造，形成了社会主义的合作商业。随着"三大改造"的基本完成，国营和合作商业已经完全控制了中国的商品流通领域，高度集中的计划商业体制基本形成。

在长达 30 年的计划商业体制时期，商品流通是在单一封闭的系统内运行的。所有的物资和消费品，由国家按照统一的计划实行收购、调拨和销售；商品严格按照一、二、三级批发流通体系实行单渠道的流通；以国营和合作商业为代表的公有制商业成为商品流通领域的唯一主体，商品的市场价格也受到计划的严密控制。该时期中国经济的基本特征是一种"分配型"经济，商业的主要作用是按计划将相当稀缺的社会资源均衡地分配到社会的各个方面，以维持基本的生产活动和满足基本的消费需求。"发展经济，保障供给"是当时指导商业的基本方针，商业在很大程度上受到生产的影响和制约，生产决定流通是一种主要的倾向。

中华人民共和国成立初期通过建立集中统一的社会主义计划商业体制，保障了社会资源的均衡分配，形成大规模的商品流通，使社会流通成本大大降低，达到了稳定市场和稳定经济的目的。然而，高度集中的计划商业体制同商品交换和流通的市场化要求毕竟是相违背的。首先，其限制了生产者根据市场需求来发展生产的主动性和积极性，从而使生产的发展受到了制约。其次，其不可能形成必要的市场竞争环境，使市场机制无法成为促进和引导企业发展的基本动力。最后，其扼制了消费需求的发展，使需求的规模和种类长期处于一个较低的水平。因此，20 世纪六七十年代，在生产能力和消费需求都已有了很大提高的情况下，计划商业体制的各种弊端就明显地暴露了出来。

 知识拓展

### 计划经济

计划经济是社会主义制度的本质特征，在计划经济体制下，由政府解决生产什么、怎样生产和为谁生产这三个基本问题。我国计划经济体制的形成过程可以分为三个阶段：

第一阶段（1949年10月—1950年6月）：计划经济体制的萌芽阶段。1949年年底，政府没收官僚资本主义的工业企业，建立国营工业，逐步掌握国民经济命脉，开始建立社会主义公有制，对非公有制的私营工商业进行调整，将其纳入计划生产的轨道。与此同时，建立了中央财政经济委员会，而后又相继成立了其他专门性的负责计划管理的中央机构，这一时期已开始提出发展国民经济的某些计划和措施。

第二阶段（1950年6月—1952年8月）：计划经济体制的初步形成阶段。党的七届三中全会以后，开始在全国范围内创造有计划地进行经济建设的条件，初步形成了我国计划经济体制的决策结构。在国家的集中统一领导下，以制定指令性的经济发展计划的形式，对国民经济各方面开始实行全面的计划管理，计划经济体制已初步形成。

第三阶段（1952年9月—1956年12月）：计划经济体制的基本形成阶段。1952年9月，毛泽东同志提出了"10年到15年基本上完成社会主义"的目标，1952年11月成立国家计划委员会，1954年4月中央成立编制五年计划纲要草案的工作小组，1954年我国制定和颁布了第一部宪法——《中华人民共和国宪法（1954）》，其中的第十五条规定充分表明计划经济体制已成为我国法定的经济体制。到1956年年底我国的计划经济体制已基本形成。

（资料来源：百度百科．计划经济［EB/OL］．https://baike.baidu.com/item/计划经济，2018-08-20/2020-01-01，编者整理）

## 三、改革开放以来商业繁荣

1978年12月18日，党的十一届三中全会胜利召开，它是中国共产党历史上具有深远意义的伟大转折。以十一届三中全会为起点，中国人民进入了改革开放和社会主义现代化建设的新时期，以邓小平同志为核心的党中央开辟了一条建设中国特色社会主义的道路，揭开了中国社会主义改革开放的序幕。40多年来，中国人民沿着这条道路取得了举世瞩目的建设成就，中国经济高速增长，人民财富迅速积累，中国创造性地颠覆了拥有几千年根基的传统轻商的伦理观，激发了全民的创富热情，中华民族也随之找到了一条伟大复兴的新路径：重新界定了个人与国家的本位属性，更明晰地框定个人与国家命运间的价值诉求边界。在制度建设上，力求将推动社会和谐的力量根植于制度范围内，保障各种思想最大限度地转化为生产力。

英国经济学家亚当·斯密认为："人的本能是追求财富，因此无须计划就促进了整个国家的崛起。"邓小平则用"致富光荣"的四字秘诀，将创造财富的权力和钥匙交给了人民，从而把中国这列巨大的列车推上发展的轨道。

### 1. 探索经济改革阶段，市场经济"走"起来（1978—1991年）

从20世纪80年代初到90年代初，中国商业进入了计划调节与市场调节相结合的阶段，商品流通开始形成"主体多元化，渠道多元化，形式多样化"的基本格局。

从20世纪80年代初开始，为了改变高度集中的计划商业体制给生产、流通和消费的发展形成制约的状况，中国采取了一系列改革措施：首先，对商品的购销体制进行了大幅度的调整和改革，将原来由国家计划严格控制的"统购统销""统购包销"的商品购销体制，逐步放开，允许生产者在一定范围内将产品自行销售、自由采购。其次，改变了严格按一、二、三级批发流通体系实行商品的单渠道流通状况，实行了多渠道的流通。一方面将原属中央管理的一级采购供应站和省属的二级采购供应站下放到地方管理，减少了商品流通环节；另一方面积极发展城市贸易中心和农产品集贸市场，实行商品的多渠道流通。再次，对商业企业的管理制度实行了全面改革，建立和完善承包经营责任制，并对小型商业企业实行"改、转、租、卖"，强化了商业企业独立自主开展经营的能力。

通过这一系列的改革，中国商业发展格局产生了巨大的变化，社会经济发展迅速，特别是乡镇企业的迅速发展，使经济短缺现象逐步缓解。这一时期，政府职能的行为边界有所调整，政府、企业、市场的边界逐渐清晰，为后来社会主义市场经济体制的建立奠定了基础。

### 2. 政策推动阶段，市场经济"跑"起来（1992—2002 年）

1992 年，随着邓小平同志视察南方谈话及党的十四大明确建立社会主义市场经济体制的改革目标之后，全国掀起新一轮改革和发展浪潮。1993 年 11 月，党的十四届三中全会《中共中央关于建立社会主义市场经济体制若干问题的决定》提出了"整体推进、重点突破"的改革战略，明确了社会主义市场经济体制的基本框架。随后，进行财政体制、金融体制、企业制度和外汇管理体制等改革，建立新的社会保障体系，这些改革加强了中央政府的宏观调控能力，对改善企业的市场环境起了重要的作用。长期制约经济增长的供给数量"瓶颈"逐步消除，从而总体上结束了"短缺"时代，国内市场由卖方市场向买方市场转换。与此同时，国企改革从放权让利和承包制转向建立现代企业制度的制度创新和有进有退、有所为有所不为的战略性布局调整。鼓励个体、私营等非公有制经济的发展，使之成为社会主义市场经济的重要组成部分。改革以来率先形成多种所有制经济共同发展格局的东南沿海地区的经济获得了迅猛发展，出现了苏南模式、新苏南模式、温州模式、珠江模式等。

### 3. 转型阶段，市场经济"强"起来（2003 年至今）

2003 年，中国宣布社会主义市场经济体制已经基本建立，经济转型进入到体制完善与深化改革的新阶段，开始从单一或部分领域的转型进入到经济社会各领域的全面转型，中国的商业改革也进入了一个新的层次。

首先，商业体制进一步向市场化的方向发展，产品从生产企业进入市场的渠道进一步呈现出多元化趋势，销售网络不断完善，邮购、电视直销、批发市场交易等销售模式层出不穷。市场化的商业体制改革极大地解放发展了商业生产力，商业行业充满生机活力。

其次，商业经营主体进一步多元化，国有、集体、私有、合资等多种经济成分共同参与社会商品流通竞争，形成了多种所有制并存、共同发展的局面。在市场机制的驱动下，多种经营主体通过优胜劣汰分离产生一大批企业，以资本融合的方式不断向产业渗透。

再次，各种新型的商业业态开始出现，连锁商业得到了迅猛的发展。专卖店、专业店、超级市场、便利店、百货店、折扣店等各种业态遍地开花，显示了强大的生命力，且均保持稳定发展的态势。

最后，现代企业制度的建设步伐加快，商业政企分离的改革得到进一步深化，各地区的商业行政管理（厅）局基本撤销，以"控股公司——集团公司——经营公司"为框架的新型管理模式开始形成。小型商业企业逐步以股份合作、个人承包或买断以及租赁经营等方式转变为集体或私人所有，商业企业的经营机制更为灵活。

 知识拓展

## 连锁商业

连锁商业是指商业活动中若干个同行业的店铺以共同进货，共享统一的经营技术或是经营同一种商品的方式联系起来，以实现提高规模效益为目的的一种商业经营方式。

连锁商业是以标准化、规范化为基本特征的。它突破了传统的商业企业以单独店铺为单位的组织形式，实现零售经营规模大型化，创造出符合零售经营本质要求的现代化零售经营方式。连锁商业目前国际上存在着多种类型，如按所有权和经营权的集中程度划分，主要有以下三种类型：

（1）正规连锁（也称直营连锁）：同属于一个资本的统一经营的若干企业的连锁，即一个产权主体经营的多店铺商店。其所有权和经营权高度集中统一，实施人财物、产供销等统一管理。

（2）特许连锁（也称加盟连锁）：总部与加盟店签订合同，各加盟店对店铺拥有所有权，经营权集中总部。各加盟店在合同规定的时间内经营总部的某种商品，使用统一商标或服务标记，并按销售额或毛利的一定比例，向总部支付特许使用费。

（3）自由连锁（也称自愿连锁）：各成员店保留单个资本所有权的联合经营形式。总部与成员店之间是协商和服务的关系，实行统一采购和送货、统一使用信息和广告宣传、统一制定销售战略，但各成员店独立核算、自负盈亏。

（资料来源：百度文库．连锁商业）

https://wenku.baidu.com/view/337981619f3143323968011ca300a6c30c22f1f1.htm

进入 21 世纪以来，随着互联网的兴起，特别是云计算、大数据、移动互联网、人工智能、物联网等新兴科技在产业中的运用，数字技术逐步融入人们日常生活的点点滴滴，并且在社会经济领域得到了广泛的应用，这意味着一个新的产业时代已经来临，世界经济正在大步跨入以互联网为基础的数字经济时代，数字经济已经成为影响全球资源分配、产业格局、国际分工的重要因素。党的十八大以来，党中央高度重视发展数字经济，将其上升为国家战略。党的十八届五中全会提出："实施网络强国战略和国家大数据战略，拓展网络经济空间，促进互联网和经济社会融合发展，支持基于互联网的各类创新。"党的十九大提出："推动互联网、大数据、人工智能和实体经济深度融合，建设数字中国、智慧社会。"党的十九届五中全会提出："发展数字经济，推进数字产业化和产业数字化，推动数字经济和实体经济深度融合，打造具有国际竞争力的数字产业集群。"党的二十大明确表示："加快发展数字经济，促进数字经济和实体经济深度融合，打造具有国际竞争力的数字产业集群。"

 知识拓展

## 数字经济发展历程

中国数字经济早期发展得益于人口红利的先天优势，网民规模的高速增长为互联网行业的崛起提供了天然的优质土壤。2012 年以后，移动端时代到来，促使中国数字经济进入成熟发展期。

### 1. 萌芽期（1994—2002 年）

1994 年，中国正式接入国际互联网，进入互联网时代。以互联网行业崛起为显著特征，伴随互联网用户数量的高速增长，一大批业内的先锋企业相继成立。这一阶段，中国数字经济的商业模式仍较为单一，以新闻门户、邮箱业务、搜索引擎为代表的业态，增值服务以信息传播和获取为中心。

### 2. 高速发展期（2003—2012 年）

随着互联网用户数量持续增长，以网络零售为代表的电子商务首先发力，从 B2B 向 B2C 转型，出现了大量规模化的电商平台，带动数字经济由萌芽期进入新的发展阶段。2007 年，国家发布了《电子商务发展"十一五"规划》，将电子商务服务业确定为国家重要的新兴产业，中国数字经济发展进入新阶段。

### 3. 成熟期（2013 年至今）

互联网行业迎来移动端时代，出现了支付宝、微信等移动支付平台，扩大了数字经济的应用范围，中国数字经济迈入成熟阶段。此时，数字经济业态主要有两大特征。第一，传统行业互联网化。以网络零售为基础，生活服务的各个方面几乎都在向线上转移。第二，基于互联网的模式创新不断涌现。

（资料来源：胡雯. 中国数字经济发展回顾与展望［J］. 网信军民融合，2018（06）：18-22.）

数字经济是一种以数据为核心要素、以数字技术为主要手段、以互联网为重要载体的新型经济形态。数字经济的特征主要包括数据驱动、网络化、智能化和全球性，其核心在于将前沿数字化技术如大数据、云计算、人工智能等与传统经济业务紧密融合，形成一种相互交织、叠加、融合而成的创新领域，这一融合带来了颠覆性的影响，深刻改变了传统产业结构和商业模式。数字经济快速发展推动商业变革，使信息流、资金流、物流等要素得到快速整合，对现代化商业产生了深远的影响。

电子商务的快速发展：数字经济推动下，电子商务得以迅速成长和发展。数字化技术丰富了消费场景，提升了供应链效率，降低了运营成本，为电商提供了更为高效的运营和更为丰富的服务，增强了消费者之间、商家之间和电商与其他行业之间的互动性。

数据驱动的商业决策：数字经济时代，大量的数据被生成和收集。企业可以收集、分析、利用各种类型和来源的数据，更好地了解消费者的需求和行为，获取更多的市场信息、客户需求、产品质量、运营效率等方面的洞察，从而作出更准确的决

策,助企业提高效率、降低成本,并提供更个性化的产品和服务。

商业模式的转型创新:数字经济为企业带来了全新的商业模式,这些新的商业模式以互联网和移动技术为依托,打破了传统产业的边界,重新定义了商业规则。例如,共享经济模式通过在线平台将供需双方连接起来,实现资源的共享和利用;订阅模式通过提供定期付费的服务,为消费者提供便利和个性化的体验;平台经济模式通过打造在线平台,连接供应商和消费者,实现交易和价值创造。

个性化营销和客户关系管理:数字经济使得企业可以更好地了解消费者的兴趣、偏好和行为,通过社交媒体等渠道精准的定位和个性化的推荐,建立与消费者的互动交流和沟通,增强客户粘性,从而进行个性化的营销和客户关系管理,提高销售转化率和客户忠诚度。

支付方式的变革与创新:数字经济推动了支付方式的变革与创新,催生了新的支付方式,如移动支付、电子钱包和虚拟货币等新型支付方式的出现,使得消费者可以更便捷、安全和高效地完成支付,提高了消费者的购物体验。

 **知识拓展**

### 数字人民币

数字人民币是由中国人民银行发行的数字形式的法定货币,由指定运营机构参与运营并向公众兑换,以广义账户体系为基础,支持银行账户松耦合功能,与纸钞硬币等价,具有价值特征和法偿性,支持可控匿名。数字人民币有国家信用作背书,可广泛地用于个人和企业等各类日常交易场景。相比平台支付,数字人民币支付不经过第三方,顾客相当于拿现金支付,对商户而言,无须对账清算,支付就是结算。对消费者而言,除政府部门在权限范围内调查非法交易的情况外,商户、第三方支付平台均无权获取消费者的支付数据,可控匿名,保护用户信息安全不外泄。数字人民币能够实现无接触、线上、离线等多种支付方式,在使用上更加灵活和方便。

(资料来源:百度百科.数字人民币[EB/OL]. https://baike.baidu.com/item/数字人民币,编者整理)

改革开放40多年以来,随着经济体制改革的不断深化,中国商业发展规模不断扩大,形成了多元主体结构,商业体系不断完善。中国的经济社会发展也取得了巨大成就,市场规模已位居世界前列,但"大而不强"的问题仍然突出,如市场基础制度规则、监管等尚不统一,部分市场存在分割等,影响国内要素资源有序流动与配置效率。2021年12月17日,习近平总书记在中央全面深化改革委员会第二十三次会议时强调,构建新发展格局,迫切需要加快建设高效规范、公平竞争、充分开放的全国统一大市场,建立全国统一大市场制度规则,促进商品要素资源在更大范围内畅通流动。2022年4月10日,《中共中央国务院关于加快建设全国统一大市场的意见》正式出台,提出我国将从基础制度建设、市场设施建设等方面打造全国统一的大市场。进一步扩大开放和深化改革,以数字经济助推统一开放的国内大市场,全面推动我国市场由大到强转变，为建设高标准市场体系、构建高水平社会主义市场经济体制提供坚强支撑，从而加快推进我国经济高质量发展。

## 本章小结

● 框架内容

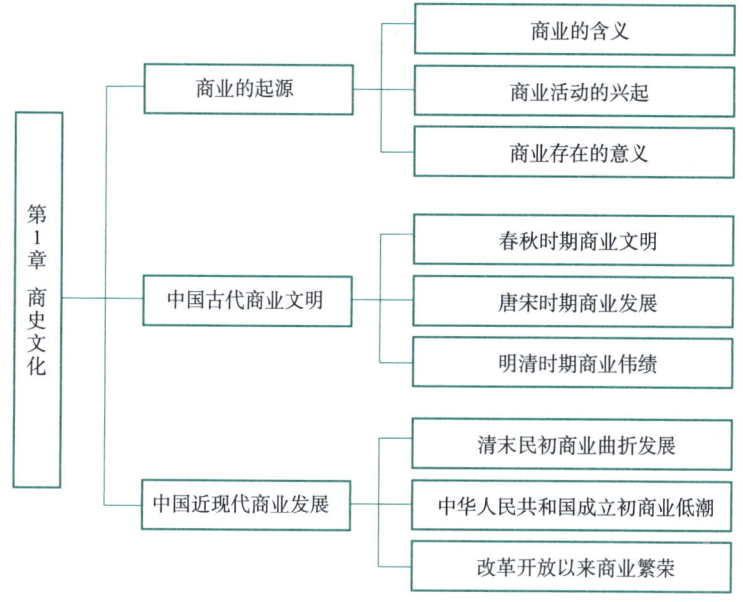

## 理论自测

理论自测

□ 选择题

1. "商人"一词源于（　　）。
   A. 商朝人自称商人　　　　　　B. 商王重视商业
   C. 商朝人善于经商　　　　　　D. 商都的商业发达
2. 杭州作为中国七大古都之一，曾是（　　）的中央政权所在地。
   A. 南宋　　　　B. 西汉　　　　C. 东汉　　　　D. 北宋
3. 飞钱在（　　）时就已出现。
   A. 秦朝　　　　B. 汉朝　　　　C. 唐朝　　　　D. 元朝
4. 春秋时期，越国的经济专家有（　　）。
   A. 李悝　　　　B. 计然　　　　C. 白圭　　　　D. 子贡
5. "全国性的商贸城市不断出现，全国各地涌现出了许多地域性的商人群体"，这种现象发生在（　　）。
   A. 秦朝　　　　B. 明朝　　　　C. 唐朝　　　　D. 元朝
6. 商业从（　　）之后分离出来。
   A. 第一次社会大分工　　　　　B. 第二次社会大分工
   C. 第三次社会大分工　　　　　D. 第四次社会大分工
7. 范蠡的经商思想有（　　）。

A. 窥探先机 B. 掌握物价规律
C. 薄利多销 D. 合作经营

8. 古代中国城市的商业活动突破了地点和时间的限制是在（　　）。

A. 汉朝 B. 宋朝 C. 唐朝 D. 明朝

9. 中华人民共和国成立初期，新民主主义革命和土地制度改革完成后，国内对资本主义工商业进行社会主义改造，包括（　　）。

A. 建立市场经济 B. 打击投机商业
C. 鼓励商业投资 D. 建立计划经济

10. 计然的经商策略有（　　）。

A. 知斗则修备，时用则知物
B. 贵上极则反贱，贱下极则反贵
C. 以物相贸易，腐败而食之货勿留，无敢居贵
D. 贵出如粪土，贱取如珠玉

□ 判断题

（　） 1. 商业的本质是交换。
（　） 2. 商业是以等价物为媒介进行交换从而实现商品流通的经济活动。
（　） 3. 后世人尊称范蠡为华商始祖。
（　） 4. 世界上最早的纸币是宋代的交子。
（　） 5. 工商食官是秦朝的官营手工业制度。
（　） 6. 长安是唐朝最繁华的商业城市之一。
（　） 7. 我国资本主义萌芽最早出现在清朝。
（　） 8. 洋务派的自救运动，客观上推动了民族工商业的发展。
（　） 9. 在物资短缺的时代，计划商业体制在一定程度上达到了稳定市场和稳定经济的目的。
（　） 10. 改革开放伊始，中国计划经济体制开始松动，个体经济与乡镇企业迅速发展。

□ 理论自测步骤

1. 学生打开中国大学慕课平台 https：//www.icourse163.org/。
2. 平台首页输入"中华商文化"查询，加入课程学习。
3. 在左侧导航列表中选择"测验与作业"，在"专题一　商史文化"中，单击"前往测验"，进入测试页面。
4. 在限定时间内完成测试。测试完毕，系统自动评卷。

应用自测

## 应用自测

**1. 总体要求**

根据本章节学习的内容，构建并绘制"中国商业发展框架图"，要求：
（1）以时间为节点，将商业的发展进程及主要标志标入框架图中；
（2）时间应包括古代、近代、现代。

**2. 自测目标**

（1）加深学生对商业发展的理性理解；

（2）让学生对中国商业发展的各个阶段及特点有清晰的认识；
（3）训练学生搜集、归纳、整理信息的能力。

### 3. 背景资料

通过课程学习，同时利用网络、报纸、图书等方式，搜集中国商业发展的相关资料，搜寻中国商业发展的脉络，完成应用自测要求。

##  商道传承

1. 凡治国之道，必先富民，民富则易治也，民贫则难治也。——《管子·治国》

2. 是故其智不足与权变，勇不足以决断，仁不能以取予，强不能有所守，虽欲学吾术，终不告之矣。——《史记·货殖列传》

3. 天下皆知取之为取，而莫知与之为取。——《后汉书》

4. 夫纤啬筋力，治生之正道也，而富者必用奇胜。——《史记·货殖列传》

5. 富与贵，是人之所欲也；不以其道得之，不处也。贫与贱，是人之所恶也；不以其道得之，不去也。——《论语》

6. 能识人。知人善恶，账目不负。能接纳。礼文相待，交往者众。
   能安业。厌故喜新，商贾大病。能整顿。货物整齐，夺人心目。
   能敏捷。犹豫不决，终归无成。能讨账。勤谨不怠，取行自多。
   能用人。因才四用，任事有赖。能辩论。生财有道，阐发愚蒙。
   能办货。置货不苛，蚀本便经。能知机。售贮随时，可称名哲。
   能倡率。躬行必律，亲感自生。能运数。多寡宽紧，酌中而行。

——范蠡《商训》

# 第2章
## 商路文化

路虽远，行则将至；事虽难，做则必成。只要有愚公移山的志气、滴水穿石的毅力，脚踏实地，埋头苦干，积跬步以至千里，就一定能够把宏伟目标变为美好现实。

——摘自习近平总书记2022年12月31日发表的二〇二三年新年贺词

第2章 商路文化

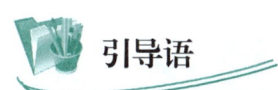 引导语

  商业繁荣与发达的商品流通密不可分。而商路的开辟是商品流通的基础，没有畅达的商业交通，大规模的商业活动就无从谈起。中国商人通过艰辛探索，构建了以大运河、古代丝绸之路、茶马古道等为代表的四通八达的水陆交通网络，不仅覆盖了全中国，还扩展到国外。这些商路让不同地域互通有无，让不同文明相互接触，货贸东西，商通天下；同时，商路的开辟与发展势必伴随着大规模的人员流动，人员的往来亦会带来文化的交流。所以商路不仅仅是商贸之路，还是文化之路、信息之路、富民之路、强国之路。当前，中国向世界发出共建"一带一路"的倡议，并不断在探索中前进、在发展中完善、在合作中成长。本章将从大运河、丝绸之路、"一带一路"等内容入手，学习、认知、发掘、探索商路的时代意义和文化价值，从中汲取历史智慧，再创时代新辉煌。

教学说明

 学习目标

◎掌握中国主要商路的形成和发展过程；
◎熟悉代表性商路和沿线的商业重镇；
◎了解商路中主要的商品和贸易形式；
◎分析商路发展和演变的一般规律，培养从历史中提炼现实价值和意义的能力。

导学单

  商路，是因商人的贸易往来活动而形成的线路。中国商路特指在中国历史上由中外商人依托人力、畜力和物力等传统运输手段长途贩运商品而形成的商贸往来线路。商路从形成、发展到衰落经历了一个漫长的演变过程，其兴衰演化的规律以及留存的各类遗产具有典型的商贸历史文化价值。据《尚书·禹贡》记载，禹分天下为九州：冀、兖、青、徐、扬、荆、豫、梁、雍，并且"相地宜所有以贡"，规定其他八州经各条水陆道向王都冀州入贡，同时，夏王朝又以冀州物产加以赏赐。可以认为，贡路是中国商路的早期形态。

 知识拓展

### 鲁方彝盖

  鲁方彝盖，西周晚期（公元前9世纪中叶—公元前771年），岐山县流龙嘴村出土，现存于陕西历史博物馆。盖高29厘米、口横31.5厘米、口纵16厘米，重8.5千克。状似庑殿形屋顶，下有子口，盖钮亦同，脊上均由扉棱，四坡均饰鸟纹和倒置的外卷角兽面纹，纹饰粗犷，无地纹。

  鲁方彝盖的里面，有一段六行五十字的铭文，字间有方格范痕。铭文不太长但对认识西周社会经济有重要关系。铭文"佳（惟）八年十又二月初吉丁亥，齐生鲁肇贾休多赢，佳（惟）联文考乙公永启余，鲁用乍（作）联文考乙公宝蹲彝，鲁其万年子子孙孙永宝用"。

25

**鲁方彝盖及内铭文拓片**

铭文简单来说,就是一位名鲁的齐生做了商人,从齐地到周地做生意赚了钱,还与诸侯做了朋友,故做了一件彝纪念。这只记载齐国商人不远千里、把生意做到了周地的文物,也证明了古代商路的繁荣。

(资料来源:编者整理)

# 第1节 大运河

大运河是中国古代贯通南北的水路交通大动脉。它起自北京,途经河北、天津、山东、江苏、浙江五省市,终至杭州,故又称"京杭运河"。它沟通了海河、黄河、淮河、长江、钱塘江五大水系,全长近1 800千米,分为七段——北运河(包括通惠河)、南运河、会通河(包括济宁以南的泗水河段)、黄河航运段、淮扬运河(不同时代又称"邗沟"或"江北运河")、渡江段和江南运河,是世界上开凿时间较早、距离最长、规模最大的人工运河。

## 一、大运河的凿建与变迁

### 1. 大运河的雏形

中国的运河始于春秋时期,最早开凿的运河是楚国的荆汉运河和巢肥运河。邗沟是中国最早开凿的运河之一,是中国大运河的重要组成部分,沟通了长江与淮河。邗沟最初由春秋时期吴国开凿,动机是军事防护。春秋战国时期诸侯纷争,战争不断,军资运输频繁,吴国地处水乡,百姓习于舟楫,吴王夫差有争霸天下的野心,但当时江淮间不通水路,绕海路则增加时间、风险且贻误战机,所以开凿邗沟,利用射阳湖、白马湖、樊梁湖等自然水域,运输军粮和兵丁。

除此之外,春秋战国时期开凿的运河和水利工程还有鸿沟、淄济运河、郑国渠、都江堰等，它们共同的特征在于都充分利用了自然河道，人工开凿的距离较短，多服务于军事运粮、运兵，维护成本较小，统治者并不十分重视，多为区域性、临时性的河道，也有一些用作了农业灌溉，客观上促进了经济的交流与发展，为后来的全国性水运交通网络的形成奠定了基础。

### 2. 大运河的完善

对中国历史足以产生重大影响的运河首推隋唐大运河。隋朝的建立和统一结束了汉末近400年的分裂状态，但此时饱经战乱的北方已无法满足京城和边防的粮食供应，而分裂时期的江南经济有显著发展，粮食产量丰盛，南粮北运成为大势所趋。但是陆路运输耗费人力巨大，费用高、速度慢、运量小，因此，利用运河进行水运成为当务之急，而且从治理的角度看，运河的开通也有利于隋政权对南北方的控制，维护国家统一、巩固新生政权。

隋唐大运河修凿的原因

隋文帝杨坚开挖并疏浚了广通渠，引渭水东流，过潼关通黄河，连接天下。隋炀帝杨广开凿了长达两千里的通济渠，沟通了洛水、黄河与淮水，连通了洛阳和扬州，之后又修筑了从洛阳到涿郡的永济渠，沟通了攻打辽东的两个水陆军事基地东莱和涿郡，形成了以洛阳为中心、以北京和杭州为起止点的东南西北方向的大运河，包括通济渠、永济渠、山阳、江南河等一系列河段，沟通了海河、黄河、淮河、长江和钱塘江五大水系，初步建立起全国性的水路交通网。

13世纪末，元朝定都北京后，为了使南北相连，不再绕道洛阳，必须开凿运河把粮食从南方运到北方。为此先后开凿了三段河道，把原来以洛阳为中心的隋朝横向运河，修筑成以北京为中心、南下直达杭州的纵向运河。元朝花了10年时间，先后开挖了洛州河和会通河，把天津至江苏清江的天然河道和湖泊连接起来，清江以南接邗沟和江南运河，直达杭州。而北京与天津之间，原有运河已废，又新修通惠河。这样，最终形成了今日的京杭大运河，比绕道洛阳的隋唐大运河缩短了900多千米。大运河从公元前486年始凿，至1293年全线贯通，工程前后持续1779年。

### 3. 大运河的繁盛

明清时期是运河水路的繁盛期，其繁盛的基础是一系列的运河治理工程措施及漕运管理制度的实施。这一时期，中国真正实现了运河水路的全线贯通，以最短的距离纵贯了整个东部的富庶区。运河漕运的繁盛主要体现在以下几个方面：

（1）物资的流转。每年沿京杭运河北上的漕运官船达11 000多艘，运军（漕运军队）约12万人，除运送国家规定的有漕运的六省份的正粮400多万石外，还运送竹木、砖瓦、棉花、烟草及搭载运军随漕船携带的土宜（土产）产品。除官船外，还有从事商业活动的民船，主要短途运送各种农产品以及手工业品，一般集中在粮食、布匹、棉花、盐等几类商品及部分特产和工艺品上。

（2）机构的设置。唐宋以后，政府设专职官员管理运河交通。到明清时期，为确保漕运的畅通，政府围绕运河漕运活动建立了一整套的管理制度，设置了相应的管理机构，驻扎了大批官员，对运河河道进行疏浚整治，对沿途仓储、关税进行管理。

（3）人员的往来。在传统时代，水运是相对舒适、快捷的交通方式。由于运河的畅通，在商品经济的刺激下，外来流动人口甚多。舒适、畅通的交通方式便利了人员的往来，官员士绅、士子客旅以及普通百姓，往往取道运河。流传至今的官绅"旅行日记"可见一斑,日记大量记载了行走运河的情况,甚至康熙、乾隆下江南,也多次取道运河。另外,大量运军、水手以及各地商人商贩前来进行贸易活动,经营谋生,明显的标志是沿线商人会馆遍布。人员的往来流动,也促进了运河水路的繁荣。

(4) 城镇的崛起。运河商路的畅通,促成了沿线一批城镇的兴起和繁荣,形成大大小小不同层级规模的商品集散地,如北京、通州、直沽、沧州、德州、临清、聊城、济宁、淮安、扬州、张秋、邵伯等。北京因物资多来源于外地,有"漂来的北京城"之说。运河城镇多位于水陆交通要冲之区,水网密布、物产丰富,城镇多因漕、盐等原因从无到有、由小到大发展起来,前者如夏镇、清江浦,后者如临清、济宁、淮安、扬州等。其中,小城镇占绝对优势,中等城镇居中,中心枢纽城镇数量最少。天津作为重要的漕运要道和中转码头,是北方的经济重镇。济宁在乾隆年间升为直隶州,为"百货物聚处,客商往来,南北通滙,不分昼夜"的场所。淮安为南船北马、九省通衢的咽喉之地,来自湖广、江西、浙江、江南的粮船汇聚于此。扬州在乾隆年间发展成为"四方豪商大贾鳞集麇至,侨寄户居者不下数十万"的大城市。苏州作为全国最大的商业都市之一,"货物店肆充溢金闾,贸易锻至辐辏"。杭州在清中期发展成为商业枢纽城市。

 **知识拓展**

### 漕运

漕运就是利用水道(河道和海道)调运粮食(以公粮为主)的一种专业运输,而运送的粮食称为漕粮。漕运的方式有河运、水陆递运和海运三种,水路不通处辅以陆运,多用车载(山路或用人畜驮运),故又合称"转漕"或"漕辇"。狭义的漕运,仅指通过运河并沟通天然河道转运漕粮的河运。

(资料来源:编者整理)

#### 4. 大运河的衰落

自清朝后期开始,运河水路物资运输的作用逐渐减小。一方面,由于漕粮海运、盐法改革、黄河北徙、运河淤塞等因素,运河水路的重要地位一落千丈,"云帆转海,河运单微,贸易衰而物价滋",河道、漕运等管理机构相继被裁撤,商人纷纷转往其他城市。另一方面,由于港口、铁路等新式交通方式的兴起,原来借助运河水路进行的物资交流商贾随之向沿海转移,大量的粮食等农副产品以及煤炭等工业品不再取道运河,而是转为铁路运输。交通路线的重大变迁,直接导致了运河水路的衰落。

## 二、大运河的商业贸易

大运河水路的贸易活动,将中国的南方与北方连通起来,造就了大规模长途商品流通的基础。运河水路上贸易商品多、流通范围大,在全国的商品流通网络中发挥着重要的作用。

### 1. 运河水路的贸易形式

运河水路的贸易可分为商民船贩运、漕船夹带、坐地经营、游商散贩等几种形式。

大运河的商业贸易

1）商民船贩运

明清时期,全国最有实力的商人就是贩运商。贩运包括长途贩运和短途贩运。长途贩运的一般是粗重的大买卖,货物规模大,所需资本多,周转时间长,行程艰难,多选择便宜的线路。与陆路运输方式相比,水路运输因量大价低而成为大宗货物的首选。大运河全线贯通以后,发达的水路交通与特殊的区位优势为长途贩运提供了便利条件,一些大宗商品不再局限于狭小的区域内市场,而是被长途贩运至很远的地方销售。被纳入长途贩运的商品,一般集中在粮食、布匹、棉花、盐等几类商品及部分特产品和工艺品上,尤其是粮食,运河沿线出现了许多著名的粮食市场。

2）漕船夹带

漕船夹带主要指运军随漕船夹带的土宜私货。朝廷为体恤运军生活不易,自明洪熙年间始,规定运军随漕船携带一定数量的"土宜",可以沿途买卖,并且免征课税。不断增加的土产品携带,进一步增大了南北物资的交流。除朝廷明文规定的夹带数量外,运军还私自夹带腌猪、豆麻饼、棉花、红黑枣、梨、柴、菜等,而且数量更大。运军至京师卸粮后,漕船回空南返时,还沿途违规承揽大量商品,附带私盐,搭载商客,往往导致漕船延迟。数量庞大的土宜产品的长途贩运,促进了全国物资交流和商品经济的发展,使得大大小小城镇中店铺林立,商贾辐辏,百货集聚。

3）坐地经营

明清时期,朝廷对长途贩运行商的管理非常严格,行商出外经商,需要先向政府申请路引,对于无引、引目不符以及持假引者,逮捕治罪。这种情况下,除了部分实力雄厚的大商人外,大多数中小商人会选择坐地经营,在城镇开设市肆店铺或在乡村集市设置固定摊位,从事商品的批发及零售,被称为坐商、坐贾、铺户、行户。坐商经营规模大小不等,中小商人居多,从事服务行业、饮食业和零售业的居多。他们或者收购零散商货卖给长途贩运者,或者向长途贩运商购买外地商品,或者集手工业者和商人于一身,前店后坊,是运河沿线市镇中的主要群体和中坚力量,活跃了运河区域的商品经济。

另外,还有一些游商散贩,本小利微,数量庞杂,活跃于城乡街巷或集市,吃喝叫卖,以服务性行业为多。

 **知识拓展**

## 运河钞关

明清时期的京杭大运河南北贯通,商贾络绎,征收过往船只、商品的关税遂成为政府的税收来源之一。明清两朝设的钞关（明朝称纸币为钞,因起初以钞交税,故称税务机关为"钞关"）,系中央设在地方的税务机构,民国时期裁撤。钞关作为京杭大运河上的税收关署,既是京杭大运河畅通的产物,也是商税制度在明朝发展的必然结果。

明朝实行禁海政策,京杭大运河是全国南北商品流通的主干道。全国八大钞关有七个设在运河沿线,由北至南依次为北京崇文门钞关、天津河西务钞关、临清钞关、淮安钞关、扬州钞关、苏州浒墅钞关、杭州北新钞关。其中临清、杭州北新两关征收船料与货税，其他各关只征收船料。至万历年间，运河七关商税共计三十一万余两，天启年间增为四十二万余两，约占八大钞关税收总额的百分之九十。

清沿明制，但将原有钞关改称常关，也统称榷关，因常关隶属户部管辖，亦称户关。

钞关的职能是进行税务征收，包括征税、税则（制）制定和税收分配几个方面。其中征税是钞关的最主要职责，因明清社会变迁，船只携带的物品各有差异，所征税款也因时就迁，各有等差。但总体来看，明清税则变化不大，税率基本稳定。

（资料来源：编者整理）

### 2. 运河水路的贸易商品

运河上的贸易商品，主要指借助运河水路输送的一般商品，数量巨大，品种繁多。

1）粮食

运河粮仓——回洛仓

在大运河的商品流通中，占比例最大的还是粮食，特别是长距离的粮食贩运。比如江南地区因人地矛盾加剧，粮食缺口大，所需稻米借助长江漕路取自江西、湖广，所需豆麦借助运河粮路取自北方各省。康熙年间，苏州城周边的枫桥一带出现了专门的米豆粮食市场。乾隆年间，浒墅关以米谷为大宗，当时过浒墅关的米麦豆粮船每年有五万多艘，过扬州关的麦豆粮船每年有一万多艘。据有关研究，乾隆年间时由运河抵达江南的粮食达500万石。咸丰年间以后，江南地区的运河仍旧畅通，无锡成为中国四大米市之一，面粉厂、米厂滨河而建，城北运河两岸的北塘一带，来自湖广、江西等处的粮船，经无锡转运至上海、杭州、天津等城市。

 知识拓展

## 富义仓

富义仓，命名取"以仁致富，和则义达"之意，占地面积8 000平方米，总建筑面积3 000平方米。当时富义仓为时任浙江巡抚的谭钟麟负责，始建于清光绪六年（1880年），建成于光绪十年（1884年），位于浙江省杭州市霞湾巷8号（胜利河与古运河交叉口），是清朝国家战略粮食储备仓库，现为浙江省省级文物保护单位。

当时富义仓内共有五六十间粮仓，每间约20平方米，可存四五万石谷物，还有砻场（去稻壳的碾坊）、碓房（舂米的作坊）、司事者居室等。门厅坐北朝南，占地面积十亩，原有仓库、砻场、碓房、司事房等，主仓东西相向而建，四列三进，一层砖木结构，硬山造。这里是杭州百姓最主要的粮食供应地，也是江南谷米的集散地，当年的朝廷贡粮也是从这里开始北运。

富义仓是杭州现存的唯一的古粮仓，它与北京的南新仓并称为"天下粮仓"，有"北有南新仓，南有富义仓"之说。中华人民共和国成立后其仓储功能也几经变迁，但作为"天下粮仓"的重要一员，运河文化、漕运文化、仓储文化的实物见证，富义仓依然屹立在运河最南端。

（资料来源：编者整理）

2）棉花、棉布和丝绸

明朝北方地区盛产棉花，而棉纺织业、丝织业则是南方农村的两大支柱性产业，松江、常熟一带盛产棉布，因此，北方的棉花通过运河销往南方，而棉布则由南方通过运河销往北方。南京、苏州、杭州一带丝织业著名，吸引商贾前来贩运。这种情况下，一些运河城市发展成为棉花、棉布和丝绸的转销市场。清朝以后，随着北方棉纺织业的发展，出现了不少棉纺织中心，江南棉布的销售范围有所收缩，使得棉布的流通格局发生变化：山东部分地区已由棉布输入区变为棉布输出区，东北地区被开辟为新的江南棉布销售市场。从事丝织品贩运的有晋商、徽商、吴越商等，尤以徽商著称。

3）食盐

盐运发展带来巨大的商机和利润。北直隶长芦食盐多利用水路，自运河入滏河，经河间、真定、顺天、广平至磁州，或由大名县的白水潭运至卫辉及道口镇，然后车运渡黄河，再行分运。山东海盐由济南泺口运至阿城镇，然后转运至河南、苏北等地区。两淮盐场位于苏北地区，以淮河为界分淮北盐场和淮南盐场，有"两淮盐课，足当天下之半"之说。水陆交通之便吸引了大批商人与土著居民从事盐业贸易，造就了一大批盐业中心，如沧州、杨柳青、阳谷县阿城镇、张秋镇等，扬州、淮安更是淮盐转运的枢纽，城市发展与盐业关系密切。乾隆、嘉庆时期是扬州盐业的极盛时期，同治十二年（1873年）扬州盐宗庙的创建，从一个侧面反映了扬州盐业的发达。扬州河与淮安河下一带均是盐商的聚居区，尤以徽商居多，还吸引来自陕西、山西、湖广、江西等地的商人纷纷来此经营。

4）果品和南北杂货

除粮食和纺织品外，运河粮路上的商品还有梨、枣等果品及各种南北杂货，沿线的泊头、临清、聊城、张秋、台儿庄等城镇是干果鲜品的集散码头。

总之，经由运河水路往来运输的一般贸易商品来自漕船的夹带、回空装载及商民船运输，有粮食、棉花、棉布、食盐、果品、茶叶、瓷器、南北杂货等。其中农副产品占有相当比重，尤其以粗重的粮食、布匹为主，表明了城市商业与周边农村的产业息息相关。沿线城镇因各种商品的汇聚，逐渐形成专业性街巷。

## 三、大运河的影响

大运河的贯通，为人口、物品、船只的往来提供了有利条件，带动了商品经济的发展。运河漕运每年约承担400万石的漕粮运输，满足了京城、边防及卫所粮食供给，保证了国家的经济命脉和安定统一。同时，也便利了商民船只的往来，促进商品经济的发展。大运河的贯通主要有以下几个方面的影响：

（1）大运河的贯通维系着古代中国的国家命运。大运河是国家重要的经济命脉和维系大一统的政治纽带，加强了北方政治中心与南方经济区域的联系，对于南北经济文化交流及国家统一作用巨大。大一统的趋势是中国历史的主流，全国性运河交通网络的出现是大一统的结果，也有利于大一统局面的巩固和发展。隋唐及元明清时期是中国的大一统时期，同时，也是运河漕路畅通、作用充分发挥的时期，促进了各地区的经济联系，影响城市的布局与发展。

（2）大运河的贯通促进了南北方及沿线的商品流通。尽管漕粮本身不是商品，但伴随这一过程的商业活动无处不在，给沿途地区带来了经济繁荣。大运河是交通要道也是商品流通之路，运河即商路。物资运输是大运河最本质的功能，作为南北经济交流的大动脉，大运河密切了运河区域的经济联系，便利了各地的商人往来，扩大了商品的流通范围，促进了沿线城镇的兴起与发展，统一的运河区域市场也逐渐形成。

（3）大运河的贯通促进了各地的交通网络建设。商品流通不仅是物资的互通有无，还加强了各地区的相互联系。为了连通运河主干道，各地的水陆交通网络不断开拓，商业线路不断延伸，流通范围不断扩大，越来越多的地区被纳入商品流通的洪流之中，地方商品市场得到发展，以集镇为中心的地方小市场便利了农村百姓的商品交流活动。

（4）大运河的贯通推动了各地文化的交流与传播。在频繁的商品经济交流中，运河流动的黄金水道便利了文化的交流与传播，齐鲁文化、吴越文化、燕赵文化等在这里交融，中外文化在这里碰撞，大运河成为南北文化交流与传播的重要载体。

时至今日，古老的大运河作为鲜活的、流动的人类文化遗产依旧发挥作用，继续为商品经济的发展服务。

## 第 2 节　丝绸之路

丝绸之路的概念

丝绸之路起始于古代中国，是连接亚洲、欧洲和非洲的古代商业贸易路线，最初的作用是运输中国古代出产的丝绸、茶叶、瓷器等商品，后来成为东方与西方在经济、政治、文化等诸多方面进行交流的主要道路。从运输方式上来看，丝绸之路主要分为陆上丝绸之路和海上丝绸之路。

 知识拓展

### 丝绸之路

"丝绸之路"的名称，由德国地理学家费迪南·冯·李希霍芬于1877年首次提出，原指中西方陆上贸易通道，因主要贸易是丝绸，故得名。此名出现后，学术界又延伸出"海上丝绸之路"。最早提出海上丝绸之路的是法国汉学家沙畹。

丝路之名由来

"丝绸之路"不是具体的一条路，而是后世对中国与西亚、中亚、西方所有经济文化交流交往通道的统称，是由当时东西域间一系列网点组成的国际贸易网。在唐朝中期前，对外主通道是陆上丝绸之路，之后由于战乱及经济重心转移等原因，海上丝绸之路取代陆路成为中外贸易交流主通道，它在宋元时期成为范围覆盖大半个地球的人类历史活动和东西方文化经济交流的重要载体。

（资料来源：伍鹏．浙江海上丝绸之路文化［M］．北京：经济科学出版社，2016．）

## 一、陆上丝绸之路

陆上丝绸之路始于先秦，兴于汉朝，盛于唐朝，绵延两千余年。因不同朝代的政治、经济和自然环境等因素的影响，陆上丝绸之路经历了凿通、发展、繁荣、衰落四个阶段的演变过程，并从东向西延伸，形成丝绸之路东段、丝绸之路中段和丝绸之路西段，连接了占世界陆地面积三分之一的亚欧大陆。

### 1. 陆上丝绸之路的发展变迁

1）陆上丝绸之路的起源

西汉初期，匈奴控制了中国西北方、北方、东北方的大部地区，公元前138年，汉武帝派遣张骞领着使团马队带着丝绸等物品出使西域，其目的是联合大月氏夹击匈奴。途经匈奴疆域时，张骞被俘，10年后张骞逃出匈奴到达大月氏，后又被匈奴俘获扣留1年多，后趁匈奴内乱终于逃回长安。张骞这次出使西域虽然没有达到最初的目的，但使汉朝的影响直达西域，建立了与西域各民族之间的联系，打开了中西直接交往的通道。公元前119年，汉武帝派张骞第二次出使西域。这次张骞率领出访使团、庞大商队，带着上万头牛羊和大量丝绸，访问了西域许多国家。

张骞两次出使西域，开辟了东起长安（今西安），经甘肃、新疆，到中亚、西亚，并连接地中海各国，西到罗马的陆上通道。自此，汉朝频繁派使者到西域各国，汉朝和西域各国交往从此日趋频繁。此后，各国的使者、商人往来于这条路上，东行的西域人带着马、毛皮及玉石，西行的中原人带着丝绸，从长安沿河西走廊到敦煌，互市贸易、民间贸易日渐兴旺，胡商和中原商人聚集在敦煌进行丝绸、马、毛皮及玉石等商品交易。司马迁在《史记》中以"凿空之旅"称赞张骞开通丝绸之路的卓越贡献。

2）陆上丝绸之路的发展与繁荣

张骞"凿通"陆上丝绸之路之后，陆上丝绸之路时断时续地向西扩展。公元73年，班超出使西域，进一步疏通了陆上丝绸之路的东、中两段。之后，历经三国、两晋、南北朝，陆上丝绸之路的路线虽时有中断，但整体还是畅通的，并在原有基础上又有所扩展。到隋朝时期形成了以敦煌为出发点，三条到达地中海东岸的主干线，还开辟了很多支线。公元609年，隋炀帝出巡武威、张掖等地，西域27国国王和使者拜谒隋炀帝，被史学家称为古丝绸之路上的"万国博览盛会"。通过陆上丝绸之路，中国的丝绸、火药及先进物品被大量运往沿线亚欧各国，西域的宝石、香料、玻璃器具，以及菠菜、葡萄、石榴等蔬菜水果，也源源不断地运至中国。

唐朝初期，东西方经济和文化交流出现了高潮，陆上丝绸之路达到繁荣。唐太宗完成了对漠北地区的统一，也扫除了高昌、焉耆、龟兹等分裂势力，在西域地区设立安西都护府，加强了西北部边疆的军事和行政管理，保证了丝绸之路的繁荣畅通。唐朝时期丝绸的质量、品种和销量均达到空前的水平。丝绸以其丝滑、柔顺、轻盈散发出强大的魅力，古罗马市场上的丝绸，一两丝与一两黄金同价。丝绸更是被作为商品交换中的一般等价物，可以与多数商品直接交换，陆上丝绸之路沿线生意异常兴隆。巨额的关税收入让唐朝国库充盈，国力强盛，成为当时世界上最强大的帝国。繁盛的丝绸贸易使长安的商人越来越多，在唐朝都城长安，来自中亚、西亚、南亚、东南亚及欧洲的各国商人随处可见。与此同时，中国僧侣进入印度，详细记载了从河西，经青海，由西藏进入尼泊尔的路线。这条支线的开辟反映了丝绸之路已向南面大大扩展。陆上丝绸之路发展到了高峰，形成了它的"黄金时期"。

3）陆上丝绸之路的衰落

唐朝中期以后，受战乱、海运贸易的兴起、自然环境恶化三方面因素的制约，陆上丝绸之路的贸易急剧衰落，陆上丝绸之路逐步被海上丝绸之路替代。

（1）战乱。唐朝中期战乱频发，丝绸之路被阻。安史之乱后，西藏吐蕃越过昆仑山北进，侵占四域大部。至南宋，政府已无法控制西北，商人为求自保而不愿远行，陆上丝绸之路日益衰落。

（2）海运贸易的兴起。15世纪，奥斯曼帝国崛起，陆上丝绸之路上的税收开始增加，以谋求利益为主的商旅开始逐渐放弃这条商业通道。而且大航海时代新型贸易通道的形成，使陆上丝绸之路的地位完全衰落，功能几乎丧失殆尽。

（3）自然环境恶化。14世纪开始，西域地区因气候干旱、降水减少、河流改道等自然因素使土地大量盐碱化、沙漠化，很多地区已经不再适合人类居住，曾经繁荣的西域古国销声匿迹。

 知识拓展

## 赶大营

赶大营是指天津杨柳青商人从清光绪初年开始并持续到民国年间的赴新疆贸易的活动。

光绪三年（1877年）陕甘总督加授钦差大臣左宗棠积极备战，收复全疆。当时天津一带连年饥荒，兵祸不断，人们纷纷外出谋生。杨柳青一带的流动货郎就趁机联络数百名农民挑着担子，置备零售生活用品和常用中成药，跟着左宗棠的大军做小生意，因追随部队大营不断迁移，且处于西北边疆，故谓之"赶西大营"。战事停止后，已无大营可"赶"，后续的杨柳青人进疆谋生就称为"上西大营"或"跑西大营"，这是"赶大营"的继续和延伸。进疆赶大营的人被称为"大营客"。

赶大营货郎所做生意看似微小，但获利不菲，"一挑之货，几次转易，利即数倍，其能直至迪化（乌鲁木齐市）者，盖已颇有积累。其魄力巨大者，即由行商而变为坐庄"，加之善于经营，逐渐腰缠万贯。这对频受水灾、困苦不堪的杨柳青人产生了巨大号召力，人们前赴后继奔向新疆以图改善命运，一时有"三千货郎满天山"之说。

持续数十年的赶大营使3 000余户，至少15 000名杨柳青人移民新疆，成功开辟了从渤海之滨到天山南北的商贸大通道，使久已尘封的丝绸之路东段重新恢复了活力。赶大营奠定了新疆商业的基础，促进了边城的商业开埠，为新疆的繁荣与发展做出了历史性贡献。

（资料来源：谭景玉，齐廉允.《货殖列传：中国传统商贸文化》[M]. 济南：山东大学出版社，2017.）

## 2. 陆上丝绸之路的贸易活动

1）陆上丝绸之路的主要贸易形式

陆上丝绸之路的贸易形式，主要有互市贸易、朝贡贸易、民间贸易三种形式。

（1）互市贸易。互市贸易是由政府组织并在指定地点、指定时间内，对外国和少数民族之间贸易的通称。隋唐时期对于互市贸易有规范化的官方管理机构和制度。隋朝设有"交市监"机构，管理互市贸易各项事宜，唐太宗将"交市监"改名为"互市监"。

（2）朝贡贸易。朝贡贸易就是中央政府与域外各国的进贡与回赐关系，其实质是带有浓厚的政治色彩的以物易物。汉唐中期，中原王朝国力强盛，生产力发展，物产丰富。域外诸国纷纷称臣或与中原建立友好邦交，按规定时间前来朝贡。中国自古就是礼仪之邦，深知礼尚往来之道，故对朝贡者大都根据所贡物品价值，回赠相当数量的中国丝绸等特产作为答谢。为了适应陆上丝绸之路畅通所带来的朝贡贸易繁荣局面，中原王朝渐趋设立了贸易管理机构。其中，太府寺和鸿胪寺是两个最为典型的贸易管理机构。

（3）民间贸易。民间贸易是民间自发开展的商业活动。除了国家控制的互市贸易以外，零散商人和有组织的商队常年往返于固定城市之间，进行商品转卖和贩运，即民间贸易，是丝绸运往西域和中亚、欧洲的一种重要贸易形式。

2）陆上丝绸之路贸易的主要商品

中国通过陆上丝绸之路向外输出的商品相当丰富，品种多样，技术含量较高。在特色商品方面，主要有丝绸、生丝、陶瓷、茶叶、铁器、铜器、金银首饰、兵器、火药、医药品等。在先进技术方面，主要有冶炼和制造技术、水利和灌溉技术、养蚕和纺织技术、制瓷技术、造纸和印刷技术、火药制造技术、医学、先进的农耕经验等。当然，丝绸是丝绸之路上流通量最大、最为珍贵的商品，丝绸之路因此得名。

同样，通过丝绸之路，西域也有大量商品输入中国。除了一般物品外，还有农作物特殊商品，以及艺术品、生产技术等。农作物包括西域特有的胡桃、红蓝花、石榴、葡萄、苜蓿、胡麻、胡豆、胡葱、胡瓜（豌豆、大蒜）、酒杯藤等。生产技术方面有优良牲畜及饲养技术、农作物品种及其栽培技术、葡萄酒及其酿造技术等。另外，西方的绘画技艺、天文学和宗教文化等也随之进入中原大地。

 **知识拓展**

## 走 西 口

走西口也称"走口外"，是指山西、陕西等地民众前往长城以外的内蒙古草原垦荒、经商的谋生活动。所谓"口"，原是指明隆庆以后在长城沿线开设的互市关口，后演变成为对蒙贸易的关卡。

历史上的走西口活动主要经历了两次高潮：其一为康熙年间到乾隆年间（1662—1795年）；其二为光绪年间（1875—1908年）到1936年。走西口的人一般是通过杀虎口首先进入和林格尔和清水河，然后到土默特、包头等地，也有部分人到达鄂尔多斯达拉特旗、准格尔、河套平原及大青山以北地区。晋西北和陕北神木、榆林、府谷

陆上丝绸之路
的商业贸易

等地的人则出长城北上进入鄂尔多斯、河套平原等地，也有一些甘肃人自宁夏渡黄河进入鄂尔多斯、河套平原。

走西口打开了一条贯通俄罗斯的新商道。当时在中俄贸易中，茶叶占主要份额，早在明朝，它就通过山西大同的茶马互市流入蒙古，继而输入俄国。清雍正以后，走西口的晋商开始垄断对俄茶叶贸易。为更好地开展对俄贸易，他们开辟了一条以山西、河北为枢纽，南起中国福建、两湖，北越长城，横贯蒙古戈壁沙漠抵库伦，再至恰克图，进而深入俄境西伯利亚，又达彼得堡、莫斯科的国际商路。中国茶叶找到了更为广阔的销售市场，从而惠及中外，名扬四海。

（资料来源：谭景玉，齐廉允.《货殖列传：中国传统商贸文化》[M].济南：山东大学出版社，2017.）

## 二、海上丝绸之路

海上丝绸之路简称"海上丝绸"，是古代中国与世界其他地区进行经济文化交流的海上通道的统称。相对于"丝绸之路"的命名来说，"海上丝绸之路"的提法出现得更晚，直到1913年才由法国汉学家沙畹（Edouard Chavannes）在其所著的《西突厥史料》一书中首次提及。海上丝绸之路由两大干线组成：一条是东海航线，也称"东方海上丝绸之路"，即由中国通往朝鲜半岛、日本列岛的东海航线；另一条是南海航线，也称"南海丝绸之路"，即由中国通往东南亚及印度洋地区的南海航线。

### 1. 海上丝绸之路的发展变迁

1）海上丝绸之路的起源

海上丝绸之路
的历史发展

东方海上丝绸之路始于秦汉时期。秦朝时期，方士徐福率众自山东半岛出发，沿渤海海岸航行至朝鲜半岛南部，过朝鲜海峡，到达日本。徐福东渡的真实性尚存疑问，但相关文献反映了秦汉之际，从中国到朝鲜、日本的海上交通路线的形成，标志东海丝绸之路已经开辟。其航线大体是从登州（今蓬莱）或莱州出发至辽东半岛南端过渤海海峡，沿岸东北行至鸭绿江口，然后沿朝鲜半岛西海岸南下，经朝鲜海峡至日本。

南海丝绸之路起源于西汉时期。汉武帝时期，曾派遣近侍内臣率领招募来的商人、水手，携带黄金及各类丝织品远航印度洋，购买海外的珍珠、宝石及各种珍奇异物。由此实现了中印海上航路的畅通，沟通了太平洋和印度洋，中国与东南亚、南亚的海上交通贸易往来正式开始，海上丝绸之路初步形成。汉朝形成的南海至印度洋航线的大致路线为从广东徐闻或广西合浦出发，沿着海岸线驶过南海，进入泰国湾，穿过马来半岛后进入孟加拉湾，最后到达印度半岛的东南端。

2）海上丝绸之路的发展与繁荣

魏晋南北朝时期的东吴、东晋、宋、齐、梁、陈六朝政府非常重视造船航运业，使这一时期造船业获得空前发展，海上丝绸之路逐步向前延伸。一是广州港的兴起。随着珠江流域经济的开发，广州很快以其特有的区位优势取代了徐闻、合浦的地位，成为中国海外贸易首要口岸,海上丝绸之路的起点也因此移至广州。二是海上丝绸之路继续向西方延伸,其终点已开始从印度半岛东南部向西,跨越阿拉伯海,抵达波斯湾。

唐朝时,南海丝绸之路从广州至波斯湾的航线已经经常化、固定化。"广州通海夷道"大体上从广州出发,经香港大屿山岛以北入海,经海南岛东部向南抵达越南占婆岛、昆仑岛;向南经新加坡至苏门答腊岛或爪哇岛;经马六甲海峡进入印度洋,西航至斯里兰卡,再沿印度西海岸至巴基斯坦卡拉奇,向西进入波斯湾,抵今伊朗阿巴丹、奥波拉,溯幼发拉底河至巴士拉,由此陆运至阿拉伯帝国首都巴格达。将东亚、东南亚、南亚、波斯湾、阿拉伯半岛东南岸和东非沿岸连接起来,成为 16 世纪以前人类定期使用的最长航线。海上航线的扩展,带来了唐朝海上贸易的繁荣,特别是唐朝后期,由于陆上丝绸之路受阻,海上丝绸之路贸易逐渐占据了中国对外贸易的主导地位。

宋元时期,在社会经济向前发展的基础上,宋朝出海船舶的抗沉性和稳定性有了进一步增强,实现了航海技术上的重大突破。宋人不仅熟练地掌握了海洋季风的规律,而且将指南针应用于航海,使航行线路准确,航程缩短,风险降低。在此基础上,宋元海上丝绸之路进一步向前延伸到阿拉伯半岛西端的亚丁及东非沿岸,加强了中国与阿拉伯半岛及东非沿岸各国间贸易关系。

进入明朝以后,海上丝绸之路最终成型,进入鼎盛时期。明朝政府多次对海上丝绸之路沿线国家进行友好访问与通商贸易活动。明朝造船业发达,出现了很多著名的造船厂。明成祖永乐三年到宣宗宣德八年,历时 28 年,郑和先后七次率领庞大船队(每次出使大小船只 200 余艘,人员 2 万多人)装载着馈赠礼物和商品,巡航、访问海上丝绸之路沿线近 40 个国家和地区,与亚非各国开展了广泛的政治、经济与文化交流。郑和七下西洋成就了人类航海史上的伟大壮举,使明朝乃至整个古代中国的朝贡贸易发展到顶峰。

3)海上丝绸之路的衰落

明宣德年间,因受倭寇侵扰,明朝政府重申海禁政策,海上贸易被迫中断。随着欧洲资本主义的兴起、新航线的发现,西方的殖民者、商人、传教士、探险家等来到东方,清朝的对外关系发生了巨大变化,传统的海上贸易被冲破。面对着西方的商业、传教、殖民、炮舰、掠夺和战争的挑战,以及台湾明朝残余势力不断对其沿海地区的骚扰,清朝初期实行"海禁"和"闭关政策",禁止外商到江苏、浙江、福建等地贸易,广州再次成为唯一的对外贸易口岸。嘉庆之后,随着国力日衰,传统的海上丝绸之路逐渐走向了衰落,原先以中国的丝绸、瓷器、茶叶等为主的商品最终被西方国家的机制品和东方各国多样化的原材料所取代。

 知识拓展

## 下南洋

下南洋是指东南沿海的民众漂洋过海到东南亚一带谋生的活动。

南洋包括今新加坡、马来西亚、印度尼西亚等东南亚 11 个国家。在中国古代文献中,这一地区先后被称为"南海""西南海""东西洋",清朝泛称"南洋",后沿用至 20 世纪中期。"下南洋"在福建、广东、台湾一带也称"过番",意指到南洋一带谋生。

东南亚与中国山水相连，自古以来便是东南沿海民众通商、移居的主要目的地。《汉书·地理志》中就有中国海商进入东南亚的记载。唐宋时期，中国海商已遍布东南亚沿海地区。他们把中国的绫绢、青白瓷器、纸、笔、布、草席、凉伞等货物运销南洋诸国。

真正形成规模并影响至今的移民经商活动，则是近代的"下南洋"。鸦片战争后，清政府被迫允许西方各国在东南沿海招募华工。应募者因为要订立契约，所以被称为"契约华工"。数十年间，仅东南亚地区就有约200万华工前往务工。民国年间，下南洋之风依然兴盛不减，数百万人到南洋从事种植园、采矿、航运、金融、制造等行业。这一时期也有不少华人以自由劳工的身份前往东南亚从事商业、手工业与农业活动。

（资料来源：谭景玉，齐廉允.《货殖列传：中国传统商贸文化》[M].济南：山东大学出版社，2017.）

### 2. 海上丝绸之路的贸易活动

海上丝绸之路的商业贸易

1）海外贸易政策和管理制度

海上丝绸之路自汉朝形成后，以此为通道的贸易活动便逐步展开，至明朝的郑和下西洋达到顶峰。中国很早就制定了海外贸易政策和管理制度，保障了古代海上贸易的发展。从唐朝至明朝，中国海外贸易政策经历了从积极鼓励到严格限制的演变过程，市舶制度也经历了从发展、完善到衰落的历程。

唐宋时期，海外贸易受到高度重视，朝廷奉行积极发展海外贸易的政策，海外贸易税收成为重要的财政来源。国家优待外国使团和商人，尊重外商习俗和宗教信仰，为来华外商在华活动提供便利条件，保护外商的合法利益，甚至主动向海外派遣使者，招徕外商。

明清时期，虽然偶尔也采取有限制的开海贸易政策，但大多数阶段，都是采取海禁政策限制海上贸易活动。海禁，即禁止民间海外贸易，一方面禁止国内百姓出海贸易；另一方面禁止外商以私人身份来华贸易。朝贡贸易成为唯一合法的对外贸易方式。为有效实施海禁政策，从顺治十七年（1660年）到康熙十七年（1678年），清政府先后三次颁布实施迁海令，强迫沿海居民内迁。到康熙二十三年（1684年）颁布开海贸易令，允许商民出海贸易，并于次年在江南松江、浙江宁波、福建厦门、广东广州分别设立江、浙、闽、粤四大海关，负责管理各省沿海的对外贸易，但中国的海外贸易并未得到真正的鼓励，清政府的开海令附加了诸多的限制性规定，对出海贸易的商人、商船、来华贸易的外商及其船只、进出口商品予以严格的限制。乾隆二十二年（1757年）清廷下令禁止外商到江、浙、闽三关贸易，只许在广州口通商。1759年，清廷又颁布实施了由两广总督李侍尧提出的《防范外夷规条》，对外商在华活动限制日趋严格。

2）海上丝绸之路的贸易形式

海上丝绸之路贸易受到了历代政府的重视和积极参与，中国古代形成了官方主导的朝贡贸易、互市贸易、民间贸易、官民合营等多种贸易形式。

朝贡贸易是中国政府与海外诸国官方的进贡、回赐关系。唐朝以前就有很多国家前来寻求与中国建立友好关系。唐朝前期，延续了以前的朝贡贸易，对来朝贡的国家给予相当丰厚的回赐。安史之乱后，唐朝国力大伤，朝贡贸易萎缩不振，开始用市舶贸易替代朝贡贸易。明朝推行海禁政策，禁止私人对外贸易，所有的外贸又以朝贡形式进行。明朝对于亚非国家来华的贵宾和使节给予很高的礼遇，一般都受到皇帝的亲自接见，并屡次给以朝见宴会的特殊招待。使者来华，都会在初次朝见时向皇帝贡献带来的物品；礼尚往来，皇帝也会给予丰厚的惠赐。清朝延续了明朝的朝贡贸易制度，直到《马关条约》签订，越南、朝鲜脱离朝贡体系，标志着推行了2 000多年的朝贡贸易体系的崩溃。

海上互市贸易主要体现在中国与外国之间的贸易，有时也称通商或通市。唐朝以前，海上互市贸易虽然已经开展，但其重心则一直都在中原地区。唐朝初期，设市舶使，掌管南海贸易。中唐以后，东南海运繁盛，海上互市贸易超过陆地。互市处在政府的严格控制下，贸易物品多有限制。宋元时期，海外的互市贸易更加重要。宋朝在广州、临安、明州、泉州、密州板桥镇等地设市舶司，又在上海镇、华亭县、青龙镇、江阴、温州等地设船务和船场。元朝在泉州、广州、杭州、庆元、温州、上海等地设市舶司。明朝在海上仅准贡舶互市。清朝海外互市方面，初有海禁，康熙二十三年（1684年）开放海禁后，才在广州、漳州、宁波、云台山设关，监督管理与西洋的通商贸易。乾隆二十二年（1757年）关闭三关，仅留广州一关互市，直至鸦片战争时期。

海上的民间贸易活动主要是在宋朝造船航海技术的进步及政府鼓励性的海外贸易政策之下，沿海众多的民众参与到海外贸易活动之中。到了明朝，虽然海禁一禁再禁，但以走私形式出现的私人海外贸易仍不断扩大。当时巨商郑芝龙兄弟拥有商船百艘，海员千余人，常到景德镇采购青花瓷、茶叶，去浙江采购绸缎，然后派遣海船运到东南亚、阿拉伯、东非各地销售，深受欢迎。

 **知识拓展**

### 海上丝绸之路起点——泉州

泉州，位于我国东南沿海，与海相伴，向海而生，有着上千年的海外交通史，是古代海上丝绸之路的起点。10至14世纪，中国历史上的宋元时期，泉州港以"刺桐港"之名驰誉世界，成为与埃及亚历山大港媲美的"东方第一大港"。

泉州港历史悠久，有1 500多年对外开放的历史。南朝时期，印度僧人拘那罗陀于陈武帝永定二年（558年）和陈文帝天嘉六年（565年）两次到泉州，在泉州西郊九日山上翻译《金刚经》，后由泉州乘船到棱加修国（今马来半岛）和优禅尼国（今印度）；在唐朝（618—907年），泉州成了一个有影响力的贸易中心。此时，丝绸、染色、采矿、冶金、陶瓷、造纸、印刷、制茶和造船等行业都发展得很繁荣。在宋朝（960—1279年）也同样享受了迅速发展，尤其是因为获得当时积极的政治和经济环境的支持。在泉州，有几座便于不同地区之间通行的桥，还有用来便利商船航行和庇护它们的石塔。到了明清时期，因朝廷屡次海禁，泉州港口逐渐衰落。

（资料来源：编者整理）

3）海上丝绸之路上的贸易商品

海上丝绸之路流通的商品种类更加多元化，除丝绸外，瓷器、香料、茶叶均是大宗货物，因而，海上丝绸之路有时又被称为瓷器之路、香料之路、茶叶之路。海上丝绸之路贩运的商品种类比陆上丝绸之路更为丰富，从中国输往海外的主要是丝绸、瓷器、香料、茶叶等大宗货物；而从海外输入中国的主要是香料及各种自然资源。比如唐宋以来随着海上丝绸之路贸易的兴盛，大量香料源源不断输入中国，成为进口贸易的最大宗货物。其中规模较大的如来自东南亚、南亚的胡椒、乳香、木香等。产于东南亚的锡、铅等也是中国自海路进口的重要商品。

## 三、丝绸之路的历史价值

### 1. 促进了物质文化交流

历史上，受生产力和地理阻隔等因素制约，早期人类社会长期处于部落文化发展阶段，相互之间"鸡犬之声相闻，老死不相往来"。然而，处于新石器时代的古代中国先民开始冲破地理阻碍，穿越"上无飞鸟、下无走兽"的茫茫戈壁，与周边部落进行物质交换活动，逐渐克服千难万险，将原始的商业活动拓展至黄河流域、长江流域，进而延伸至印度河及恒河流域、尼罗河流域、两河流域等诸多民族国家，最终开辟了"丝绸之路"。丝绸之路在很长一段时间内是通往西方的必经商路，遍布丝绸之路沿线的大小绿洲城郭，是来往商贾进行贸易活动和贸易联络的必经城镇，在沿线的集市贸易中既能看到来自中原地区的物产，也能看到远道而来的舶来品。沿着丝绸之路商贸通道，中国盛产的丝绸、茶叶和瓷器西传，丰富了西域国家民众的生活，带动了各地经济发展。历史上，中国的丰富物产不仅成为西域各国人民追捧的消费品，也成为中国历代朝廷对外交往的政治、经济和文化工具，进而成为中西域文明交流互鉴的载体，成为东西域国家民众相互了解的"纽带"。由西域传入中原的马、牛、羊以及哈密瓜、葡萄、核桃、胡萝卜、胡椒、胡豆、菠菜、黄瓜、石榴等品种多样的农牧业产品，则为中原人民的生活提供了丰富的物产，像葡萄酒等西域特产经过久远的发展也融入中国的传统酒文化中。

丝绸之路虽以丝绸贸易冠名，但是其历史意义却远远超过货物贸易本身。历史上，正是这条丝绸之路把中国、印度、埃及、罗马、希腊、阿拉伯和波斯等古老文明连接到一起，形成了一条连接亚、非、欧诸多国家民族文化的"彩练"，营造了东西域国家民族文化相互交流的陆地和海上大通道，继而为世界文化发扬光大提供了源源不断的正能量。

### 2. 促进了科学技术交流

古丝绸之路丰富了东西域国家人民的物质生活，促进了各国经济与社会发展，促进了东西域国家科学技术交流，加快了东西域农耕文化的发展，为相关国家走向现代文明提供了物质和精神启迪。

1）为世界提供了智慧启迪

古丝绸之路对古代中国和西域各国了解世界、走向世界发挥了不可替代的纽带作用，尤其是在汉、隋、唐、宋、元和明朝（早中期）。在元朝，先后有100多位欧洲国家官员和社会精英来到中国，他们对东方古国的了解和对中国文化的传播，点燃了西域国家各界精英航海探险的激情，催生了地理大发现，进而为欧洲工业革命增添了"动力"。其后，西班牙、葡萄牙、荷兰、法国、英国的航海家纷纷开启了寻找"东方契丹"的航海探险活动，最终方向几无例外指向伟大的契丹国（中国）。正是在"契丹梦"引领下，西班牙人哥伦布怀揣着《马可·波罗行纪》踏上了越洋探寻"契丹"之旅，最终发现了美洲新大陆。葡萄牙人达·伽马追寻同样的梦想，开拓了从欧洲绕过好望角通往印度的航路，麦哲伦则完成了环球航行，而英国人卡博特在寻找东北航路中发现了纽芬兰。随着地理知识不断丰富，东印度公司与中国沿海城市直接贸易不断增多，越来越多的传教士来华传教，他们反馈到西方世界的信息无一例外证明，原先西域各国民众"梦幻中"的契丹国就是中国。

2) 为科学技术发展提供了思想启迪

古往今来，创新构成中华民族最为鲜明的文化禀赋，并构成中华文化永续发展的核心理念；经济与文化交流构成古代中国同西域国家相互关系行稳致远的"两个轮子"。其间，中国四大发明借助上述"车轮"相继西传，促进了世界文明发展，并为西域国家的经济发展提供了科技动力，为后者社会进步提供了智慧启迪。据不完全统计，古代中国相继将茶树栽培、茶叶烘焙、水稻栽培、桑树栽培、桑蚕养殖、丝、丝织、印染和生铁冶炼等技术无偿贡献给了东西域各国人民，加快了东西域早期人类由新石器时代向铁器时代演进的步伐，进而为现代人类文明发展提供了中国智慧。

### 3. 促进了东西域文化交流

思想和文化是人类文明永续发展之源、力量之基和秩序之本，也是世界各国互鉴互融、各展辉煌的重要载体。

一方面，体现在中国文化对西域国家文化的影响上。古代中国文化对西域诸国文化的影响主要体现在思想和古典哲学、政治制度、科学技术、文化艺术和道德修养等诸多领域。在思想和哲学领域，《易经》包含现代计算机二进制的要素、现代数理逻辑，植根于《易经》《老子》的思辨哲学曾普遍应用于现代哲学，《孙子》则广泛应用于国际军界和商界。老子和孔子作为中华文明最具国际影响力的两大代表人物与西域国家的苏格拉底、柏拉图、亚里士多德等一道，被公认为不同文明交流互鉴的价值来源。

另一方面，佛教对中国文化产生深远的影响。习近平总书记在巴黎联合国教科文组织总部发表演讲时指出："佛教产生于古代印度，但传入中国后，经过长期演化，佛教同中国儒家文化和道家文化融合发展，最终形成了中国特色佛教文化，给中国人的宗教信仰、哲学观念、文学艺术、礼仪习俗等留下了深刻影响。"在治国理政领域，佛教崇尚"以德修身""以德修心""以德创业""以德治学""以德治国"，对中国历代政界、学界、艺术界等均提供了思想启迪。在哲学领域，汉译佛经中诸多动人故事一经流传，很快成为平常百姓传承家风、族风、民风的新参照，成为发扬民族文化的新途径，佛教与中国传统伦理道德相互融合，推动了中国文化发扬光大。在伦理领域，约在东晋时期形成了"儒、道、佛"三足鼎立之势，进而构成中华文化的主体内涵。在饮食文化领域，开启了中国的"寺庙文化"，催生了"茶文化""素食文化"。在文化领域，给中国文学语言带来了大量新词汇，充实了中国文学语言内涵，拓展了文学体裁范畴，推动了中国小说的发展与繁荣，丰富了文学创作素材和手法，开启了中国佛教绘画先河。

丝路精神

### 4. 孕育了丝路精神

丝绸之路作为人文社会的交往平台，多民族、多种族、多宗教、多文化在此交汇融合，在长期交往过程中各个国家之间形成了"不同种族、不同信仰、不同文化背景的国家可以共享和平，共同发展"的丝路精神。这也是现代国际社会交往的最基本原则之一，是塑造国际政治经济新秩序的必然要求。习近平总书记在"一带一路"国际合作高峰论坛开幕式上的演讲指出，古丝绸之路绵亘万里，延续千年，积淀了新时期以和平合作、开放包容、互学互鉴、互利共赢为核心的丝路精神。

1）和平合作的精神

在漫长的陆地和海上丝绸之路上，不同文化相互传播、相互融合、相互激荡，交相辉映，既滋润了华夏文化，也孕育了以和平合作为特色的"丝路文化"。在西方列强以坚船利炮对华实施霸凌主义贸易之前，古丝路贸易一直以和平方式进行，造福于东西两域人民。从政治领域考察，直至第一次工业革命前夕，东西域两端的大国之间从未发生过以军事占领和经济掠夺为宗旨的战争，东西域之间推进贸易与文化交流依靠的不是坚船和利炮，而是宝船和友谊。为促进东西两域友好交往，不同时期的大国均为丝路贸易畅通提供过安全保障。历代中国朝廷发起并维持的朝贡贸易主要是为了彰显"天朝形象"，彰显"大国恩威"，或维持地区局势安全。公元前139年张骞出使西域和1405—1433年郑和七下西洋均成为"大国不称霸"的典范。从经济领域考察，古丝绸之路承载的东西域国家和人民之间的交往主要集中在物质文化交流与交往领域。在自然经济条件下，古丝绸之路沿线国家经济与社会发展相对落后，生产力相对低下，物产剩余有限，相互贸易主要是调剂余缺，其次才是促进经济发展。在不同的历史阶段，参与丝绸之路贸易国家的规模有大有小，从丝路贸易中受益的程度有大有小。但是，所有参与陆上和海上贸易的国家和民族，均从中获得了经济与文化发展的外部动力。维护和促进相互之间经贸关系的并非战马和长矛，而是驼队和善意。从文化领域考察，古代中国的法显、玄奘、旅行家杜环、意大利的马可·波罗、利玛窦、郎世宁和摩洛哥的伊本·白图泰等在不同的历史时期成为东西域文化交流的使者。正是一代又一代"丝路人"不畏艰难险阻，勇往直前，架起了东西方合作发展的纽带、和平的桥梁。

2）开放包容的精神

古丝绸之路历史表明：任何一个民族国家的形成与发展均需要坚守本民族文化底线，坚持兼收并蓄，坚守包容性发展理念，坚持对外开放，坚持合作发展，并在合作发展中结伴而行。古丝绸之路跨越尼罗河流域、底格里斯河和幼发拉底河流域、印度河和恒河流域、黄河和长江流域，构成了波澜壮阔的贸易大通道。这条古丝绸之路连接起古埃及文明、巴比伦文明、印度文明、中华文明的发祥地，构成不同国度和肤色人民友好相处的纽带，不仅成为佛教、基督教、伊斯兰教信众的会集地，为不同信仰的民众和谐相处提供了不可替代的载体，还成为古代中国和西域大国为各自民族国家提供物质和精神产品的重要载体，并为古丝绸之路畅通无阻提供了安全保障。

3）互学互鉴的精神

人类文明源于刀耕火种的原始文明，从游牧文化逐渐向农耕文化过渡，再从农耕文化向工业文化发展。其间，任何思想观念、任何文化形态都可以在这条古丝绸之路上追根寻源。历史上，这条古丝绸之路成为四大文明的摇篮，成为全球三大宗教相互激荡、携手前行的发祥地。古丝绸之路是东西域国家之间以货换货的大通道、知识相互传播的大通道、技术相互交流的大通道。古丝绸之路的两端和沿线不同文明、宗教、种族的民众在文化上互鉴互融，携手书写各自文化艺术领域的壮丽诗篇。沿着古丝绸之路，古老的中国把政治、经济、社会和科学技术领域的发明创造毫无保留地奉献给西域国家人民。与此同时，以开放包容的心态，学习和借鉴西域各国人民的发明创造，借鉴后者的先进经验，进而推动丝绸之路不时绽放出时代光芒。沿着古丝绸之路，西方的宗教及阿拉伯的天文、历法、医药传入中国，中国的四大发明、养蚕技术也由此传向世界，推动了人类文明和人类文化不断走向辉煌。

4）互利共赢的精神

古丝绸之路既见证了陆上"使者相望于道，商旅不绝于途"的盛况，也见证了海上"舶交海中，不知其数"的繁华。在这条物质与文化交流大动脉上，资金、技术、人员等生产要素自由流动，商品、资源、成果等实现共享。古丝绸之路跨越千山万水，将亚、欧、非三个大陆连接成贸易大通道，将太平洋、印度洋和大西洋沿岸诸多国家串联成贸易伙伴群体，将诸多国家打造成文化交流互鉴的伙伴群体，在人类历史上留下了一抹亮丽的色彩。政治上，东西域各国在各自选择的国度繁衍生息，在平等的基础上开展思想、文化交往。东西两域连绵不断的物质与文化交流打开了神秘的东西方世界大门，推动各国人民彼此常交流、长相守。经济上，东西域各国民众在互利的基础上开展物质交流。原产于东西域各地的各类物产沿着这条古丝绸之路走进千家万户，丰富了各地居民的生活，增添了各地文化与物质内涵，促进了各地经济与社会发展。

# 第3节　一带一路

2 000多年前，亚欧大陆上勤劳勇敢的人民，探索出多条连接亚欧非几大文明的贸易和人文交流通路，后人将其统称为"丝绸之路"。千百年来，"和平合作、开放包容、互学互鉴、互利共赢"的丝绸之路精神薪火相传，推进了人类文明进步，它是促进沿线各国繁荣发展的重要纽带，是东西方交流合作的象征，是世界各国共有的历史文化遗产。

进入21世纪，在以和平、发展、合作、共赢为主题的新时代，面对复苏乏力的全球经济形势，纷繁复杂的国际和地区局面，传承和弘扬丝绸之路精神更显重要和珍贵。

2013年9月和10月，中国国家主席在出访中亚和东南亚国家期间，先后提出共建"丝绸之路经济带"和"21世纪海上丝绸之路"（以下简称"一带一路"）的重大倡议，得到国际社会高度关注。加快"一带一路"建设，有利于促进沿线各国经济繁荣与区域经济合作，加强不同文明交流互鉴，促进世界和平发展，是一项造福世界各国人民的伟大事业。"一带一路"建设是一项系统工程，要坚持共商、共建、共享原则，积极推进沿线国家发展战略的相互对接。为推进实施"一带一路"重大倡议，让古丝绸之路焕发新的生机活力，以新的形式使亚欧非各国联系更加紧密，互利合作迈向新的历史高度，中国政府特制定并发布《推动共建丝绸之路经济带和21世纪海上丝绸之路的愿景与行动》。

# 一、"一带一路"的时代背景和框架思路

## 1. "一带一路"的时代背景

当今世界正发生复杂深刻的变化，国际金融危机深层次影响继续显现，世界经济缓慢复苏、发展分化，国际投资贸易格局和多边投资贸易规则酝酿深刻调整，各国面临的发展问题依然严峻。

共建"一带一路"顺应世界多极化、经济全球化、文化多样化、社会信息化的潮流，秉持开放的区域合作精神，致力于维护全球自由贸易体系和开放型世界经济。

共建"一带一路"旨在促进经济要素有序自由流动、资源高效配置和市场深度融合，推动沿线各国实现经济政策协调，开展更大范围、更高水平、更深层次的区域合作，共同打造开放、包容、均衡、普惠的区域经济合作架构。

共建"一带一路"符合国际社会的根本利益，彰显人类社会共同理想和美好追求，是国际合作以及全球治理新模式的积极探索，将为世界和平发展增添新的正能量。

共建"一带一路"致力于亚欧非大陆及附近海洋的互联互通，建立和加强沿线各国互联互通伙伴关系，构建全方位、多层次、复合型的互联互通网络，实现沿线各国多元、自主、平衡、可持续的发展。"一带一路"的互联互通项目将推动沿线各国发展战略的对接与耦合，发掘区域内市场的潜力，促进投资和消费，创造需求和就业，增进沿线各国人民的人文交流与文明互鉴，让各国人民相逢相知、互信互敬，共享和谐、安宁、富裕的生活。

当前，中国经济和世界经济高度关联。中国将一以贯之地坚持对外开放的基本国策，构建全方位开放新格局，深度融入世界经济体系。推进"一带一路"建设既是中国扩大和深化对外开放的需要，也是加强和亚欧非及世界各国互利合作的需要，中国愿意在力所能及的范围内承担更多责任义务，为人类和平发展作出更大的贡献。

## 2. "一带一路"的框架思路

"一带一路"是促进共同发展、实现共同繁荣的合作共赢之路，是增进理解信任、加强全方位交流的和平友谊之路。中国政府倡议，秉持和平合作、开放包容、互学互鉴、互利共赢的理念，全方位推进务实合作，打造政治互信、经济融合、文化包容的利益共同体、命运共同体和责任共同体。

"一带一路"贯穿亚欧非大陆，一头是活跃的东亚经济圈，一头是发达的欧洲经济圈，中间广大腹地国家经济发展潜力巨大。丝绸之路经济带重点畅通中国经中亚、俄罗斯至欧洲（波罗的海）；中国经中亚、西亚至波斯湾、地中海；中国至东南亚、南亚、印度洋。21世纪海上丝绸之路重点方向是从中国沿海港口过南海到印度洋，延伸至欧洲；从中国沿海港口过南海到南太平洋。

根据"一带一路"走向，陆上依托国际大通道，以沿线中心城市为支撑，以重点经贸产业园区为合作平台，共同打造新亚欧大陆桥、中蒙俄、中国—中亚—西亚、中国—中南半岛等国际经济合作走廊；海上以重点港口为节点，共同建设通畅安全高效的运输大通道。中巴、孟中印缅两个经济走廊与推进"一带一路"建设关联紧密，要

进一步推动合作，取得更大进展。

"一带一路"建设是沿线各国开放合作的宏大经济愿景，需各国携手努力，朝着互利互惠、共同安全的目标相向而行。努力实现区域基础设施更加完善，安全高效的陆海空通道网络基本形成，互联互通达到新水平；投资贸易便利化水平进一步提升，高标准自由贸易区网络基本形成，经济联系更加紧密，政治互信更加深入；人文交流更加广泛深入，不同文明互鉴共荣，各国人民相知相交、和平友好。

"一带一路"的三大使命

 **知识拓展**

### "一带一路"的空间内涵

"一带一路"具有多重空间内涵，是一个跨尺度的概念。

第一，"一带一路"不是一个封闭的体系，没有一个绝对的边界。也就是说，没有办法在地图上准确表达其空间范围。"一带一路"从根本上是一个开放、包容的国际区域经济合作网络，愿意参与的国家都可以参加，即并非一个排他性的平台。

第二，由于"一带一路"是一个国际区域经济合作网络，因而它必然以国家间的合作为主，而不是相邻国家的次区域合作。

第三，"一带一路"是一项具有长期性和战略性的重大工作，应做好顶层设计，尽最大努力克服"条块分割"，以国家整体利益为重，稳扎稳打地做好每一项关键工作。

第四，"一带一路"建设需要将"走出去"与"引进来"有机结合，推动中国产业升级和发展模式转变。

第五，"一带一路"建设需要将人文合作置于政府工作的优先位置，包括文化、教育科技、体育等方面的交流，以及民生援助工作。

(资料来源：刘卫东，田锦尘，欧晓理，等."一带一路"战略研究[M].上海：商务印书馆.2017.)

## 二、"一带一路"的合作重点

"一带一路"沿线各国资源禀赋各异，经济互补性较强，彼此合作潜力和空间很大，以政策沟通、设施联通、贸易畅通、资金融通、民心相通为主要内容，重点在这些方面加强合作：

"一带一路"的合作重点

### 1. 政策沟通

加强政策沟通是"一带一路"建设的重要保障。加强政府间合作，积极构建多层次政府间宏观政策沟通交流机制，深化利益融合，促进政治互信，达成合作新共识。沿线各国可以就经济发展战略和对策进行充分交流对接，共同制定推进区域合作的规划和措施，协商解决合作中的问题，共同为务实合作及大型项目实施提供政策支持。

### 2. 设施联通

基础设施互联互通是"一带一路"建设的优先领域。在尊重相关国家主权和安全关切的基础上，沿线国家宜加强基础设施建设规划、技术标准体系的对接，共同推进国际骨干通道建设，逐步形成连接亚洲各次区域以及亚欧非之间的基础设施网络。强化基础设施绿色低碳化建设和运营管理，在建设中充分考虑气候变化影响。

抓住交通基础设施的关键通道、关键节点和重点工程，优先打通缺失路段，畅通"瓶颈"路段，配套完善道路安全防护设施和交通管理设施设备，提升道路通达水平。推进建立统一的全程运输协调机制，促进国际通关、换装、多式联运有机衔接，逐步形成兼容规范的运输规则，实现国际运输便利化。推动口岸基础设施建设，畅通陆水联运通道，推进港口合作建设，增加海上航线和班次，加强海上物流信息化合作。拓展建立民航全面合作的平台和机制，加快提升航空基础设施水平。

加强能源基础设施互联互通合作，共同维护输油、输气管道等运输通道安全，推进跨境电力与输电通道建设，积极开展区域电网升级改造合作。

共同推进跨境光缆等通信干线网络建设，提高国际通信互联互通水平，畅通信息丝绸之路。加快推进双边跨境光缆等建设，规划建设洲际海底光缆项目，完善空中（卫星）信息通道，扩大信息交流与合作。

 **知识拓展**

## 中欧班列

中欧班列（CHINA RAILWAY Express，CR Express）是由中国铁路总公司组织，按照固定车次、线路、班期和全程运行时刻开行，运行于中国与欧洲以及"一带一路"沿线国家间的集装箱等铁路国际联运列车。铁路部门按照"六统一"，即统一品牌标志、统一运输组织、统一全程价格、统一服务标准、统一经营团队、统一协调平台，打造中欧班列"快捷准时、安全稳定、绿色环保"的铁路国际联运货物运输品牌。

中欧班列铺划了西中东3条中欧班列运行通道：西部通道由国家中西部经阿拉山口（霍尔果斯）出境，中部通道由国家华北地区经二连浩特出境，东部通道由中国东北地区经满洲里（绥芬河）出境，是深化国家与沿线国家经贸合作的重要载体和推进"一带一路"建设的重要抓手。

目前，中欧班列以其运距短、速度快、安全性高的特征，以及安全快捷、绿色环保、受自然环境影响小的优势，已经成为国际物流中陆路运输的骨干方式。

（资料来源：编者整理）

### 3. 贸易畅通

投资贸易合作是"一带一路"建设的重点内容。宜着力研究解决投资贸易便利化问题，消除投资和贸易壁垒，构建区域内和各国良好的营商环境，积极同沿线国家和地区共同商建自由贸易区，激发释放合作潜力，做大做好合作"蛋糕"。

沿线国家宜加强信息互换、监管互认、执法互助的海关合作，以及检验检疫、认证认可、标准计量、统计信息等方面的双多边合作，推动世界贸易组织《贸易便利化协定》生效和实施。改善边境口岸通关设施条件，加快边境口岸"单一窗口"建设，降低通关成本，提升通关能力。加强供应链安全与便利化合作，推进跨境监管程序协调，推动检验检疫证书国际互联网核查，开展"经认证的经营者"（AEO）互认。降低非关税壁垒，共同提高技术性贸易措施透明度，提高贸易自由化便利化水平。

拓宽贸易领域，优化贸易结构，挖掘贸易新增长点，促进贸易平衡。创新贸易方式，发展跨境电子商务等新的商业业态。建立健全服务贸易促进体系，巩固和扩大传统贸易，大力发展现代服务贸易。把投资和贸易有机结合起来，以投资带动贸易发展。

加快投资便利化进程，消除投资壁垒。加强双边投资保护协定，避免双重征税协定磋商，保护投资者的合法权益。

拓展相互投资领域，开展农林牧渔业、农机及农产品生产加工等领域深度合作，积极推进海水养殖、远洋渔业、水产品加工、海水淡化、海洋生物制药、海洋工程技术、环保产业和海上旅游等领域合作。

加大煤炭、油气、金属矿产等传统能源资源勘探开发合作，积极推动水电、核电、风电、太阳能等清洁、可再生能源合作，推进能源资源就地就近加工转化合作，形成能源资源合作上下游一体化产业链。加强能源资源深加工技术、装备与工程服务合作。

推动新兴产业合作，按照优势互补、互利共赢的原则，促进沿线国家加强在新一代信息技术、生物、新能源、新材料等新兴产业领域的深入合作，推动建立创业投资合作机制。

优化产业链分工布局，推动上下游产业链和关联产业协同发展，鼓励建立研发、生产和营销体系，提升区域产业配套能力和综合竞争力。扩大服务业相互开放，推动区域服务业加快发展。探索投资合作新模式，鼓励合作建设境外经贸合作区、跨境经济合作区等各类产业园区，促进产业集群发展。在投资贸易中突出生态文明理念，加强生态环境、生物多样性和应对气候变化合作，共建绿色丝绸之路。

中国欢迎各国企业来华投资。鼓励本国企业参与沿线国家基础设施建设和产业投资。促进企业按属地化原则经营管理，积极帮助当地发展经济、增加就业、改善民生，主动承担社会责任，严格保护生物多样性和生态环境。

### 4. 资金融通

资金融通是"一带一路"建设的重要支撑。深化金融合作，推进亚洲货币稳定体系、投融资体系和信用体系建设。扩大沿线国家双边本币互换、结算的范围和规模。推动亚洲债券市场的开放和发展。共同推进亚洲基础设施投资银行、金砖国家开发银行筹建，有关各方就建立上海合作组织融资机构开展磋商。加快丝路基金组建运营。深化中国—东盟银行联合体、上合组织银行联合体务实合作，以银团贷款、银行授信等方式开展多边金融合作。支持沿线国家政府和信用等级较高的企业以及金融机构在中国境内发行人民币债券。符合条件的中国境内金融机构和企业可以在境外发行人民币债券和外币债券，鼓励在沿线国家使用所筹资金。

加强金融监管合作，推动签署双边监管合作谅解备忘录，逐步在区域内建立高效监管协调机制。完善风险应对和危机处置制度安排，构建区域性金融风险预警系统，形成应对跨境风险和危机处置的交流合作机制。加强征信管理部门、征信机构和评级机构之间的跨境交流与合作。充分发挥丝路基金以及各国主权基金作用，引导商业性股权投资基金和社会资金共同参与"一带一路"重点项目建设。

 **知识拓展**

## 亚投行

亚投行全称亚洲基础设施投资银行（Asian Infrastructure Investment Bank，AIIB），是政府间性质的亚洲区域多边开发机构，也是全球首个由中国倡议设立的多边金融机构。

亚投行正式成立于2015年12月25日，共有57个创始成员（37个地区和20个非地区），总部设在北京。

亚投行重点支持基础设施建设，成立宗旨是促进亚洲区域的建设互联互通化和经济一体化的进程，并且加强中国及其他亚洲国家和地区的合作。其主要职能包括推动区域内发展领域的公共和私营资本投资，尤其是基础设施和其他生产性领域的发展；利用其可支配资金为本区域发展事业提供融资支持，包括能最有效支持本区域整体经济和谐发展的项目和规划，并特别关注本区域欠发达成员的需求；鼓励私营资本参与投资有利于区域经济发展，尤其是基础设施和其他生产性领域发展的项目、企业和活动，并在无法以合理条件获取私营资本融资时，对私营投资进行补充；为强化这些职能开展其他活动和提供其他服务。

（资料来源：编者整理）

### 5. 民心相通

民心相通是"一带一路"建设的社会根基。传承和弘扬丝绸之路友好合作精神，广泛开展文化交流、学术往来、人才交流合作、媒体合作、青年和妇女交往、志愿者服务等，为深化双多边合作奠定坚实的民意基础。

扩大相互间留学生规模，开展合作办学，中国每年向沿线国家提供1万个政府奖学金名额。沿线国家间互办文化年、艺术节、电影节、电视周和图书展等活动，合作开展广播影视剧精品创作及翻译，联合申请世界文化遗产，共同开展世界遗产的联合保护工作。深化沿线国家间人才交流合作。

加强旅游合作，扩大旅游规模，互办旅游推广周、宣传月等活动，联合打造具有丝绸之路特色的国际精品旅游线路和旅游产品，提高沿线各国游客签证便利化水平。推动21世纪海上丝绸之路邮轮旅游合作。

积极开展体育交流活动，支持沿线国家申办重大国际体育赛事。

强化与周边国家在传染病疫情信息沟通、防治技术交流、专业人才培养等方面的合作，提高合作处理突发公共卫生事件的能力。为有关国家提供医疗援助和应急医疗救助，在妇幼健康、残疾人康复以及艾滋病、结核、疟疾等主要传染病领域开展务实合作，扩大在传统医药领域的合作。

加强科技合作，共建联合实验室（研究中心）、国际技术转移中心、海上合作中心，促进科技人员交流，合作开展重大科技攻关，共同提升科技创新能力。

整合现有资源，积极开拓和推进与沿线国家在青年就业、创业培训、职业技能开发、社会保障管理服务、公共行政管理等共同关心领域的务实合作。

充分发挥政党、议会交往的桥梁作用，加强沿线国家之间立法机构、主要党派和政治组织的友好往来。开展城市交流合作，欢迎沿线国家重要城市之间互结友好城市，以人文交流为重点，突出务实合作，形成更多鲜活的合作范例。欢迎沿线国家智库之间开展联合研究、合作举办论坛等。

加强沿线国家民间组织的交流合作，重点面向基层民众，广泛开展教育医疗、减贫开发、生物多样性和生态环保等各类公益慈善活动，促进沿线贫困地区生产生活条件改善。加强文化传媒的国际交流合作，积极利用网络平台，运用新媒体工具，塑造和谐友好的文化生态和舆论环境。

## 三、"一带一路"的实践意义

### 1. "一带一路"有助于形成经济发展的动力基础

既有的国际经济合作机制大部分都是从发达国家立场出发的合作，通过制定约束性强的规则，解决现有利益的分配问题。而"一带一路"则是在既有的国际经济合作机制规则无法改变的情况下，从新兴经济体立场的合作，通过开放的、非约束性、非排他性的合作方式，解决策略选择问题。

从新兴经济体的视角，参加既有的国际经济合作机制是一种适应性导向，即通过满足合作机制的约束性要求和排他性规则，获得其他合作方给予的市场准入机会。参加的基础是有静态的比较优势，竞争的状态是依靠现有优势直接竞争，最终以贸易扩大的渠道促进经济增长。这时的产量处在生产可能线之上，即在技术知识和生产要素投入数量既定的条件下，一个经济体所能得到的最大产量。对于新兴经济体而言，能够达到最大产量已经不容易，大多数情况下由于市场经济不成熟以及经济结构性问题达不到最大产量，产量处于生产可能线之内。

参加"一带一路"国际合作是一种发展性导向。合作目标是解除经济发展的制约因素。合作基础是培育动态比较优势，改善经济发展环境。这时发生的或是从基础设施能力弱等因素造成的完全无贸易到有贸易的贸易释放；或是某一产业从无到有的生产能力形成，技术得以更新，要素投入得以增加，制度环境得以改善，结果就是生产可能线向外移动，整个社会生产能力扩大了。这个过程中竞争的状态是在劳动生产率提高基础上竞争能力的增强，不再与既有市场形成竞争，而是表现为新兴产业或者利基市场上的增长优势，基本形成经济发展的动力。

### 2. "一带一路"有助于满足经济发展的差异化需求

既有的国际经济合作机制在加入时都要达到对于成员的要求。例如一国申请加入世贸组织（WTO）时，需与有兴趣的成员政府进行双边谈判以做出在货物贸易及服务贸易方面的承诺。这一双边过程以及其他一些事项确定了加入时申请国给予世贸组织成员的具体利益。世贸组织新成员必须由决策机构——部长会议以三分之二多数票通过方可加入。只有加入 WTO 成为成员之后，才能够享受最惠国待遇和国民待遇、关税减免、争端解决等成员待遇，非成员是无法享受的。入世的过程可能相当漫长，中国就努力了 15 年。对发展程度不高的经济体而言，不仅这期间所花费的准备和谈判资源是一笔很大的负担，而且既有规则大多未考虑本国的实际情况，实施起来也有较大难度。

"一带一路"倡议则是开放包容、共同发展的进程,不是要关起门来搞小圈子或者"中国俱乐部";不搞零和游戏,只要各国有意愿,都欢迎参与。而且"一带一路"并不苛求囊括所有成员的、统一的制度性合作模式,因此不仅涉及制度化的自由贸易区,而且还有形式多样的非制度性合作方式,如次区域合作、经济走廊、国际大通道、产业园区及国际产能合作等。

开放的组织方式使"一带一路"建设过程具有更多样化的合作伙伴、更宽广的合作范围和更灵活的合作方式,从而也满足了经济发展的差异化需求,并具有更强的可持续性。

### 3. "一带一路"有助于促进经济的内生发展

既有的国际经济合作机制在合作项目的实施方式上以贸易投资自由化为主,有些情况下可能会给予发展中成员一些优惠政策,但是总体节奏需要按照规则制定者的要求。而"一带一路"建设采取了开放包容的实施方式,通过全方位地推进务实合作,促进共同发展,实现共同繁荣。

"一带一路"建设针对参与国家的具体情况决定经济合作的方式,不搞"一刀切",充分尊重这些国家的意愿和特点。有些国家只有明确的合作意向,没有具体的合作项目;有些国家想推进基础设施建设;有些国家想签订有一定约束性的自贸区协定;有些国家或地区本身就有发展规划。"一带一路"倡议只需要与其进行战略对接。多样化的合作为有针对性地促进经济内生发展创造了制度环境。

"一带一路"合作以基础设施建设、贸易投资便利化等为主要内容,以融资合作为重要支撑,以产能合作作为重要举措,涵盖了产业发展的全过程。"一带一路"倡议促进共建国家加强在新一代信息技术、生物、新能源、新材料等新兴产业领域的深入合作,优化产业链分工布局,推动上下游产业链和关联产业协同发展,鼓励建立研发、生产和营销体系,促进产业集群发展,提升区域产业配套能力和综合竞争力。

 **知识拓展**

#### "一带一路"倡议的格局

与之前的对外开放相比较,"一带一路"倡议打开了一个更加宽广的格局:

首先是空间更加博大。"一带一路"建设植根于丝绸之路的历史土壤,重点是面向亚欧非大陆及沿海岛屿,同时向所有愿意加入的国家和地区开放,区域极其博大。

其次是内容更加博大。"一带一路"建设不但涵盖贸易、投资、交通等经济领域,还涵盖政治、社会、文化等方方面面,如政治上的求同存异,社会的和谐稳定和文化的多元共存等。

再次是共同利益更加博大。"一带一路"首先由中国倡导提出并积极推动,但这并不表明它仅仅代表了中国的国家利益,而是旨在促进经济要素的有序自由流动、资源的高效配置和市场深度的融合,推动沿线各国实现经济政策协调,开展更大范围、更高水平、更深层次的区域合作,共同打造开放、包容、均衡、普惠的区域经济合作框架,将中国机遇变为世界机遇,增进"一带一路"参与各国人民的福祉。

最后是视野更加博大。"一带一路"的提出是一方面实现与沿线国家的战略对接、政策协调和优势互补，另一方面也是一个战略大迂回，在某种意义上是以回归传统陆权的方式形成对近代以来处于强势的海权的对冲。

（资料来源：王京生. 文化自信与"一带一路"建设［N］. 中国文化报，2021.）

## 本章小结

● 框架内容

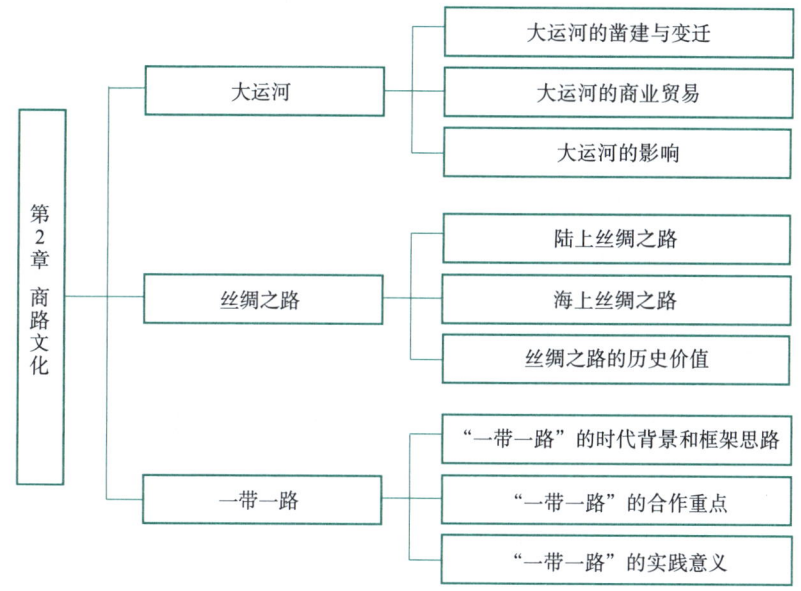

## 理论自测

理论自测

□ 选择题

1. 世界上开凿历史最为悠久、长度最长的人工运河是（　　）。
   A. 马恩运河（法国）　　　　B. 京杭大运河（中国）
   C. 伊利运河（美国）　　　　D. 苏伊士运河（埃及）
2. （　　）为联合国教科文组织唯一认定的海上丝绸之路起点。
   A. 宁波　　　　B. 泉州　　　　C. 广州　　　　D. 山东
3. 中国古代陆上丝绸之路的贸易形式，主要有（　　）形式。
   A. 互市贸易　　B. 朝贡贸易　　C. 民间贸易　　D. 网络交易
4. 在（　　）时期，支撑海上丝绸之路的主要大宗商品，已由原来的丝绸变为瓷器。
   A. 隋唐　　　　B. 秦汉　　　　C. 明清　　　　D. 宋元
5. 陆上丝绸之路的东部起点是（　　）。
   A. 长安　　　　B. 洛阳　　　　C. 北京　　　　D. 乌鲁木齐

6. 丝绸之路，简称丝路，广义上讲可分为（　　）和（　　）。
   A. 海上丝绸之路　　　　　　B. 空中丝绸之路
   C. 网上丝绸之路　　　　　　D. 陆上丝绸之路
7. 进入（　　）以后，海上丝路最终成型，进入鼎盛时期。
   A. 唐朝　　　B. 宋朝　　　C. 明朝　　　D. 清朝
8. "一带一路"的合作重点包括（　　）。
   A. 政策沟通　　B. 资金融通　　C. 民心相通　　D. 贸易畅通
9. 中国通过海上丝绸之路向国外输出的主要特色商品包括（　　）。
   A. 丝绸　　　B. 陶瓷　　　C. 茶叶　　　D. 玻璃制品
10. （　　）就是中央政府与域外各国的进贡与回赐关系，其实质是带有浓厚的政治色彩的以物易物。
    A. 朝贡贸易　　B. 互市贸易　　C. 民间贸易　　D. 官商合营

□ 判断题

（　）1. 京杭大运河，又被称为大运河，流经北京、天津、河南、山东、江苏、浙江六个省市，连接了海河、黄河、淮河、长江和钱塘江五大河流，是中国古代最伟大的水利工程，也是世界上开凿历史最为悠久、长度最长的人工运河。

（　）2. 从隋朝开始，大运河的走向由以洛阳为中心的横向大运河向以大都为中心的纵向大运河过渡。

（　）3. 漕运通俗地说就是利用水道（河道和海道）调运粮食（以公粮为主）的一种专业运输。

（　）4. 商路是因商人的贸易往来活动而形成的线路。

（　）5. 清朝政府实行海禁政策，其间明州成为中国海上丝绸之路唯一对外开放的贸易大港。

（　）6. 邗沟是中国最早开凿的运河之一，是中国大运河的重要组成部分，沟通了长江与淮河。

（　）7. "一带一路"是"丝绸之路经济带"和"21世纪海上丝绸之路"的简称。

（　）8. 海上丝绸之路南海航线一直以中国为主导。

（　）9. 郑和在明朝共下了六次西洋。

（　）10. 宋朝海上丝绸之路对外贸易的商品包括陶瓷器、茶叶、丝织品、糖、兵器、酒等。

□ 理论自测步骤

1. 学生打开中国大学慕课平台 https：//www.icourse163.org/。
2. 平台首页输入"中华商文化"查询，加入课程学习。
3. 在左侧导航列表中选择"测验与作业"，在"专题二　商路文化"中，单击"前往测验"，进入测试页面。
4. 在限定时间内完成测试。测试完毕，系统自动评卷。

## 应用自测

应用自测

**1. 总体要求**

根据本章节学习的内容，分小组选择主题完成商贸宣传海报（大运河、丝绸之路、一带一路等）。

**2. 自测目标**

（1）加深学生对中国商路的商业意义的理解；
（2）让学生对中国主要商路的发展、沿岸城镇、商贸情况有进一步的认识；
（3）训练学生搜集、归纳、整理信息以及呈现展示的能力。

**3. 背景资料**

通过课程学习，同时利用网络、报纸、图书等方式，搜集主要的相关资料，搜寻沿岸城镇的历史基本情况（发展简史、面积、人口、区位、经济、贸易、商俗民情等），完成应用自测要求。

## 商道传承

1. 仁者以财发身，不仁者以身发财——《礼记·大学》
2. 穷则变，变则通，通则久。——《周易·系辞下》
3. 亲仁善邻，国之宝也。——《左转·隐公六年》
4. 穷则独善其身，达则兼济天下。——《孟子·尽心上》
5. 钱，泉也，泉有源方有流，狡诈生财者，自塞其源也，以义为利，不以利为利，自当广开财源。——中国古代商业谚语
6. 人无信不立，市无信不旺，商无信不发。——中国古代商业谚语

# 第3章

## 商帮文化

明镜所以照形,古事所以知今。我们回顾过去,是为了继往开来,再铸辉煌。

——摘自 2016 年 10 月习近平总书记在金砖国家领导人第八次会晤大范围会议上的讲话

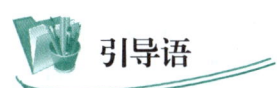 引导语

明清之际曾引发了一场"商业革命",在这场"革命"中相继崛起了赫赫有名的中国十大商帮。这些平凡又独特的创富团体,用他们的商业智慧写就辉煌,名扬天下,在中国商业发展史上留下了浓墨重彩的一笔。历史上,商帮的经营活动是推动商品经济发展的支柱性力量,商帮的兴衰及其启示更是现代商业发展的一笔宝贵遗产。本章将围绕明清十大商帮的经商风格和商业道德、新商帮的文化渊源等内容展开学习,既有历史的镜鉴也有对未来的启发。

教学说明

 学习目标

◎理解商帮的含义与起源;
◎掌握中国明清十大商帮经营风格与特点;
◎了解商帮的兴衰与新商帮的文化渊源;
◎传承商帮文化,继承优秀品质。

导学单

## 第1节 商帮概述

### 一、商帮的含义

通俗来说,商帮就是某地的商人群体,即以地域为纽带的商业联盟。清人徐珂编撰的《清稗类钞》中指出:"客商之携货运行者,咸以同乡或同业关系,结成团体,俗称客帮。"张海鹏、张海瀛先生在其主编的《中国十大商帮》中给商帮下了一个广为接受的定义:"商帮,是以地域为中心,以血缘、乡谊为纽带,以'相亲相助'为宗旨,以会馆、公所为其在异乡的联络、计议的一种既'亲密',又松散的自发形成的商人群体。商帮的出现,标志着我国封建商品经济发展到了最后阶段"。从定义上看,商帮应具有如下几个特征:

商帮的含义

(1)地域性。商帮是建立在地域基础上的商人组织,商帮一般以"地"为名,这个地域可以是省、州、县,甚至是镇。商帮的活动中心一般在本地,但主要经商活动可以在其他地方,也可以活动中心和经营活动均不在本地。

 知识拓展

#### 商帮"以地为名"

商帮既然是以"地"为名,自然是以地域为中心,以乡谊为纽带的。商帮就是某

地的商人群体。这里要说明的是：第一，商帮中的某个企业或集团以血缘为纽带，是家族企业，但联系各个家族企业的商帮的纽带不是血缘，而是同乡之谊。第二，商帮以地域为中心是指某个商帮由某地的人组成。这个地域可以是省，如山西的晋商；可以是州，如徽州的徽商；也可以是县，如浙江龙游县的龙游商；甚至可以小到镇，如江苏吴县①东山镇与西山镇的洞庭商。各个商帮的活动中心可以在本地，但主要经商活动在其他地方，如晋商的活动中心在山西，但经商活动在全国，甚至国外；活动中心也可以不在本地，经商活动也不在本地，如徽商的活动中心在扬州，经商活动则在全国。我们说某个商帮指的还是某地人所形成的商业群体。

（资料来源：梁小民. 走马看商帮［M］. 上海：上海书店出版社，2011：5.）

（2）亲缘性。商帮是某地人所形成的商业群体，中国人乡土观念极为浓厚，由于籍贯相同、口音相同、生活习惯相同，甚至思维习惯和价值取向也相同，从而形成同乡间特有的亲近感。

（3）组织性。商帮的核心在"帮"字上。"帮"字的含义是为政治或经济目的而结成的集团。"商帮"就是为商业目的而结成的集团。有"商"并结为集团才能称为"商帮"。这种集团主要是以正式组织的形成出现的。在本地可以称为行会，如粤商的十三行行会。在外地则有会馆或公所，如遍及全国的山西会馆。作为一个正式的组织，内部有各自的行规，加入这种组织的商人要严格遵守，如若违反，还有相应的惩罚措施。

 **知识拓展**

## 会　馆

会馆是中国明清时期都市中由同乡或同行业组成的封建性团体，始设于明代前期，迄今所知最早的会馆是建于永乐年间的北京芜湖会馆。嘉靖、万历时期会馆趋于兴盛，清代中期最多。但突破地域界限的行业性会馆仍然只是相当个别的。即使到了清代后期，出现的一些超地域的行业组织，大多以同行业公会的面目出现。明清时期大量工商业会馆的出现，在一定条件下，对于保护工商业者自身的利益，起了某些作用。但会馆与乡土观念及封建势力的结合，也阻碍了商品交换的扩大和社会经济的发展。

明清时期的会馆大体可分为3种：北京的大多数会馆，主要为同乡官僚、缙绅和科举之士居停聚会之处，故又称为试馆；北京的少数会馆和苏州、汉口、上海等工商业城市的大多数会馆，是以工商业者、行帮为主体的同乡会馆；四川的大多数会馆，是入清以后由陕西、湖广、江西、福建、广东等省迁来的客民建立的同乡移民会馆。早期的会馆绝大部分设于北京。这一时期的北京会馆，主要以地域关系作为建馆的基础，是一种同乡组织，与工商业者绝少关系。明中叶以后，具有工商业性质的会馆大量出现，会馆制度开始从单纯的同乡组织向工商业组织发展。后期的工商业会馆还可能同中国古代的纲运制度有渊源。明朝后期，工商性质的会馆虽占很大比重，但这些工商业会馆仍保持着浓厚的地域观念，绝大多数仍然是工商业者的同乡行帮会馆。

（资料来源：编者整理）

---

① 吴县于1995年撤销。

（4）互助性。商帮的"帮"也可以理解为相互帮助的"帮"。同一个商帮的商人之间除了正式的联系，还有一些非正式的联系，如不同商人家族之间的姻亲关系。商帮的目的就是通过这种正式或非正式的组织联系，规范帮内各商人的行为，制止相互之间的恶性竞争，并实现互帮互助，对外则是利用集团的力量为本帮的经商创造一个有利的环境，实现共存共荣。

## 二、商帮的出现

商帮是中国历史上特有的现象，始于明清时期。在中国历史上，商业活动很早就出现了，而且一直有发达的商业，但商帮的形成是明代之后的事，正如张海鹏、张海瀛先生所指出的，"在明代之前，我国商人的经商活动，多是单个的、分散的，是'人自为战'，没有出现具有特色的商人群体，也即是有'商'而无'帮'。"

商帮的兴起

商帮形成的基础是商品经济的发展。中国商品经济发展较早，但一直发展缓慢。封建社会统治者向来推行重本抑末的政策，在"士、农、工、商"的社会阶层排序中，商也是位于末位。对于商人而言，国家没有明文法律对其保护，而民间又对商人有"奸商"的刻板印象。因而，在那样的年代，商人利用他们天然的乡里、宗族关系，互相支持、和衷共济，成为市场价格的接受者和市场价格的制定者与左右者。商帮在规避内部恶性竞争、增强外部竞争力的同时，在封建体制内利用集体的力量更好地保护自己。

明清时期商品种类繁杂、数量增多，商人队伍日渐壮大，竞争日益激烈。商帮形成的具体时间是在明朝朱元璋推出"食盐开中"政策之后。自春秋战国时期以来，食盐作为生活必需品，一直是采用官营或专营的做法，即将海中的盐收归官府管理，创制了食盐"民产、官收、官运、官销"的一套官营制度。这从根本上保证了国家稳定盐利，同时客观上也保证了食盐的正常供给，从总体上来看，是利国利民的好事。明朝之所以实行"国退民进"的开中制并非政府自愿的，是北部边防压力需要，政府被迫无奈的结果。将盐引给粮商，就等于授予其生财之道，这也为山西、陕西和徽州盐商推动各自区域商帮兴起奠定了基础。开中制开始是纳米换盐，根据边区的实际需要，后来还衍生出了纳麦、纳粟、纳纱、纳豆、纳谷草、纳金、纳银、纳茶、纳绢、纳棉花等方式。

 **知识拓展**

### 开中制

所谓"开中"，也就是国家利用手中的食盐专卖特权，吸引商人纳粟于边，官给引目，支盐于坐派之场，货卖于限定地方。为了达到制度设计的目的，明朝廷方面曾努力为商人开中销盐提供方便。

在开中制下，封建中央政府直接控制着盐的生产，掌握着盐的专卖权，可以根据边防军事需要，定期或不定期地出榜招商。应招的商人必须把政府需要的实物代为输送到边防卫所，才能取得贩卖食盐的专门执照——盐引。然后凭盐引到指定的盐场支盐，并在政府指定的范围内销售。

在明朝初期，由于边境的军队需要大量粮草补给，开中制发展为政府以盐引向民间商人购买运输服务的制度。据明实录记载，"山西行省言：大同粮储自陵县、长芦运至太和岭，路远费重，若另商人于大同仓入米一石，太原仓入米一石三斗者，给淮盐一引，引二百斤。商人鬻毕，即以原给引目赴所在官司缴之，如此则转输入之费免而军备之用充矣。从之。"在明代盐法关系文献中，这是最早且最具代表性的有关开中法的记载，其中的含义主要有：第一，召商于大同、太原仓所纳米的数量，同朝廷所支给的淮盐盐引，当存在相应的比价关系。第二，朝廷支给淮盐引数，则是对商人支付"转输之费"即脚价的补偿，其盐价当远高于脚价，否则召商运盐恐不能行。第三，商人转输的"米"，当是朝廷于陵县、长芦征收积储"复行秋粮"，即"官米"，并非是商人所购之米。随着开中法的推移，由于盐粮价格悬殊，以及边方实行米粮采买制，才可能出现商人购米上纳开中的情况，这一点在明初的开中记载中是十分明确的。

（资料来源：编者整理）

开中制运行一段时间后，出现了一系列问题，其中官员腐败，统治者故意拖延盐商支盐的时间、收支问题无法解决等，导致开中制失败。到了明朝中期，户部尚书叶琪变法，盐业政策由开中制向折色制转化。政府准许盐商用银两换取盐引，盐商无须再运送军需物品到边境地区，这就是所谓的折色制。政策的转变使得盐商被分为边商与内商，仍在北部边境地区换盐引者称为边商，在内地纳银换盐引者称为内商。折色制的实施使内商迅速发展，盐业中心由北部边疆地区转移到两淮、江浙地区，中心在扬州，部分晋商向扬州移民，而后徽州商帮兴起，成为内商主力军。

明朝初期的开中制实施之后，盐商们就形成了自己的行帮，当时称为"纲"。清雍正时的《长芦盐法志》中记载："明初，分商之纲领者五，曰浙直之纲，曰宣大之纲，曰泽潞之纲，曰平阳之纲，曰蒲州之纲。"这五个"纲"中除浙直纲外均为山西人，可见当初晋商之光盛。

总体来看，中国商帮中主要商帮的形成与发展都与政府政策息息相关。粤商靠对外贸易的垄断权成为富甲天下的商帮之一，其形成也是与清朝政府政策推动直接相关。清朝政府闭关锁国，实行严厉的海禁政策，但统治者又想获得海外国家的各种奇珍异宝，就利用商人与洋人打交道，进行交易。清康熙二十五年（1686年），广东省政府招了十三家较有实力的商人，指定他们代皇帝接受外商贡品，进行贸易，并代征关税，代为管束洋人。这就是十三行的来源，也是粤商形成的原因。1757年，随着乾隆皇帝仅留粤海关一口对外通商上谕的颁布，清朝的对外贸易便锁定在广州十三行。

 **知识拓展**

### 广州十三行

广州十三行是清代专做对外贸易的牙行，是清政府指定专营对外贸易的垄断机构。

自唐朝以来，广州一向是中国最重要的商港之一。而广州十三行，在17世纪后期至 19 世纪中期，又是中国对外贸易中的一种特殊组织。康熙二十三年（1684 年），粤海关官府招募了十三家较有实力的商行，指定他们与洋船上的外商做生意并代海关征缴关税。后来行商家数变动不定，少则四家，多时二十多家，但"十三行"始终是这个商人团队约定俗成的称谓。

到乾隆二十二年（1757 年），清朝实行闭关锁国政策，乾隆下令"一口通商"，仅保留广州一地作为对外通商港口，而十三行则是当时中国唯一合法的外贸渠道，其真正名号是"外洋行"。此后的 100 年间，十三行向清朝政府提供了 40% 的关税收入。

（资料来源：编者整理）

# 第 2 节 传统商帮

## 一、明清十大商帮概述

中国封建社会重义轻利的儒家文化和农耕经济的主流使得市场经济之花迟迟难以绽放，可事实上，人类社会一直就未曾离开过商人的活动。在明清之际有了一场"商业革命"，在这场"革命"中相继崛起了十大商帮。其中，晋商、徽商、粤商为势力最大、影响最远的三大商帮。

### 1. 晋商

晋商是指明清时期分布在山西及周边地区的商人集团，主要集中于太谷、榆次、祁县、平遥等地。晋商主要经营盐、粮、丝绸、棉布、冶铸、金融、木材等。明清时期十大商帮之首的晋商，文化程度相对于其他商帮是比较高的，他们的经营模式也是最先进的。股份制、资本运作等现代经营方式已经在他们身上萌芽。他们用聚沙成塔的经营理念完成了资本的原始积累，并在经营管理上实行完全的两权分离，即所有权与经营权的分离。晋商探索完善的掌柜制度，合理公正地界定东家与掌柜之间的权利与义务、分红与责任，东家作为所有者只管两件事：任命大掌柜和主持 3~4 年一个账期的分红，不参与票号的经营与管理。在大掌柜选定之后，作为经营管理的最高领导，选择并组成自己的管理团队负责日常经营。他们还利用行会之权威培育从业者的诚信荣誉感，可谓最富中国特色的"委托—代理"制度，其所蕴涵的中国传统智慧对当下民营企业的组织管理仍有启示意义。

### 2. 徽商

徽商即古徽州府商人，是指明清时期徽州府下歙县、休宁、婺源、祁门、黟县、绩溪六县的商人集团。徽商主要经营盐、典当、茶木，其次为米、谷、棉、文房四宝等。徽商贾而好儒，爱读书使徽商有了"儒商"的雅名，他们的商业道德观带有浓厚的儒家韵味。徽商以儒家的诚、信、义的道德说教作为其商业道德的根本，使他们在商界赢得了信誉，促进了商业资本的发展，因此，其经营策略可以用四个字来概括：

"以德治商"。他们身上,既充满优秀传统文化的烙印,又有与时代发展相适应的道德水平和文化素质。他们懂得市场经济的运行规则,有驾驭市场变化的能力。商人的务实和精明,加之厚重的历史使命感和责任感,使得他们处处体现着儒家理想人格的魅力。徽商有很好的品牌意识,注重这种无形资产的建立,涌现出一批"老字号"。他们将商誉看作商品价值的一部分,认为树立起良好的商业信誉,并以此获得顾客的充分信赖才是商业兴旺发达的保证。因此,徽商大都通过长期艰苦的努力去建立起良好的商业信誉,并极力维护这种信誉,视之比金钱更宝贵。

### 3. 陕西商帮

陕西商帮是指明清时期分布在陕西及周边地区的商人集团,其活动的范围主要在陇、青、川、陕、蒙、藏的西部地区。陕西商帮主要经营棉布、茶叶、药材和水烟,经营地域北到乌鲁木齐、伊犁,南到佛山、上海等地。陕西商人能正确地估计风险与回避风险,他们把每一次商业活动都看作与对手的一次博弈,在这种心态下,陕西商人形成了敢作敢为、敢于冒险的作风。

### 4. 山东商帮

山东商帮是指山东省辖区内的本省商人和在省外的山东籍商人,主要分布在山东省内的青岛、威海、烟台、济南等地。山东商帮不仅经营油坊、绸缎、药局、粮店、杂货等,还经营货币汇兑。他们的经营方式比较规范,经营策略可用"大柔至大刚"来概括。"大柔"是指山东商人深受儒家思想的影响,经营时行为规范,童叟无欺,吃亏是福,这种拙朴为他们换来了诚实与信任。当一个商人拥有了这样两大利器之后,别人便难以望其项背,这就是"大刚"了。

### 5. 福建商帮

福建商帮是指分布在福州、泉州、莆田等地的商人集团,也包括在兴化、延平、漳州、宁德等地的商帮。福建商帮从事海上贸易较多,并在海外南洋、台湾等地从事海外贸易,他们从家乡带着丝绸、药物、糖纸、瓷器、手工艺品等特产,搭上商船,从福州或泉州出发,顺着"海上丝绸之路"漂洋过海,运销世界各地。福建商人具有强悍的心志,对于风险,不但不回避,反而喜欢迎刃而上,他们常说的话是"爱拼才会赢""富贵险中求"。为了能够得到利益,他们敢于跟所有对手甚至跟官府进行火拼,从血泊中捞起那光闪闪的金子。

### 6. 广东商帮

广东商帮即粤商,广东商帮是潮汕商帮与广东商帮的共同称号,一般分为广府、潮汕、客家三大派系。广府商帮更注重实业,潮汕商帮更注重商道,客家商帮更注重人文。粤商主要可分为三类:第一类是海商,专门从事海外贸易;第二类是牙商,包括明朝从事贡舶、市舶贸易的牙行商人,清朝的广东十三行行商以及晚清逐步形成的买办商人等;第三类是国内长途贩运批发商,到省外或省内的边远地区收购货物贩运回广州、佛山等中心市场批发给零售商,或通过牙商向外商批发。

### 7. 宁波商帮

宁波商帮是指宁波府下辖鄞县①、奉化、慈溪、镇海、定海、象山六县在外埠经

---

① 鄞县:今为鄞州区。

商的商人。宁波商帮主要从事服装制造业、西药业、金融业等多个行业的经营业务。宁波商帮的经营策略在于出奇制胜，他们的出奇就是创新。宁波商帮认为唯有新东西才是别人所不具有的、想不到的，才能谋取最大的利益。以传统行业经营安身立命，以支柱行业经营为依托，以新兴行业经营为方向，而往往一家经营数业，互为补充，工商业融合经营使宁波商帮成为后来居上者，使自己的商业经营在全中国商界中居于优势地位。宁波商帮不仅善于开拓活动地域，还善于因时制宜地开拓经营项目，把商业与金融业紧密结合起来，在工商业、金融业等领域不但影响了江浙、上海的进程，还影响了中国工商业、金融业的进程。经济发展的首要条件就是资本，从 19 世纪开始到 20 世纪初的 100 多年里，宁波商人已经看到了资本运作的巨大拉动力，于是他们从商业领域大踏步地转向了资本运作领域，从创办了中国第一家华人银行（中国通商银行）开始，宁波商人在上海开办的多家银行对在上海的宁波工商业者的发展起到了不可估量的作用。

### 8. 洞庭商帮

洞庭商帮是指形成于今苏州市西南的太湖中洞庭东山和洞庭西山的商人集团，有时也称为苏商。洞庭商帮以经营棉花、丝绸闻名，同时投资实业，搞买办，也参与银行业和钱庄业的经营。审时度势、把握时机是洞庭商帮的制胜法宝。洞庭商帮的经营策略在于一个"变"字，他们笃信"变则通，通则存，存则发"的经营理念。"变"术在洞庭人手中运用得出神入化，他们既能够以"不变应万变"，也能够以"万变应不变"。"变"使洞庭商帮成为最活跃的商业群体，也是一个最富有生机的商业群体。尤其是鸦片战争后，在作为金融中心的上海，洞庭商人凭借自己的能力，开辟了买办业、银行业、钱庄业等金融实体和丝绸、棉纱等实业。在新的历史背景下，洞庭商人从事着不同于以往的商业活动，由此，洞庭商帮产生了一批民族资本家，走上了由商业资本向工业资本发展的道路。

### 9. 龙游商帮

龙游商帮是指以浙江衢州府龙游县为中心的衢州商人，包括衢州府西安、常山、开化、江山、龙游五县的商人，其中以龙游商人最多，经商最为高明，故冠以龙游之名。观念新潮、手段高明的龙游商帮虽地处偏僻，却能充分利用地处浙、闽、皖、赣四省通衢，水陆畅通之便，从事长途贩运业务。龙游商帮的行业范围大致有纸和竹木茶油漆之类的山货、药品、珠宝、海产品。龙游商帮的经营之策是"稳中求进，日积月累"，他们在经营时抱着很谨慎的态度，不求一夜暴富，只求细水长流，所以，龙游商帮中很少有大富大贵之人，也很少有倾家荡产之人。龙游商帮的崛起，是整体的、缓慢的、必然的崛起。在完成了资本的原始积累后，龙游商帮在投资上又有敢为天下先的精神和海纳百川的肚量。当别的商帮都在注重典当、票号、盐业经营时，龙游商帮敏锐地意识到，要获得更多的利润，必须转向手工业生产和工矿产业上。他们果断地投入于纸业、矿业的商品生产，使商业资本转化为产业资本，给当时的封建社会注入了带有雇佣关系的新生产关系。龙游商帮还不排斥外地商帮对本乡的渗透，并且相处友善，吸收外地商帮于己帮，推进了龙游商帮的发展。

龙游商帮

### 10. 江右商帮

古时，江东称江左，江西称江右，所以明清时期多将江西称为江右，江西商人则被称为"江右商"或"江右商帮"。江右商帮经营的行业范围有粮食业、茶业、瓷器业、布业、纸业、木材业、烟靛业、盐业、典当业、书业、杂货业等。江右商帮的经营策略可以用一句很形象的话来形容:"与其将所有鸡蛋放在一个篮子里,不如将鸡蛋分开放入不同的篮子里。"即采用分散投资,降低风险的经营策略,做到东方不亮西方亮。与其他商帮相比,江右商帮经营上只求广度,不求深度。所以,尽管江西商人人数众多,涉及的行业甚广、经营灵活,但往往在竞争中容易丧失市场。

### 明清十大商帮的人格特征

| 商帮名称 | 性格特征与经商精神 | 价值取向与商业道德 |
| --- | --- | --- |
| 山西商帮 | 宽厚存心,大气磅礴 | 义中取利,信誉第一 |
| 徽州商帮 | 贾儒合一,长袖善舞 | 贾而好儒,财自道生 |
| 陕西商帮 | 货通南北,利获东西 | 追求厚利,既和且平 |
| 洞庭商帮 | 审时度势,以变求存 | 审时度势,稳中求胜 |
| 江右商帮 | 多点开发,垄断经营 | 广泛从业,小本经营 |
| 山东商帮 | 大柔大刚,趋义避财 | 重土乐安,诚实守信 |
| 广东商帮 | 精明灵活,擅长贸易 | 靠地生财,既和且平 |
| 福建商帮 | 以海为生,海上为王 | 自强不息,爱拼会赢 |
| 宁波商帮 | 奇谋生财,以新制胜 | 灵活善变,开拓创新 |
| 龙游商帮 | 稳中求进,守本经营 | 海纳百川,宽以待人 |

(资料来源:王婉芳. 中国商贸与文化传承 [M]. 北京:中国人民大学出版社,2017:10.)

## 二、典型的商帮文化

### 1. 晋商文化

1)晋商的形成

十大商帮中最早崛起的就是晋商,晋商是明清时期国内最大的商帮,在商界活跃了500多年,足迹不仅遍及国内各地,还出现在欧洲、日本、东南亚和阿拉伯国家,完全可以与世界著名的威尼斯商人和犹太商人相媲美。晋商的历史可以追溯到周朝的晋唐时期,但它真正崛起于明代(1368—1398年),至清乾隆、嘉庆、道光时期已发展到鼎盛。到清朝中叶,晋商逐步适应金融业汇兑业务的需要,由经营商业向金融业发展,咸同时期(1851—1874年)山西票号几乎独占全国的汇兑业务,成为执全国金融牛耳的强大商业金融资本集团,并形成山西北号(票号)南庄(钱庄)两大晋商劲旅。晋商的形成主要有以下几个原因:

(1) 优越的地理位置。

山西自古就是东西南北商路的要冲，明清时期成为运送沿线边防重镇所需物资的枢纽。此外，由于晋南一带地窄人稠，因此外出经商成为人们的谋生手段，从明朝中期开始，山西经商之风渐已形成，经营各种商品的巨商大贾都已涌现出来。北京城曾流行这么一句话："京师大贾数晋人。"随着商业竞争的日趋激烈，为了壮大自己的力量，维护自身的利益，晋商的商业组织开始出现。

(2) 丰富的矿产资源。

山西矿产资源丰富，在古代盛产盐、粮、铁、煤等，明清时期手工业和加工制造业已初具规模，这又为晋商的发展提供了物质基础。中国经商起源也与盐有关，而山西河东的盐池历来是重要的商品之一。唐朝时山西盛产粮食，其储备量位居全国第二。山西的铁矿资源也很丰富，冶铁历史悠久，唐朝时太原生产的铁镜被列为贡品。明朝时泽州、潞州铁货驰名天下，行销各省，促进了晋商的崛起。山西丰富的煤矿资源，也为手工业的发展提供了物质条件，使山西聚集了很多能工巧匠，在将优质产品推向全国各地销售的同时，也推动了晋商的迅速崛起与发展。

(3) 明朝的"开中制"。

明朝"开中制"政策的实施，为晋商的发展提供了契机。明初为防御蒙古侵扰，统治者在东起鸭绿江、西至嘉峪关一线，先后设立了九个边防重镇，驻扎重兵，以保障边境的安全。山西北部的大同、左云、偏关等地组成的塞北防线，更是地处要冲，配置重兵，加以戍守。由于军事的需要，山西北部形成了一个高额消费区。为解决边镇的军事消费与供给的矛盾，明朝开始实施"开中制"。"开中制"就是官府利用对食盐的专卖权，规定商人将军需物资运送到边关，可领取一定的"盐引"，然后凭"盐引"到指定的盐场领取食盐，再到官府规定的销盐处出售。因贩盐有厚利可图，晋商开始大规模向边防驻军供应军需物资（主要是军粮），以换得更多的"盐引"从事盐业经营。这样，山西在明朝便涌现出了一批靠贩粮、贩盐发家致富的大商贾。明朝的"开中制"为晋商的兴起提供了千载难逢的机遇，也为晋商后来的发展奠定了坚实的基础。

### 2. 晋商的发展

到清朝，晋商已发展成为国内势力最雄厚的商帮。商业的发展不仅给当地人带来了财富，而且改变了多少年来"学而优则仕"的观念，流传着"家有万两银，不如茶庄上有个人"的谚语。茶庄、票号正是当时非常热门的行业。这一时期，晋商雄居中华、饮誉欧亚，辉煌业绩中外瞩目。晋商称雄的整个过程中，一共树有3座丰碑，分别是驼帮、船帮和票号。

晋商主要
经营行业

(1) 驼帮。

驼帮是晋商中以骆驼运输为主从事贸易活动的重要商帮之一，他们主要经营的产品为茶叶。当时南来"烟酒糖布茶"，北往"牛羊骆驼马"。晋商经营茶叶的独到之处，就是运销一条龙。晋商在福建、两湖、安徽、浙江、江苏一带购买茶山，同时收购茶叶以后就地加工成砖茶，然后经陆路、水路两条路线运往各个分号。当时，晋商的茶叶主要销往蒙古及俄国恰克图一带。在销往蒙古的时候要路过杀虎口（遗址在今山西省朔州市右玉县），杀虎口两侧高山矗立，地形险峻，驼帮当时运销茶叶非常艰险。

(2) 船帮。

船帮出现在清中叶，随着商品经济的发展，货币流通量猛增，但当时我国产铜量极低，仅靠云南一地产的滇铜远远满足不了铸币需求。在这种情况下，山西商人组织船帮对日贸易采办洋铜，其中，介休范家就是最为突出的代表。范毓宾时期，范家的商业发展到了鼎盛时期，被人们称为著名的"洋铜商"。晋商在利用驼帮、船帮经商的过程中，真可谓是"船帮乘风破浪，东渡扶桑，商帮驼铃声声，传播四方"，写下了一部部艰辛的创业史。

（3）票号。

山西商人并没有只盯着茶叶和洋铜，他们最大的创举是票号。中国历史上第一家票号是由平遥李家独资创办的日昇昌票号，地址在平遥的西大街上，现在已开发为"中国票号博物馆"。当时在日昇昌票号的带动下，平遥、祁县、太谷群起仿效，形成了平遥帮、祁县帮、太谷帮。祁、太、平三帮曾有一度享有"执全国金融界之牛耳"的美誉。当时全国51家大的票号中，山西商人开设有43家，晋中人开设了41家，而祁县就开设了12家。在这些票号中值得一提的是祁县的第一家票号合盛元。1907年，合盛元票号不惧风险，远涉重洋，在日本的东京、大阪、横滨、神户以及朝鲜的新义州等地，设立了票号分庄，从事国际汇兑业务，开设了中国金融机构向海外设庄的新纪元。

 **知识拓展**

### 中国第一家票号——日昇昌

嘉庆年间，在平遥众多的商号中，有一家叫西裕成的颜料庄，总号设在城内西大街，财东是西达蒲村李家。西裕成商号经营多年，资力雄厚，在京师、天津、汉口、成都等城市开设有分号。先后在汉口分庄和京师分庄任经理的雷履泰，在经营同乡、亲友少量汇兑银两的过程中，借鉴古代飞钱、便钱（或便换）的经验，克服账局只经营货币借贷不经营汇兑的缺陷，逐步总结出一套较为完整的汇兑经营模式。当雷履泰被调回平遥总号任经理时，建议东家将颜料庄改为专营银两汇兑和存放款业务的票号。经财东李大全同意，投资30万两文银，于道光三年（1823年）左右，正式成立了中国第一家票号——日昇昌，意在如日东升，生意昌盛，雷履泰出任总经理（大掌柜）。

中国第一家票号——日昇昌

山西票号的出现，标志着在中国大地上出现了具有近代意义的金融资本。日昇昌票号成立后，首创了异地汇兑业务，用金融票据往来的方式，代替施行了几千年的商业往来必须用金、银作为支付和结算手段的老办法，解决了国家银行未出现前大宗项银两往来的困难，并很快在全国 40 余个大中城市设立了分号，票号业务搞得红红火火。

（资料来源：编者整理）

晋商有自己的经商秘诀：一方面以地域和血缘关系为纽带，凝聚本帮商人的向心力；用传统道德规范经商的行为，同时寻求政治上的靠山，庇护本帮的经商活动。另一个方面，也是最重要的，他们在经商过程中能够非常恰当地处理"义"与"利"的关系，坚持义利统一、义利互惠和义利相促，而绝不舍义取利，更不唯利是图。做生意、开票号，无疑是为了赢利、赚钱、增值资本。晋商当然也不例外。但不同的是，晋商始终坚持并严守诚笃与信义的行为准则，绝不蒙虚欺诈、巧取豪夺、以邻为壑、背信弃义。晋商训道中有一句流传最广的口头禅，便是"君子爱财，取之有道""信义为本，禄利为末"。在遍布全国乃至境外的诸多晋商店铺中，大都书有类似"贵忠诚，鄙利己，奉博爱，举善事""平则人易亲，信则公道著，到处树根基，无往而不利"的警言，用以告诫自己无论在什么时候、什么情况下，都要"重信义，除虚伪，倡仁智，守良规"，都要"重廉耻而惜体面"，都要"利以义制、商以德驭"，都要"处财货之场而修高明之行"。在晋商中，宁可亏血本，也要守信誉；一诺千金，终生不渝；爷辈欠债、孙辈偿还的事例，屡见不鲜。"晋商笃守信用"这句梁启超曾经说过的话，的确是揭示晋商获得成功的一大法宝，并为世人所公认。其实，商界崇敬关公、奉关公为财神，就是滥觞于晋商。这除了关公是山西人之外，更重要的还是由于关公乃为耿忠和信义的象征。我们从晋商的成败，品出了晋商的文化哲理，一个商帮之所以能经久不衰，是因为这些晋商言传身教，治商有方，并在家族内形成重教之风。

晋商经商文化

### 2. 徽商文化

1）徽商的形成

徽商与晋商齐名，作为中国商界中的一支劲旅，曾活跃于大江南北、黄河两岸。北临黄山、东靠天目山、南接千岛湖的安徽歙县，是徽商的发源地。与敦煌学、藏学等并驾齐驱的三大地域文化显学之一的"徽学"，就植根于这块土地。在歙县附近，至今拥有两处世界文化遗址——黄山和花山谜窟，还有当年乾隆皇帝御书的"锦绣江南第一乡"——歙县棠樾牌坊群。透过至今还保留完好的数千栋古朴清雅的古民居、百余座古祠堂和气势雄伟的牌坊群，是新安画派、新安医学、徽派盆景、徽墨歙砚深厚的文化底蕴。汲取着这厚重的文化营养，徽商纵横驰骋于中国商界，创造了辉煌。徽商业资本之巨、从贾人数之众、活动区域之广、经营行业之多、经营能力之强，都是其他商帮所无法匹敌的，在中国商界称雄数百年。据记载，徽商与晋商齐名，徽人经商，源远流长，早在东晋时就有新安商人活动的记载，以后历代都有发展，到明朝成化、弘治年间（1464—1505 年）形成商帮集团。古代徽州府下设歙县、休宁、婺源、祁门、黟县、绩溪六县，山多地少，生活艰难。"前世不修，生在徽州，十二三岁，往外一丢"，说的是古徽州的创业者们大都也是出身贫寒，历尽艰辛。徽商的兴

徽商

起缘于多方面的原因。

（1）地理环境。

古徽州四面环山，山高林密，地形多变。"七山半水半分田，两分道路和庄园"是古徽州地理环境的生动写照。汉朝前古徽州人口不多，而晋末、唐末、宋末及中国历史上的三次移民潮，给皖南徽州送来了大量人口。人多地少，当生产的粮食不足以养活当地百姓时，外出经商成了一条出路，以天下为人生奋斗的舞台成为徽州人的生活目标。

（2）传统习惯。

徽州不宜种粮，却盛产林、竹、茶、桑、药材等，新安江为徽州人的货物贸易提供了一条黄金水道，外出售卖各种山货历来是徽州人的习惯。徽商最早经营的是山货和外地粮食，如将丰富的木材资源用于建筑、做墨、油漆、桐油、造纸，还有祁门红、婺源绿等茶叶名品。

（3）历史机遇。

南宋建都临安后推动了江南经济的发展，淮扬地区和苏、嘉、杭等长三角地区成为中国经济的重心。徽州人重视教育，文化素质较高，又能吃苦耐劳（又称"徽骆驼"），在商业领域纵横捭阖，终成大器。南宋开始出现拥有巨资的徽商。明朝成化年间，徽商相继打入盐业领域，一向以经营盐业为主的山西、陕西商人集团受到严重打击，于是徽商以经营盐业为中心，在中国商界迅速崛起。

2）徽商的发展

徽商到明朝已经发展成为中国商界同晋商齐名的劲旅。明中叶以后至清乾隆末年的300余年，是徽商发展的黄金时代，无论是营业人数、活动范围，还是经营行业与资本，都居全国各商人集团的首位。到清中叶，徽商一跃成为中国十大商帮之首，所谓"两淮八总商，邑人恒占其四"，尤其是在盐业与茶叶贸易方面，徽商独执牛耳。清乾隆末年，每年关税盈余达85万两银子，而出口商品中徽商的茶叶为第一位，仅扬州从事盐业的徽商就拥有4 000万两银子，而当时清朝的国库存银仅7 000万两。当时，经商成了徽州人的"第一等生业"，成人男子中，经商的占70%，极盛时还要多。徽商的活动范围遍及城乡，东抵淮南，西达滇、黔、关、陇，北至幽燕、辽东，南到闽、粤。徽商的足迹还远至日本、暹罗、东南亚各国以及葡萄牙等地。

晋商与徽商的区别

徽商经营的行业以盐、典当、茶叶、木材最为有名，其次为大米、稻谷、棉布、丝绸、纸、墨、瓷器等。其中，婺源多茶商与木材商，歙县多盐商，绩溪多菜馆业，休宁多典当商，祁门、黟县以经营布匹、杂货商居多。徽商除了从事多种商业和贩运行业外，还直接办产业。休宁商人朱云沾在福建开采铁矿，歙县商人阮弼在芜湖开设染纸厂，他们边生产边贩卖，集工商于一身。徽商在经营中注重人才，做到知人善任，注重市场行情，实行灵活经营，有一业为主兼营他业的，有根据不同行情、季节变换经营项目的。

清乾隆末年，封建统治日趋没落，课税日益加重，徽商处境愈加困难。1831年，两江总督兼管两淮盐政陶澍革除淮盐积弊，改行"票法"，靠盐业发迹的徽商开始衰败；典当业也因左宗棠垄断及外国银行的侵入而中落；茶、木两商则由于鸦片战争和太平天国运动的影响，连年亏损。尤其是随着帝国主义入侵，外资渗入，国外商品倾销，徽商经营的行业大多被其所替代。同时，与帝国主义、军阀官僚联系密切的广

歙县棠樾牌坊群

东、江浙财阀开始兴起,只掌握传统商业知识、技能的徽商,在商业领域中逐渐失去其操纵、垄断和独占的地位,开始走下坡路。清末民初,虽有个别徽商如黟县盐商李宗媚、歙县房地产商程霖生等崭露头角,但整体上挽救不了徽商的颓势。

 **知识拓展**

## 贾而好儒

中国商人喜欢把自己称为"儒商","儒商"这一名称始于徽商,徽商教子业儒,十分重视子弟的文化教育。"贾而好儒,亦贾亦儒"是对徽商的经典概括。

历史上精通儒学、擅长诗词文学的徽商有很多。他们中间有些是早年习儒,以后走上经商道路的;有些则是亦贾亦儒,在经商的同时,爱好文化和儒术,形成了他们"贾而好儒"的特点。

明万历年间在两淮经营盐业的歙县商人吴彦先,业余时间酷爱浏览书史,乐于与同行纵谈古今得失,连一些宿儒都觉得不如他,因此他博得群商的拥戴,一切营运都奉请他筹划。他不负众望,精心地权衡货物轻重,揣测四方缓急,判察天时消长,且又知人善任,以至凡得他指示的经商活动,都获利颇丰,一时成了众商的智囊。

明代歙县人黄镛也是一个喜好读书的商人,他小时从儒就学,立下经世之志,后来弃儒经商,在闽、越、鲁等地进行商业活动。由于他善于洞察,又由于他"料事十不失一",一跃成为在扬州独立经营的富商。

徽商通过学习文化知识提高自己的文化素养和品位,使得他们善于从历史中汲取丰富的商业经验、智慧,给自身商业经营带来了很多的便利;同时也增强了经商的理性认识,即他们能够以所谓的"儒道"经商,进而形成良好的商业道德。

(资料来源:欧阳逸飞.中国商道[M].北京:中国华侨出版社,2011:88-89.)

### 3. 粤商文化

1) 粤商的形成

粤商即广东商帮,是中国经济尤其是近现代商贸流通中的最主要的企业群体,也是对中国改革开放影响力最大的一个商帮。广东民系由广府、潮汕和客家三大民系以及其他民系组成,相应地形成广府帮、潮汕帮、客家帮、雷州帮以及其余广东各地商帮。

粤商崛起于明清时期,并形成中国一大商帮,绝不是偶然的,它与广东的人文地理环境、发达的商品性农业、手工业、人多田少的矛盾、复杂的国际环境以及朝廷的海禁政策有着密切的关系。明朝以前,广东商人的经商活动多是分散的、个体的行为,各自为战,没有出现具有特色的商人群体,有"商"而无帮。明朝嘉靖中叶之后才逐步形成广东商帮。早年,广东商帮就分为广府帮和潮州帮,前者主要由珠江三角洲各县以及操粤语语系的其他商人构成;潮州帮则为执政当局的"海禁"政策所逼。客家商业势力的崛起则较晚,早期的客家人仍然保留中原的农耕传统,以耕种为主,但是由于山区的土地有限,再加上人口繁殖,部分客家人才"洗脚上田"做起商人。商人的活跃与否取决于整个社会的商业环境、商品意识、市场背景,也取决于政府的政策、社会生产的状况、当地的自然条件等因素。广东商人在明清时期的崛起亦离不开这些因素的影响。明朝中后期,上述因素就形成了一个明显有利于商人发展与活跃的趋向,尤其是在珠江三角洲地区。因此,明清粤商的崛起就是顺理成章的事情了。

(1) 商品性农业的普遍发展。

广东境内地形复杂,有山地、丘陵、平原、台地等,而以山地和丘陵为主,平原地区很少,总体情况就是人多地少。明清时期,由于人多与田少的矛盾成为广东,尤其是珠江三角洲的严重社会问题,于是就有不少人想方设法另觅生计。他们或者在有限的土地上种植有较好经济效益的经济作物,或者实施新的耕作方式,采用"基塘"养蚕养鱼;还有一些人则转而从事手工业生产,专门进行商品经营;还有一些人则弃农经商。因此,人多田少的矛盾便成为广东商人崛起于明清时期的一个重要因素。明清时期,广东的农业生产有了较大发展,商品性农业异军突起。桑基鱼塘,种桑养鱼,一地二用,是广东珠江三角洲土地利用的一种特殊方式。甘蔗、水果、茶叶、花类经济作物的广泛种植,明清广东部分地区农村商品经济的迅速发展,还促进了广州对外贸易的发展,而广州对外贸易的发展,又反过来促进了广东社会经济的发展,也促进了广东商人的崛起。

(2) 交通便利,广货远运。

广东三面环海,境内河网密布,无论是通向海外还是内地,交通都非常便利。广东南临南海,地当太平洋、印度洋、亚洲和澳洲之间海上航路的要冲,是世界上海洋航运繁忙的地区之一,也是中国与世界交往的纽带。交通的便利为广东商人的崛起提供了有利的条件。

明清时期,伴随着商品性农业的快速发展,广东的手工业也在原有的基础上有了新的发展,成为全国手工业发达地区之一。其门类众多、花色品种齐全、技术精巧,都是空前的。随着商品性农业的兴盛和手工业生产的迅速发展,广东产品迅速崛起,数量多,质量好,走上国内国际贸易舞台,并随之形成"广货"的概念。广东手工业的高度发展自然要求广大的销售市场,促使东商业繁荣,商人活跃,商业资本发达。

(3) 商业传统。

广州是一个具有悠久的商业传统的城市。《史记·货殖列传》中特别指出番禺（广州时称番禺，为九大都会之一）是"珠玑、犀、玳瑁、果、布之凑，中国往商贾者多取富焉"。广州这种悠久的商业历史和商业传统，无疑对广州城乡居民有很大的耳濡目染的作用，在这种氛围下，广州以及广东居民的商品意识自然较强。这对明清时期广东商人的崛起有很大的影响。尤其是清代多数时期实行一口通商的对外贸易政策，始终把广州视为对外联系的中心和纽带，也正由于广州所处的重要地位，使它迅速发展和繁荣起来，也促使广东商人空前的繁盛。

2）粤商的发展

自西汉开始，广州就成为南部中国珠玑、犀角、果品、布匹的集散之地，到了宋代，广州已成为"万国衣冠，络绎不绝"的著名对外贸易港。明清时期，粤商足迹遍布全国，他们所建立的广东会馆、岭南会馆、广肇会馆、粤东会馆、潮州会馆在全国的地域分布相当广泛。广东依靠独特的地理位置成为近现代海上丝绸之路的起点，这也孕育了独特的敢为人先、务实创新、开放兼容、利通五洲、达济天下的广东商帮。广州十三行商成为清代粤商的核心主体，代表了粤商发展过程中的重要环节和辉煌阶段。

**清代广州十三行旧景**

粤商的辉煌时期，还是在近现代。在近代，由于外国经济势力的侵入以及中国缓慢地迈开近现代步伐，晋商、徽商等因为固守传统而日渐式微，而粤商却在海洋贸易的转折中抓住机遇，迅速崛起于东南亚和中国香港等地。第二次世界大战期间，广东商人虽然曾一度沉寂，但经过战后若干年的苦斗，又终于在20世纪70年代后崛起于中国南部、中国香港及东南亚。近代粤商发扬了古代广东商人的冒险开拓、独立进取的商业精神，而在参与国际商业贸易的过程中，具有开放和兼容的心态，使粤商在晋商、徽商衰落之后仍能成长并进一步发展。

 知识拓展

### 广东商帮

粤商中影响力较大的是广府商帮、客家商帮和潮汕商帮。

广府族群是三大族群中影响最大的一支，其方言在当地叫白话，也就是我们常说的粤语，现在以广州为中心分布于珠江三角洲及周边地区的人被称为"广府人"。广府人是海上丝绸之路上扬帆万里的主角，这里是海上贸易的重要口岸，滋养了一代代的广府商人。

客家族群的迁徙最为复杂，与其他族群交错分布的情况也最为常见。早期到达广东的客家人主要是为了躲避几次大的战乱而南迁的。客家人在广东省内的迁徙主要是由以下几次事件引发的：一是明朝万历年间瑶民起义被镇压后客家人迁入；二是清朝顺治、雍正年间，开平、鹤山招募客家人开荒；三是清朝顺治、康熙年间，"迁海令"后"复界"客家人形成"沿海客"；四是清朝咸丰、同治年间，受太平天国运动影响，"天地会"起义演化为"土客械斗"，形成客家人西迁。客家人的祖先源自中原，是从中原迁徙到南方，是汉民族在中国南方的一个分支。经过长年累月的变迁和繁衍，客家文化一方面保留了中原文化主流特征，另一方面又容纳了所在地民族的文化精华。

潮汕族群（人类学称福佬族群）方面，在唐宋时期，由于人口的自然增长，地狭人稠的闽南地区难以承载更多的人口，大批福佬人迁居到与闽南地区毗邻的潮汕地区、海陆丰地区以及惠州的部分地区，这里成为福佬人在广东省最大的聚居地。到达潮汕和海陆丰地区的一部分福佬人，随后又继续沿海西迁，前往雷州半岛以及海南岛。抗日战争爆发以后，很多福佬人逃往北部的丰顺县，不少人最终在此定居，这加剧了丰顺县"潮客交错"的局面，今天丰顺县城依然是闽南方言（潮汕话）与客家方言并存的双语区。相较于广府人，潮汕人稍后才到广东境内，占有了潮汕平原，濒临大海，商贾活跃，那里曾被恩格斯称之为"最具有现代商业意味"的港口，其商品意识也早已形成。

（资料来源：刘正刚. 粤商好儒 [M]. 广州：中山大学出版社，2016：4-6.）

鲁商

### 4. 鲁商文化

#### 1）鲁商的形成

鲁商就是出自山东的商帮。历史上，鲁商虽不如晋商、徽商那般辉煌，但兴盛时也曾控制北京乃至华北地区的绸缎布匹、粮食批发零售、餐饮等行业，特别在东北地区，鲁商有着地缘、人缘的便利，曾在那片"商场"上纵横驰骋，名重一方。儒家思想产生于山东，儒家重农轻商，以农为本、商为末的思想深深影响了山东人。他们追求"学而优则仕"，以从商为耻。鲁商是在明代中期以后才形成的，而且，其地位也远远不如其他商帮。鲁商形成商帮的主要原因有如下几个方面：

（1）"十年九灾"的地理因素。

在山东境内，明代水旱虫灾不下数百次之多，清代之后更是灾害频繁，几乎无年不灾，无处不灾。据不完全统计，清代268年中，旱灾233年次，涝灾245年次，黄运洪灾127年次，潮灾45年次，各种灾害远超其他各省。灾害使山东人民生活艰难，一些人开始"闯关东"，另一些人则在流亡中成为商人。物质往往重于精神，在各种灾害面前，儒家的主流意识形态不得不让位于生存的基本需要，因此可以说，鲁商是被灾害所逼而成的。

（2）经济作物生产与流通的发展。

从明代初年开始，山东开始引种棉花。山东的土地适于种棉，加之当时一亩棉花的经济价值相当于五亩粮食，又可以用棉花代纳税粮，所以棉花迅速得到推广。到明万历年间，山东已成为重要棉产区，征解棉花棉布量已成为北方各省第一。除了棉花，烟草、花卉、蚕桑、油料作物、果树这些经济作物也已经相当发达。灾害逼山东人从商，商品生产的发达又为从商提供了物质基础。从明代中期起，山东的商业迅速发展，形成商帮。史书中，明代中期之后关于山东人经商的记载也多了起来。清朝以后，鲁商进入繁荣时代，其标志是与其他商帮一样建立了会馆。如清初上海的"山东会馆"，苏州的"东齐会馆""任城会馆""济东会馆"，南京的"山东会馆"，汉口的"齐鲁会馆"等。

2）鲁商的发展

鲁商的活动范围亦遍布全国。在山东之外，鲁商的活动首先是在东北。山东人"闯关东"，最早是从事农垦，后来进入商业等各行业。中国内的其他商帮，除晋商外，很少在东北经商，而且在东北的势力，晋商也不如鲁商。《满洲地志》中记载，"山东人在满洲西伯利亚一带经济上之势力，是以凌驾一切，握商业上之霸权。"活动范围还在长江流域的汉口、芜湖、南京、杭州、苏州、上海以及在北方的河北、河南、天津、北京。在北京的丝绸业和饮食业中，山东人势力相当大。北京的饮食业是鲁菜当家，著名的便宜坊、致美斋、瑞蚨祥、正阳楼等都是山东人开的。还有一些山东商人漂洋过海到日本和朝鲜半岛发展。

鲁商的特点是质朴单纯，豪爽诚实。正因为如此，与其他的商帮相比，鲁商的致富之道显得更加直截了当，概括起来，就是长途贩卖和坐地经商的商业经营方式，讲求信用的商业道德以及规范的商业行为。鲁商分为三种类型。第一种是从事长途贩运的"行商"，第二种是开店铺的"坐贾"，这与其他商帮相似。但鲁商还有第三种类型，即从事买卖中介的"行商"。这是因为封建官府规定"商贾兴贩，不能不经行家之手"，鲁商从事大宗商品的长途贩运（如从东北向关内贩粮），必须由行商当中介，于是行商兴起。

鲁商的经营或由个人独资经营，或由数人合伙经营。在鲁商中已经出现了所有者雇代理人经营的现象，即出现了所有权与经营权的分离，不过并不普遍。

鲁商经营总体看有两种方式：一是独资经营；二是合伙经营。在独资经营中，一般情况是本人或本家族是大商人，资本很雄厚，当然也包括不少资本较少的小商小贩。他们规范商业行为主要表现在与生意对象间的信义约束，按约定俗成的规矩办事；在合伙经营中，山东商帮的规范行为有点像现在的股份公司的做法，合伙人之间先立合伙合同。据史料记载，他们在立合同时，往往邀同亲好友作见证，以示恪守信用。

## 鲁商的代表人物

"瑞蚨祥"是一个高级定制的中国领导品牌,获得"中华老字号""中国丝绸第一品牌""非物质文化遗产""中国消费者信赖的著名品牌"等多项殊荣。瑞蚨祥是由孟洛川的父亲孟传珊于同治元年(1862年)在济南院西大街(今泉城路)创办的,而经孟洛川之手将其不断发展壮大。

孟洛川(1851—1939年),名继笙,字鸿升,号洛川,孟传珊的第四子,年龄最小称孟四,因其精明伶俐,故绰号孟四猴子。孟洛川年少时就表现出经商天赋,很早便参与家住的房院营建、年终结账等管理活动。他18岁进商号任资东,经管庆祥、瑞生祥、瑞蚨祥等店柜的业务。经过孟洛川几十年的苦心经营,瑞蚨祥由济南发展到青岛、烟台、周村,由山东拓展到北京、天津、上海,形成庞大的布匹绸缎连锁商业帝国;同时,他又开辟茶号、当铺、药铺等其他产业。孟洛川说:"从岱岳山麓到渤海之滨要处处有孟氏庄田。"孟家的各地土地数千亩,房产五六十处,价值千万余银元,单店资产上百万。孟家商铺总号每年平均利润额为37万元,股本收益率超过21%。人们戏称"山西康百万,山东袁紫兰,两个财神爷抵不过一个孟洛川。"

孟洛川

旧京城"八大祥"之首——瑞蚨祥(山东淄博周村古商城店)

(资料来源:陈阿兴,徐德云. 中国商帮 [M]. 上海:上海财经大学出版社,2014.)

### 5. 甬商文化

（1）甬商的形成。

甬商，即宁波商帮，是指宁波府的商人，是一个盛行于国内和海外的商帮，中国商帮中的后起之秀。从它形成之时起，便显露出它的见识不凡和卓尔不群。宁波商人外出经商历史悠久，但大规模经商并且结成商帮则较晚。宁波商帮的形成是在明朝后期到清朝初期，形成的主要标志是宁波商人在北京创设鄞县会馆。鄞县会馆创立的时间在明朝万历到天启这一时期，创办者是鄞县在京的药业商人。宁波裁缝兴起于明初，到明朝中后期时，逐步垄断了北京的成衣业，并在清初成立了北京的成衣会馆，即浙江省慈溪县①成衣行业商人会馆，简称浙慈会馆。因此，明末清初为宁波商帮初始形成阶段，其主要活动地域在北京，主要经营行业是药材业和成衣业。鸦片战争后，尤其是民国时期，宁波商帮中新一代商业资本家脱颖而出，把商业与金融业紧密结合起来，从而使宁波商帮以新兴的近代商人群体的姿态跻身于全国著名商帮之列。他们所经营的银楼业、药材业、成衣业、海味业以及保险业，也是名闻遐迩。

宁波三宝

（2）甬商的发展。

清乾隆、嘉庆时期宁波商帮海商获得迅速发展。宁波商帮的活动区域不仅在长江和南北洋，而且延伸到海外，经营着合法而颇有规模的对日贸易。这一时期宁波商帮的大发展，使一个普通的中国沿海地域商帮，一跃成为国内著名商帮。

宁波商帮经营特色

鸦片战争后，宁波商帮凭借自身特殊的有利条件，迅速介入新兴的对外贸易领域，并形成了以买办商人和进出口商人为代表的宁波帮新式商人群体。近代宁波帮买办商人，首先在上海获得发展。宁波籍在上海的第一个买办商人是定海人穆炳元。19世纪80年代以后，以新式商人为主的宁波帮商人将商业利润投资于航运业、金融业、工业等新兴领域，形成实力雄厚的宁波商帮金融资本和工业资本。上海的宁波帮买办商人已超过广东帮而居于买办集团的首位，这一时期的宁波商帮以当时是对国外开放的桥头堡——上海为基地，创造了100个左右全国第一，涌现出一批"大王"，抒写了中国工商业史上的百年辉煌。通过这一时期的发展，宁波商帮确立了在近代最重要的经济中心——上海的霸主地位。

20世纪四五十年代以后的数十年，一批宁波帮工商业者移资海外各地，但大部分宁波帮工商业者以香港这个国际自由贸易港为中心继续发展，其后裔与20世纪80年代以后移居海外各地的宁波籍人士一起，被称为现代海外宁波商帮，他们在海外创造的业绩，举世瞩目。比如镇海庄市的包玉刚，1949年年初由上海赴香港定居，先从事进出口贸易，1955年以一条旧货船起家，开始从事海上航运事业。经过20多年的奋斗，他建立起环球航运集团，到70年代末，已拥有大型巨型轮船200多艘，总吨位2 000多万吨，超过当时美国和苏联国家所属船队总吨位，居世界航运业之首。包玉刚被国际独立船东协会推选为主席，成为"世界船王"。

宁波商帮形成的时间较晚，但其发展势头却非常快。他们不断拓展活动区域，最终形成四处营生、商旅遍于天下的局面。宁波商帮不仅善于开拓活动地域，还善于因时制宜地开拓经营项目。他们的致富之道非常有特点，也非常实用：以传统行业经营安身立命，以支柱行业经营为依托，以新兴行业经营为方向，而往往一家经营数业，

---

① 慈溪县：今为慈溪市。

互为补充，使自己的商业经营在全中国商界中居于优势地位。

  知识拓展

### 四明公馆

四明公馆，又称宁波会馆，是上海人民早期反对帝国主义扩张斗争，并取得胜利的纪念地。浙江宁波旅沪商人于清嘉庆二年（1797年）始建，至嘉庆八年（1803年）正式建成并成立宁波同乡会。

（资料来源：编者整理）

# 第3节　新商帮

明清之际的中国商帮领数百年商业风骚，在民国后期逐渐衰落，乃至解体。十一届三中全会以来，全国各族人民在中央政府的领导下，以经济建设为中心，坚持改革开放。"发展才是硬道理""坚持与时俱进""保持经济持续快速协调健康发展""建设新时代中国特色社会主义""实现中华民族的伟大复兴"等一系列重要思想与重大举措，使中国的商业得到了前所未有、空前的飞速发展。中国商界沉寂上百年的商帮再一次以崭新的面貌出现，为实现中华民族的伟大复兴之梦贡献着自己的力量。

新商帮的崛起

## 一、新商帮的由来

在中国明清时期，商人的社会地位不高，长期受到压抑。由于缺乏科技手段，信息沟通不畅，交通条件落后，社会动荡不安，兵匪盗贼之患时有发生，结成商帮，是商人为求自保的最佳选择。如今社会稳定发展，各地政府把招商引资视为重要工作，各地营商环境日臻完善，经商环境得到了全面改善。从前的传统商帮一去不复还，新商帮应运而生，他们是在当前经济、政治和文化各方面全面发展的情况下形成的，是当代商业为适应新形势、谋求新发展的必然结果。

### 1. 新商帮的出现是市场经济体制下的必然产物

随着市场化的推进，商机无限的同时，商人也面临着巨大的风险。商业全球化进程飞速推进，商业的竞争范围越来越大、越来越激烈。面对变幻莫测的市场，商人之间的相互帮助、合作团结已成必然趋势。合作共赢成为当代每个成功商人的共同信念，新商帮的出现是这种信念的具体体现。新商帮在很多地区都是以商会为平台形成的，它由一些独立的经营单位或自由商人、企业职员等自愿组成，商会有自己的会则，成员之间定时召集会议，协商有关商业事宜，其目的是全体成员之间能相互合作，保护和增进全体成员既定利益。

**知识拓展**

### 团结就是力量

新商帮凝聚起了一批具有共同思想的企业家，大家在商会的平台上通力协作，形成合力。他们突破区域的局限，走出国门参与国际商业的竞争，避免了孤军作战的状况，使得中国商业整体实力大幅增强，从而发出自己的声音，维护自己的利益。2002年6月28日，欧盟发出公告，决定对中国出口欧盟的打火机进行反倾销立案调查，温州烟具协会联合15家打火机企业坦然面对，准备抗辩。2003年7月14日，欧洲打火机制造商联合会撤回了对产自中国打火机的反倾销诉讼，反倾销程序自动终止。温州烟具协会打赢了中国入世后的第一个反倾销案，就是商界人士依靠新商帮取得的重大胜利。

（资料来源：成光琳，杜柳. 中国商贸文化［M］. 北京：高等教育出版社，2019：165-166.）

### 2. 新商帮的出现是地方商业文化发展的必然结果

当前中国各项建设事业上了新台阶，商业空前发展，已成为地方经济增长最快的因素之一。各级地方政府为振兴地方经济，八仙过海各显神通，招商引资，积极创业已成趋势。根据地方经济特点不同、产业资源不同，各地政府在发展商业过程中扬长避短、因地制宜，从而形成了当地政府引导下，具有地方特色的商业圈和新的商业联合体——新商帮。

改革开放四十多年来，中国商业已从规模发展向注重商业内涵发展转变。各地的商人都已意识到商业文化是企业的灵魂，是在商海中屹立不败的保证。中国地域广大，各地商人所持有的经营原则与方法、经销的产品和特色、经商过程中所秉承的精神与理念各具特色。各地商业通过塑造商业品牌，打造自己独特的商业文化，从而塑造独树一帜的商人形象。新商帮的出现，正是各地商界人士在地区商业文化追求和营建中的一种表现。

此外，新商帮的出现还与国家政策、媒体宣传和引导息息相关。国家注重现代经济领域内商业团体的建设，20世纪80年代，中国就相继成立了以行业为主的商会，如中国纺织品进出口商会、中国轻工业联合会、中国保险行业协会、中国纺织工业协会等。各级地方政府也出台了政策，对地方商业团体进行扶持与鼓励，这些举措无疑为新商帮的形成提供了强大的政策支持。

## 二、新商帮的经商特点

目前关于新商帮的区域划分还不统一，称呼也多有变化，在中国经济发展的活跃区域，尤其是在沿海发达地区形成了一批新商帮，其中浙江商帮、闽南商帮、广东商帮、山东商帮、苏南商帮影响较大。这些团结、创新、诚信的新商帮立足本区域产业优势，继承了传统商帮优秀的商业文化精神，在当今经济形势下形成了各自独特的经商特点。

### 1. 新浙商

宁波商帮转型成功原因

新浙商主要指分布在浙江杭州、温州、宁波、台州等地的浙商商帮。新浙商受永嘉文化（也称浙东文化）影响较大，永嘉文化重经世致用，强调个性、个体、能力，因此，新浙商表现出重创新、能吃苦、善于创业且敢于承担风险的特质。

改革开放以来，随着浙江民营经济的异军突起，浙江商人再次活跃于海内外商界，并日渐成为各地经济社会发展中最具活力的商帮之一，形成了"有浙商就有市场"的独特现象。20世纪80年代之初，在沿海产业梯度转移的大背景下，温州商人纵横中国商界，形成了全国关注的"温州模式"和"温州人经济"现象，温州商人的原始积累靠的就是勤奋吃苦，在体制和意识形态的边缘完成了资本积聚，并逐渐从分散的家庭作坊过渡到现代私营企业，相继创立了德力西、万向、苏泊尔、正泰、杉杉、雅戈尔、传化、吉利等一个个大品牌，也形成了独具特色的"老板经济"，他们的"两板精神"（白天当老板，晚上睡地板）被广为称颂。在全球化的浪潮中，浙江企业以特有的敢于闯荡、敢于冒险的精神走出国门，更由于发达的市场经济基础，使浙江相对于中国其他省份更为深入和广泛地融入全球经济一体化进程。

浙江企业以具有活力的中小企业集群为特色，这些中小企业集群最初都是以技术含量和资本门槛较低的传统制造业为主进入产业。依靠产业集群，将产业内的分工不断细化，形成了复杂的本地生产网络。在这复杂的生产网络中，中小企业依靠分工协作，以较少的初始投资进入，分享产业成长的好处。浙江企业依靠产业集群的力量将传统低技术含量的产业做到产品行销全世界，浙商的脚步已经遍布六大洲130多个国家，形成数量庞大的海外浙江商人群体。浙江企业全球化活动呈现出群体性特征，产业集群的群体效应推动整个产业的发展。温州的皮鞋、绍兴的纺织、永康的五金，越来越多的企业由依赖中介出口向"两个市场、两种资源"转变，更注重在国际市场打造品牌，扩大自主出口，集群内龙头企业开始尝试从出口产品向"输出"企业、再到"输出"产业集群的战略转型。在浙江企业"走出去"的过程中，大型领头企业开始成为具有行业影响力的知名企业，并且开始兼并欧美相关细分行业中的具有长期技术实力积累的企业。这种模式的"走出去"，不仅有助于浙江外贸突破贸易壁垒，也促进了出口方与进口方的合作共赢，为"浙江制造"乃至"中国制造"塑造了新的国际形象。

5G、物联网、工业互联网、人工智能、云计算、区块链、大数据等新一代信息技术极大地推动了相关产业的转型升级，浙商群体在传承中不断创新蜕变。今天的浙商，不仅是浙江制造的主力军，更是数字经济的主力军。在浙江全面实施数字经济"一号工程"、杭州打造"全国数字经济第一城"的当下，从数字化工厂到制造过程智能化，再到智能制造和产业互联网，是一个逐步演进的过程，也是高质量制造的必经之路。近年来，随着浙商族群中"阿里系""浙大系""海归系"等新生力量的兴起，并与传统"浙商系"一道，以颠覆性的创新掀起浙商转型升级的高潮，推动新经济的迅猛发展。浙商，已与数字经济紧紧系在了一起。除"四千精神"之外，浙商更要具备"四共"（共享、共生、共融、共赢）理念勇立创业创新之潮头。今天的浙商不再是"草根浙商"，而要做"数智浙商"。新浙商不仅强精神、尚文化、崇科技，更有大格局、大境界、大智慧。

### 2. 新粤商

珠三角地区是中国改革开放的前沿阵地，经济发展迅速，20世纪80年代最早建立了经济特区，具有开放、兼容的文化传统。新粤商主要分布在广州、深圳、东莞、顺德、中山、珠海等珠江三角洲地区，深受岭南传统文化的影响，商品意识极强。"一心只闻盈利事，两耳不听他人言"的描述，反映出广东人喜欢经商，以经商为荣，全民皆商的崇商特性。在新粤商身上，我们看到了传统文化与近代商业文化的融合，他们既继承发扬了传统粤商冒险开拓、独立进取的商业精神，同时也具有开放的心态。在商业经营上，新粤商注重办事效率，胆大务实、精明灵活、擅长贸易，十分重视对市场策略、产品策略的研究，并与港澳及海外资本有紧密的联系。改革开放后，珠江三角洲的各县市及潮汕地区充分利用与香港邻近的地域优势、土地资源优势、廉价劳动力优势、华侨优势，做起了来料加工和吸引外资生意，建立各种经济技术开发区，先后出现了科龙、美的、格兰仕、TCL、爱浪、南方高科等一批有实力的乡镇企业和民营企业，也出现了如李东升、何享健、梁庆德等一大批商业巨子。借力改革开放与中国社会转型升级的大势，位于岭南这片土地上的华为、大疆、柔宇等高新企业秉承粤商敢为人先的历史传统，又以5G技术、消费级无人机、柔性显示屏等现象级的创新，改变了一代人的生活方式。

新粤商

当代新粤商的产业形态不再局限于承接制造业转移的"三来一补"产业模式，从单纯的加工制造出口深度参与到国际产业分工体系当中；在管理理念和方法上更多吸纳世界先进管理模式的精华，基本完成现代企业制度改革，形成与世界接轨的企业治理结构；经营范围已面向全国，走向世界，产业投资、并购重组和贸易往来遍布全球各地。

改革开放以来，一大批粤企推动着广东产业结构的优化升级，正通过加大对人才和科技的投入，电子、装备制造、石化等产业布局更趋成熟和合理，以自主创新推动着制造业向价值链"微笑曲线"两端攀升。以手机为例,作为制造业大省,广东一直是国内智能手机产业的重镇。近年来,以华为、OPPO、vivo为代表的国产手机迅速走出海外,成功攻占以欧美为代表的成熟高端市场,以印度、东南亚、中东等为代表的新兴市场和以非洲为代表的初级市场。国产手机不仅在性价比上得以胜出,在科技含量、核心竞争力方面也已达到了全球先进水平,打破了以往单一依靠价格来和国外产品竞争的局面。

自"一带一路"提出以来,粤企极度重视产业链多元化和全球布局,挖掘并发挥自身优势,积极参与"一带一路"建设,争相走出国门,加速全球化发展。比如TCL集团响应"一带一路"倡议,加速了国际化的布局。TCL在世界各国广泛设立生产基地、研发中心和销售公司,海外销售收入占比接近50%,在全球范围内树立起中国制造的品牌。诞生于广东顺德的老牌家电品牌——美的,正加速推进"智慧家居+智能制造"战略,展开新产业链的布局,实现从传统家电制造商向智慧家居创造商的转型。华为自2016年就联合沃达丰、西班牙电信、中国联通等领先运营商,部署智慧家庭、智慧抄表和车联网等业务,拓展接新蓝海。在企业业务方面,华为推出智慧城市解决方案架构,成功应用于全球40多个国家的100多座城市。华为还联合500多家合作伙伴为全球130多个国家和地区的客户提供云计算解决方案,打造"世界五朵云之一"成了华为的新目标。此外,为打破欧美垄断,华为决定提前布局5G网络。2019年,华为5G宣布正式商用。2020年8月17日,深圳实现全市5G基础设施全覆盖,成为全球5G第一城。5G商用终端和用户数呈现爆炸式增长,由粤商掀起的变革注定再度领跑全球。

当代粤商中,还诞生了大疆这样的科技创新企业新秀,被称为一个行业巅峰——"空间智能时代的技术、影像和教育方案引领者"。大疆在无人机、手持影像、机器人教育及更多前沿创新领域不断革新技术产品与解决方案,重塑人们的生产和生活方式。仅仅用了6年时间,大疆就正式宣告了消费级航拍时代的到来。从此,"上帝视角"与普通人的生活怡然相联。大疆的产品系列每年都在更新,目前已占据全球80%的航拍无人机市场份额。大疆的产品线也拓展到便携式云台相机、手机云台、农业无人机、教育机器人等多种类型。

当前,全球经济格局进行深度调整,产业转型升级压力日益增大,人工智能、云计算和大数据等新技术浪潮汹涌而来。身处挑战与机遇并存的新时代,新一代粤商正与时俱进奋勇向前,承继着新时期粤商精神,引领着广大粤企走向世界。近几年,为加快区域创新步伐,广东在重点扶持一批具有技术实力的大企业的同时,积极推行普惠型的产业扶持和科技扶持政策,采取包括搭建公共技术服务平台、发放企业创新券等诸多为中小企业创新量身定做的政策措施,形成了大企业"顶天立地"与中小企业"铺天盖地"的繁荣创新局面,这也是实施区域创新驱动发展战略的重要内容之一。依托区域内较为完备繁荣的产业体系支撑,无论是新兴产业中的华为、中兴、腾讯,还是传统产业中的格力、美的、格兰仕,广东一批大型企业已经站上或靠近国际技术前沿,引领了广东创新发展方向。同时,大企业通过技术溢出和产业链带动,不断吸引中小企业在周边集聚,成为新集群的孵化器,如在东莞,仅步步高一家手机企业就带动周边形成了一个年产值300亿元的模具产业集群。一些传统产业集群在大企业带动下也逐渐向创新型产业集群升级,催生了一大批专业化的"隐形冠军"。这种大企业与中小企业通过产业链合作协同创新，大大增强了广东区域创新体系的多样性和敏捷性，使得教育和科研资源并不占优势的广东，形成了以企业为创新主体、以科技成果产业化为特色的创新发展模式，成为广东参与国际产业竞争和创新竞争的新优势。

### 3. 新闽商

新闽商又称闽南商帮，主要分布在泉州、厦门、漳州等地，商业活动范围延伸到福建的周边省份、华东地区，以及其他东部沿海发达地区。新闽商受闽南和吴越文化共同影响，具有典型的客家商业文化特征，崇尚"爱拼才会赢"的精神，喜欢"抱团"经营，多为家族企业。新闽商还具有开疆拓土的视野，在地域上不断扩张，扩大规模和影响力。新闽商在与外方合资的企业中一般都占着主导地位，"不当老板不算好猛男"是闽商的形象写照。改革开放四十多年来，闽南人特有的"拼"劲不仅造就了安踏、三兴、片仔癀、柒牌、七匹狼、厦新（2003年更名为夏新）、万利达等几十个中国驰名商标，还涌现出了丁志忠、丁水波、李晓忠、郭鹤年等一大批知名企业家。

闽商

改革开放后，闽商开拓进取，迎接改革春风，在坚守实业中不断创新，闽商精神彰显更加强劲的生命力。实干、创新是融在闽商基因里的底色。科技创新、实业报国、坚守主业，让闽商在产业发展方面不断开拓创新，不仅传统制造业强者愈强，数字产业等新兴行业也活跃着一批新一代闽商。他们不断开创新经济时代的"福建模式"，带动"福建制造""福建服务"走向全国、走向世界。

放眼全球，闽商攀登科技高峰的追"光"者越来越多，涌现一批世界领先的标志性创新成果。宁德时代率先攻克"新一代高比能快充锂离子电池技术"，动力电池出货量全球第一；福耀玻璃荣获中国质量奖，实现了福建制造业零的突破；5G应用加速，全国首个"5G全场景应用智慧港口"、国内纺织领域首个"5G+AGV"机器人投入使用。勇于创新、敢冒风险的闽商，正成为立于世界科技之林的创新力量。如今的福建，多区叠加催生的一系列体制机制创新，让福建成为投资兴业的热土。比如2023年5月，福建省国家高新技术企业达12 080家，纳入"全国科技型中小企业信息库"的企业3 870家，其中民营企业均占90%以上，福建民营企业贡献了全省70%以上的技术创新成果。

### 4. 新苏商

苏商

新苏商主要指的是苏南商帮，分布在江苏的苏州、无锡、常州等地。在1998年之后的产权改革大潮中，乡镇企业剧烈分化，小天鹅、红豆、华西村、沙钢、阳光、海澜等一批民营的品牌企业脱颖而出，涌现出朱德坤、沈文荣、吴协东等一批苏南商帮的代表人物。在传统吴越文化的影响下，苏商们重格物致知，强调均衡、集体、等级，重读书，讲秩序，做事能审时度势、扬长避短、稳中取胜，具有较强的独立精神。苏南商帮企业多为独资经营，一方面是因为江苏人具有经商的智慧和独立的经商能力；另一方面是因为其没有太多的亲情和乡谊约束，是较为独立和自由的商人。20世纪80年代初苏南地区的农民在乡镇政府的主导下，以市场调节为主要手段，依靠自己的力量发展以集体经济为主的乡镇企业。这种发展模式被学者费孝通率先概括为"苏南模式"，又被称为"又红又专"的集体所有制模式，是中国县域经济发展的主

81

要经验模式之一。

改革开放以来，一家家苏商"平地起高楼"般成长壮大，江苏以占全国1.1%的土地，承载着5.8%的人口，创造了10.3%的经济总量，成为全国经济发展的一块压舱石。高质量发展的底色背后离不开一家家有责任、有担当的企业，尤其是独具本土化色彩的"苏商苏企"。江苏不仅是读书人的故乡，也有经商办企业的良好传统，从青山炊烟处走出过无数的知名商人和企业家。江苏这一片水土成就了苏商，苏商是中国企业家群体中的一个独特方阵。他们不仅是助力江苏发展的关键力量，也是对外开放的桥梁与旗帜，已经成为江苏进一步融入全球和扩大对外开放的生力军，为"厚德、崇文、实业、创新"的苏商精神注入了新内涵。

栽起梧桐树，引得凤凰来。江苏还拥有一流的营商环境，一方面是丰富的人才资源；另一方面，江苏拥有完善的基础设施与更高的开放水平，全省实际利用外资规模多年位居全国第一。制造业是江苏的坚实根基，江苏的制造业强，首先强在规模和分量上。2022年江苏制造业增加值是4.28万亿，占GDP比重37.3%，制造业高质量发展指数89.1%，均居全国第一。此外，在集群和聚链方面，江苏拥有软件和信息服务等10个国家先进制造业集群，数量居全国第一。抓住战略性新兴产业，才能把握未来发展的主动权。2022年江苏战略性新兴产业、高新技术产值占规模以上工业比重分别达到40.8%和48.5%，国家制造业单项冠军企业达186家，国家"小巨人"企业达709家。江苏的独特优势正成为创新驱动发展最坚实的基础。数字引擎的强劲动力，还为江苏产业腾飞插上隐形的翅膀。2022年，江苏数字经济规模超5万亿元，居全国第二，并创建首批国家级数字领航企业3家，新增国家智能制造示范工厂3家，工业互联网平台10家，数量均居全国第一。

 知识拓展

### 华西村：蜕变的"苏南模式"

华西村，位于江苏省江阴市华士镇，于1961年建村，先后获得了"全国先进基层党组织""全国模范村民委员会""全国文明村镇""全国文化典范村示范点"等多项荣誉。历届党和国家领导人都对华西村给予了充分肯定和高度评价。国内外各界人士称赞华西村是"天下第一村"。

建村60多年来，华西人通过70年代"造田"、80年代"造厂"、90年代"造城"、新世纪"育人"，把华西建设成了文明和谐的社会主义新农村。近年来，在领导班子的团结带领下，全村干群通过弘扬"华西精神"和"吴仁宝精神"，不仅延续了符合自身实际、具有自身特色的集体经济之路，而且进一步加快了产业的转型升级。特别是围绕"两个转"：数量转质量、体力转脑力，华西做好"三句话"：一是宁做小池里的大鱼，不做大池里的小鱼；二是不以华西为世界，而以世界为华西；三是打造传统产业、服务业、高科技产业"三轮驱动"。

（资料来源：华西村官网）

## 本章小结

● 框架内容

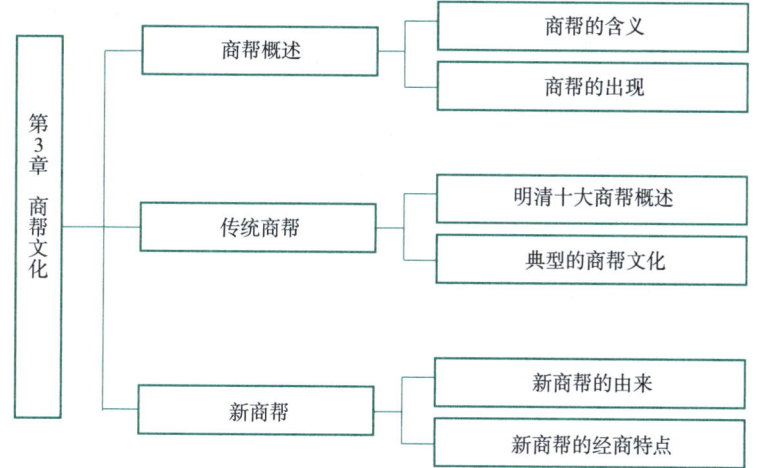

## 理论自测

理论自测

□ 选择题

1. 商帮的特征不包括（　　）。
 A. 地域性　　　　B. 亲缘性　　　　C. 分散性　　　　D. 互助性
2. 明清商帮形成的原因是（　　）。
 A. 开中制　　　　B. 折色制　　　　C. 纲盐制　　　　D. 票盐制
3. 明清十大商帮中最早崛起的是（　　）。
 A. 徽商　　　　　B. 晋商　　　　　C. 广东商帮　　　D. 宁波商帮
4. 以下不属于明清十大商帮名称的是（　　）。
 A. 福建商帮　　　B. 江右商帮　　　C. 洞庭商帮　　　D. 浙江商帮
5. 贾而好儒是哪个商帮的人格特征？（　　）
 A. 徽商　　　　　B. 晋商　　　　　C. 龙游商帮　　　D. 宁波商帮
6. 对中国改革开放影响力最大的商帮是（　　）。
 A. 晋商　　　　　B. 粤商　　　　　C. 徽商　　　　　D. 陕西商帮
7. 因家境所迫而负贩经商，借贷起家，资本分散，小商小贾众多的商帮是（　　）。
 A. 山东商帮　　　B. 宁波商帮　　　C. 江右商帮　　　D. 洞庭商帮
8. "老板经济"和"两板精神"指的是哪个新商帮？（　　）
 A. 新浙商　　　　B. 新闽商　　　　C. 新粤商　　　　D. 新鲁商
9. "爱拼才会赢"，喜欢"抱团"经营，多为家族企业是哪个新商帮的经商特征（　　）？
 A. 新徽商　　　　B. 新闽商　　　　C. 新粤商　　　　D. 新鲁商
10. 下列哪个知名品牌的企业属于新浙商？（　　）
 A. 苏泊尔　　　　B. 片仔癀　　　　C. 格兰仕　　　　D. 海尔

□ 判断题

（　　）1. 在中国历史上，商业活动很早就出现了，而且一直有发达的商业，但商帮的形成是清代之后的事。

(　　) 2. 商帮是先有"商",而后结成"帮"。也就是说,商帮形成的基础是商品经济的发展。

(　　) 3. 明朝推出的"开中制"是指国家利用手中的食盐专卖特权,吸引商人纳粟于边,官给引目,支盐于坐派之场,货卖于限定地方。

(　　) 4. 广州十三行是清代专做对外贸易的牙行,是清政府指定专营对外贸易的垄断机构,商家的数量只有十三家。

(　　) 5. 徽商指的是明清时安徽籍的商人。

(　　) 6. 中国商界"遍地龙游"的说法指龙游商人敢于到各地做生意,足迹遍及全国各地。

(　　) 7. 新商帮的出现与国家政策、媒体宣传与引导没有太大关系。

(　　) 8. "一心只闻盈利事,两耳不听他人言"是对粤商的描述,反映出广东人崇商的特性,被称为中国最彻底的商人。

(　　) 9. 新鲁商深受儒家文化的影响,他们把经商之道与人之道完美结合在一起。

(　　) 10. "又红又专"的集体所有制模式是新浙商的经商模式。

应用自测

 **应用自测**

**1. 总体要求**

根据本章节学习的内容,编制"明清十大商帮信息地图",要求:

(1) 以中国地图为基础;在商帮的发源地标出十大商帮的信息;

(2) 信息包括形成时间、经商特点、经营产品范围、标志性建筑、代表商人、商帮精神等。

**2. 自测目标**

(1) 加深学生对商帮的理解;

(2) 让学生对中国明清十大商帮的特征有清晰的认识;

(3) 训练学生搜集、归纳、整理信息的能力。

**3. 背景资料**

通过课程学习,同时利用网络、报纸、图书等方式,搜集中国商帮的相关资料,搜寻明清十大商帮的文化与特点,完成应用自测要求。

**商道传承**

1. 君子爱财,取之有道。——《增广贤文》

2. 和为贵、善为本、诚为先。——《论语》

3. 仁中取利真君子,义内求财大丈夫。——中国古代商业谚语

4. 以长取人,不求完人。以诚待人,用人不疑。以利激人,重赏勇夫。以爱容人,饶人之过。——中国古代商业谚语

5. 人各任其能,竭其力,以得所欲。——《史记·货殖列传》

6. 人生贵自立耳,不能习举业以扬名,亦当效陶朱以致富,奚甘郁郁处此乎?——《明清徽商资料选编》

# 第4章
## 商号文化

传承中华文化,绝不是简单复古,也不是盲目排外,而是古为今用、洋为中用,辩证取舍、推陈出新,摒弃消极因素,继承积极思想,"以古人之规矩,开自己之生面",实现中华文化的创造性转化和创新性发展。

——摘自习近平总书记2014年10月15日在文艺工作座谈会上的重要讲话

第4章 商号文化

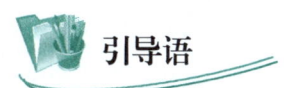 引导语

商号即商业字号，或商业名称。本书所列举的商号，主要特指历史悠久、拥有世代传承的产品、技艺或服务的老字号企业，具有鲜明的中华民族传统文化背景和深厚的文化底蕴，取得社会广泛认同，形成良好信誉的品牌。老字号是一个国家重要的历史文化遗产，其兴衰沉浮反映出时代的变化，折射出商品经济发展的规律性，凝结着地理属性、民族精神、历史文化，具有巨大的无形资产价值。老商号"童叟无欺""至诚至信"等企业文化承载着中国传统文化的精髓，是商业文化和民族文化的历史积淀。

教学说明

 学习目标

◎理解商号的含义、分类、起源与发展变化；
◎了解传统老字号的经营历史与现状；
◎分析老字号企业的经营特色及其成败关键；
◎传承中华老字号的优良传统，弘扬商号文化。

导学单

## 第1节 商号概述

### 一、商号的含义与内涵

#### 1. 商号的含义

"商号"是"商业字号"的简称，它包括两个基本含义：一是企业、店铺等所拥有的名号、招牌等特殊标记，指一个工商业组织或产品的外在标志；二是以某字号、招牌著称的商家、店铺，或字号所指称的经营某产品、服务的交易商或制造商、服务商等。前一含义主要是指一个名号，后一含义还包括这一名号所代表的整个商家组织与实体。按商号字面本身的含义，它应该包括中国商号与外国商号，传统商号与现代商号，过去创办、业已消失的老商号和仍在持续经营、不断创新的新商号。

字号的起源

#### 2. 中华老字号

根据中华人民共和国商务部2006年《"中华老字号"认定规范（试行）》的规定，中华老字号（China Time-honored Brand）是指历史悠久、拥有世代传承的产品、技艺或服务，具有鲜明的中华民族传统文化背景和深厚的文化底蕴，取得社会广泛认同，形成良好信誉的品牌。老字号是工商行业悠久历史的见证，也是中华民族商业文化的重要体现。中国传统老字号主要集中在绸缎布匹、中医中药、饮食服务、文房四宝、手工艺品等行业，它们既吸收了国外新式工商业的技术与管理，又渗入了中国古老文化的传统，具有浓厚的中国特色。

87

中华老字号标志

老字号,作为在长期的市场竞争中形成的且在消费品更新换代过程中长盛不衰的"老牌子",是广大消费者在经历了无数次商品交换过程之后而自然认可的"金字品牌"。它包括以下几个类别:

历史名店:由店名而使消费者联想其在所属行业中的地位,如"同仁堂"(药店)、"胡庆余堂"(药店)、"全聚德"(烤鸭店)、"瑞蚨祥"(绸布店)、"狗不理"(包子铺)等。

名优品牌:由品牌而联想其产品,如"张小泉"(剪刀)、"福牌阿胶"(中医滋补品)、"碧螺春"(茶叶)等。

特殊的老招牌:由某个地名在前加上产品名称而形成的品牌,如"中华书局""金华火腿""龙井茶叶""青岛啤酒"等。

名优品牌的生产厂家:由品牌而联想其生产厂家,如"解百纳""雷司令"的生产者"张裕"等。

 知识拓展

**中华老字号的认定标准**

中华老字号申请需要满足以下条件:

(一)品牌创立于1956年(含1956年)以前。(二)传承独特的产品、技艺或服务。(三)有传承中华民族优秀传统的企业文化。(四)具有中华民族特色和鲜明的地域文化特征,具有历史价值和文化价值。(五)具有良好信誉,得到广泛的社会认同和赞誉。(六)拥有商标所有权或使用权。(七)国内资本及港澳台地区资本相对控股,经营状况良好,且具有较强的可持续发展能力。

由商务部牵头设立"中华老字号振兴发展委员会",全面负责"中华老字号"的认定和相关工作。

(资料来源:陈君. 浙商文化教程[M]. 杭州:浙江大学出版社,2020.)

## 二、商号的形成与发展

### 1. 商号的起源

历史上从事交易与商贸活动的既有个人也有组织,而且经常组织行为更多于个人行为。原始的交易多数都是以氏族集体为单位进行的,后来的所谓的私商也多数以家族为依托,非组织的纯粹的个人行为较少。因此,古商号有些以组织名称作为字号,也有些商人是直接以个人的名字作为字号。

由于大家对商号、老字号含义界定有差别,从而导致对商号、老字号起源标志存在不同观点。出土的春秋战国的陶器、铜镜之类的物品上多有生产经营者的姓名及专用符号,有人视为"字号"的滥觞。也有人推断齐国管仲的"轻重九府"可能就各有其字号。还有观点认为,春秋末年范蠡货殖经商使用"鸱夷子皮"和"陶朱公"的名称,其实是两个商业字号。

据相关史料记载,中国甚至在上古三代商品交流时即有以印记、印章等作为凭信的。《周礼》"掌节职"条有"货贿用玺节"一语,据汉代郑康成注释,"掌节职为主通货贿之官,谓司市也"。又说"玺节者,即今之印章也"。刘熙在《释名》中也说:"玺者徙也,封物使可转徙而不可发也。"如今各地博物馆中都存有实物"封泥",就是将货物捆扎牢固,在固定处打好绳结穿上木块,再用泥固封后捺上印章,如现代的火漆印固封手续一样。长沙马王堆一号汉墓出土的封泥,上面刻有"侯家丞"字样。另外,出土的先秦时代的陶器和传世的汉代铜镜上,也有印章、印记等,标明生产经营者的姓氏、姓名及产地。所有这些印章、印记等,即是中国商业字号或商标的发端。中国在南北朝时一些经营典当业务的组织,在门前浓墨书写"当"或"大押"等,以及附着蝙蝠图案(含"引福归堂"之意),也可以视为比较早期的商号组织与标识。

又如:中国唐代瓷器上有"卞家小口(小口即茶壶)天下有名""郑家小口天下第一"等自我标记的字样。北宋名窑龙泉青瓷中有"永清窑记"的底款,湖州、饶州、杭州生产的铜镜和漆器上,都注明生产经营的铺号,如"湖州真石家念二叔照子"和"湖州真正石家念二叔照子"两种不同的印记,他们为了声明自己不是冒牌,在"石家"前面加上"真"或"真正"字样,颇为用心细心。就现存实物来查考,中国至迟在北宋时代(公元960—1126年)就已产生了包括文字和图形的图文并茂的商号商品标识。当时,城乡商业和商业组织颇为发达,手工业生产者为了推销商品,维护信誉,特意设计使用了商标与字号。

 知识拓展

### 济南刘家功夫针铺

山东济南有一家专造功夫细针的刘家针铺,设计制作了一块专门印刷商标的铜版,以白兔为商品标志。这是中国目前发现最早的第一个完全意义上的商标,现保存在中国国家博物馆。这枚白兔商标,既有文字,又有图形,近于正方形,上方阴文横刻"济南刘家功夫针铺"店号,中间阳刻白兔儿图形,两侧还竖刻着阳文"认门前白兔儿为记",两边平分四字,下方刻有较长阳文附记,计二十八个字。这一设计,即使与现代的品牌商标相比较,仍然显得相当规范。

**济南刘家功夫针铺铜版及拓片**

（资料来源：杨秉强：《济南刘家功夫针铺试读》，山东商业职业技术学院学报，济南：2007.）

此后的字号商标，又向前推进了一步，除了代表质量特点的文字图画外，还结合商品寓有祝福、喜庆的吉祥含义。如药铺多用"鹤鹿同春""福禄寿三星"，金银首饰店多用"和合、如意"为记的吉祥图案，以迎合顾客的心理。还有另一种形式，即在某些产品上使用明记暗号，可作退换或维修的凭证，借以保证质量，这也成为一种显示中国商业道德的严肃态度的方式。宋代以来，中国的商品生产更加发达，手工业和商业也日趋繁荣，城市经济蓬勃发展，这些都促进了商业商号的向前发展，从而也就相应地提高了字号的使用价值与范围。明清时期中国商品经济发展达到了一个新的高度，很多交通便利地区、城镇等形成商业繁盛之地。例如京杭大运河沿岸与一些新兴著名市镇，商品汇集，商号林立。

纵观历史，不难看出，古代中国的工商业者为了创立自己的商号字号，维护自己的商业声誉和经济利益，不仅很早就开始使用了品牌商标，而且由混沌至明晰，由不自觉到自觉，不断探索、实践，不断创新、发展，终使商号字号的应用逐渐臻于完善，在人类商业史上当仁不让地写下了辉煌的一页。

 **知识拓展**

## 商号命名常用字

字号的命名

有人曾经把老字号的命名归纳为56个常用字：国泰民安福永昌，兴隆正利同齐祥，协益正裕全美瑞，合和元亨金顺良，惠丰成聚润发久，谦德达生洪源张，恒义万宝复大通，新春茂盛庆安康。

这样的归纳往往多数是不分行业的，但实际上有些字号的行业性比较强，如酒楼饭店多用"楼""居"，笔墨字画店多用"斋"，药店多用"堂"，粮店、车马店多用"行"等。有些老字号还在店铺两旁书写出精心构思的联语，或者是一些通用的对联，同店名招牌浑然一体，相得益彰，相辅相成。一个好的店名，可以影响人们的消费心理。另外，许多老字号店名的书写，都是出自名家手笔，以恢宏的匾额悬挂于门楣，这就更增加了其文化色彩和感召力，与书法艺术相结合，构成了一道风景线。大多数"老字号"融会了各地、各民族的特色，显示出独特的经营之道，成为一种知名"品牌"。

（资料来源：李平生. 山东老字号. 济南：山东文艺出版社，2004.）

### 2. 商号的发展兴衰

鸦片战争以后的清后期，传统商号发生了很大的变化。首先是部分传统的旧行业衰落，有的商号衰落是因为国内的近代资本主义生产的兴起和旧式手工业的衰落，如新式纺织机的推广使用；也有的商号的衰落则是与新产品的出现、生活的变化和社会的进步有关，如新式热水瓶的出现，使铜锡壶的手工制造业和贩售业日趋衰落。城市电车、公共汽车的行驶，也使轿子、黄包车、马车等旧式交通工具，甚至连油布业、雨衣业的制造和销售都受到很大的影响。但是，很大一部分传统商号仍然顽强保留下来，它们随着新形势的变化更新组织附加新品，向新的方向转化，在中国城乡的广阔土地上继续运转着，并保持着创新活力。

随着近代新式商业的出现，近代的新式企业、商人也大量涌现出来。近代新式商号是伴随着外国资本主义商品资本输出而产生和发展起来的。甲午战争以后，进出口贸易迅速增长，农产品进一步商品化，扩大了国内市场和出口贸易，国内近代工业兴起和发展，商品运输工具得以改善，新的商业中心和商品购销网络逐步形成，新式银行、保险、通信事业不断创办，新兴商业行业不断增加，新式商业组织如公司、商品交易所、商会等开始出现，新式商号也应运而生。新出现的新式商号经营规模普遍较大，以雇工制的资本主义生产关系为基础，商号雇佣店员人数都大为增加，已不同于旧式商号雇佣者具有浓厚的封建人身依附关系。

晚清一些从旧式商业转化而来的民族资本商业中，在经营组织上带有浓厚的家庭联系、乡亲关系的传统色彩。它们在经营组织上多采取家庭式，子承父业，亲族相帮，形成一种颇具凝聚力的经济共同体。传统老字号，如同仁堂、瑞蚨祥都是家庭式经营的企业，近代新式企业也存在着这样的现象，如近代最著名的民族企业——荣氏企业集团由荣宗敬、荣德生兄弟共同创办等，这些都算是成功的范例。家庭式企业的一个重要特点是企业的高级职员大部分由本家庭人员担任，如荣氏企业集团一度曾经有83.5%的高级职位是由荣家成员以及亲戚出任。在近代企业组织出现之前，传统经济组织在资本组织形态下大都采取独资与合伙制。这两种资本组织形态下的商号组织具有生命期的有限性和所承担责任的无限性的特征。这两项特征决定了其长期外部融资的供给常常受到很大限制，从而使商号难以负债经营，商号一旦破产，就很难再度"起业"。由于资本集中的约束限制了商号规模的扩大，从而妨碍了"团队生产"效应的发挥。因此，随着资本主义市场规模的扩大和社会化生产的发展，这两种原始企业资本组织形态越来越滞后于市场对团队生产规模即企业规模扩大的需要。社会经济的发展提出了对有更高的资本集聚能力的商号组织形态的需求。于是，可作为"发展现代社会生产力的强大杠杆"的股份公司制商号组织便应运而生了。

进入20世纪，中国商业领域中出现了新式股份制商号。1903年清朝廷颁布的

《商律》中已含有"公司律"（也就是现在所说的公司法），对这种新型经营组织形式的各个方面都作了规定，尽管当时在这种新式商号公司中还遗留着许多旧的色彩，但毕竟已经是一种全新的模式。从那以后这种股份制方式商号越来越普遍。

 **知识拓展**

### 上海五洲药房、华英药房

上海五洲药房创设于1907年，当时是合伙性质，资本不过万元。1911年项松茂受聘担任了五洲药房的经理。随着国内西药市场的逐年扩大，项松茂感到五洲药房原有的资力和规模不能适应形势的需要，他于1915年将五洲药房改为股份有限公司，额定资金总额规银10万两，分为2 000股，每股50两。

1889年庄凌晨集资3万元设华英药房，股东都是朱葆三、严筱舫、袁海观等上海商界名流或者当地官员。以后业务兴隆，从业人员几十人，"其营业之盛，为当时上海药业之冠"。

（资料来源：杨秉强. 仁智合一：鲁商历史与文化［M］. 青岛：青岛出版社，2016.）

## 第2节　传统商号的经营与变革

### 一、百年老店典型商号

#### 1. 六必居

六必居酱园始于明朝嘉靖九年（1530年），至今已有近500年的历史，是北京历史最悠久最负盛名的老字号之一。

六必居中，"六必"的含义是黍稻必齐，曲蘖必实，湛之必洁，陶瓷必良，火候必得，水泉必香。"六必"在生产操作工艺上可以解释为用料必须上等，下料必须如实，制作过程必须清洁，火候必须掌握适当，设备必须优良，泉水必须纯香。

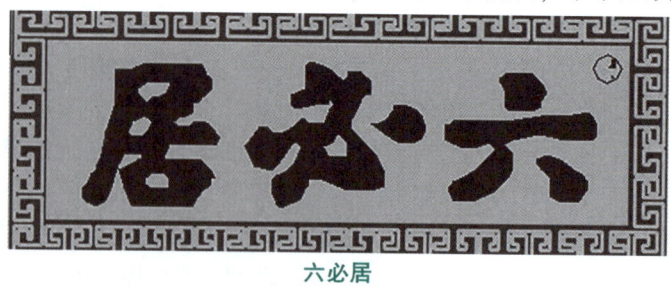

六必居

六必居商号经历了三个发展阶段，三易其主而未改其名。

第一阶段是郭姓六必居，始于明朝中叶。六必居具有的文书档案都是精心保存的，庚子年（1900年）兵燹商店化为灰烬，文书档案也尽焚。民国十一年（1922年）六必居申请补照，当时由京师油酒醋盐行商会发了补契，此事件的申请书和补契都保存下来了，补契陈述了六必居的历史，称"商号原于前明嘉靖九年（1530年）倒得前门外粮食店街路西六必居郭姓营业壹座"。从中看出，六必居商号远在明嘉靖九年以前就存在了，主人姓郭，经营粮米，这应该是最早的六必居。

第二阶段是三姓合股的六必居，存在于明末清初。在六必居老板老家山西临汾尧庙乡发现一份嘉庆二十年（1815年）的卖房契，契中说郭姓独家经营六必居深感力不从心，就吸收了赵璧、原杼两家入股，三家合开六必居。当时该店规模较大，称"门前顶排六间半，接檐六间半，又接檐六间半，院内罩灰棚六间，北厢房三间，出廊南厢房三间，北平灰台五间，南底瓦房五间，西大厅五间，北边夹道一条，有临街铺面外北边灰房一间，共计连排五十四间，院内井一眼，上下土木相连。"

第三阶段是赵姓六必居，始于道光二年（1822年）。"今因郭、原两家无力做此生理，今郭桂芳、原杼两家因乏用，情愿将此房、字号、家具、生意铺底，各等项情一概均彻底澄清，归并卖于赵名下，永远为业。"当时，由赵璧出资白银四千两，将郭、原两家股份买断，从此六必居基本归赵氏独资经营，直到中华人民共和国成立后公私合营。八国联军入侵北京时，将六必居付之一炬。次年重修开业。1935年，该店酱菜在青岛"铁路沿线出产货品展览会"上获奖，遂行销海外。在"文化大革命"中，六必居酱园改名为北京宣武酱菜厂门市部，1985年新厂房在南苑建成。

改革开放给老字号带来了新的机遇和挑战。古云言："创业容易守业难。"六必居在经历了几百年的风风雨雨之后，摆在他们面前的是如何保护和守卫六必居近五个世纪的品牌基业，老祖宗传下来的遗训犹在耳边，把祖业发展好才是硬道理。1998年，在同样是老字号的王致和企业担当了十几年重要角色的张毅民来到北京六必居任主帅，担负起复兴老字号之最的"六必居"的重担。如今人民大会堂的国宴上，六必居的酱菜就是必备的小菜，而北京六必居的招牌也成了驰名中外、脍炙人口的民族品牌。

 知识拓展

### 传世之匾

关于六必居店名的来历和六必居牌匾的传说，一直有好多种说法，当然在众多传说中，与大奸臣严嵩相关的故事是最引人注目的了。传说六必居的名字来自书法上乘的严嵩所写的匾额，但匾额上没有落款，所以真伪尚有争议，不过这并不影响六必居传说的流传。

六必居盛极一时，然而也饱经风霜。据史料载，庚子年间，八国联军进攻北京，义和团火烧卖洋货的商店，六必居所在的前门外粮食店街遍地火海，在大火殃及小店时，伙计张夺标冒生命危险从浓烟中把大匾抢救出来，藏于崇文门外一带的临汾会馆。后来，东家返回被焚的店中，得知大匾幸存时，喜极而泣。有匾就有生意，他特提拔了张夺标，六必居继续经营。

在"文化大革命"中，这块匾额被破四旧摘除了，六必居也改名为北京宣武酱菜厂门市部。1972年，日本首相田中角荣来中国访问，向周恩来总理提起了北京的六必居，问还有没有？周总理肯定地说有，然后，周总理为此专门指示说："把六必居的老匾挂出来。"第二天，这块历经沧桑的金字匾便重新挂在了六必居的门楣上，直到今天。

（资料来源：山东商业职业技术学院：《中华商文化简编》，校本教材，2018.）

### 2. 胡庆余堂

胡庆余堂企业文化

胡庆余堂由清末著名"红顶商人"胡雪岩于同治十三年（1874年）创办，有"江南药王"的美誉，与北方的同仁堂齐名。胡庆余堂以"采办务真，修制务精"为制药祖训，以"是乃仁术，真不二价"为经营理念。有庆余救心丸、避瘟丹等特色成药。

清同治十三年，胡雪岩在杭州直吉祥巷九间头（今平阳里）设立胡庆余堂雪记国药号筹建处，盛邀省内外许多名医和国药业商人共同研究经营规模和经营方针。当时的国药业有药号、药行和门市之分，其中药号范围最大，从产地直接进货批售给药行，门市资金有限，只能向药行批购药材零售。胡雪岩征求意见时，许多人都认为药号赚钱可靠，不必担风险。但松江余天成药号的经理兼股东余修初却提出不同建议，他主张创办集制药厂、药号、药行、门市于一体的大规模企业，以自制多种成药为主，头几年先亏本然后少赚钱，到牌子打响后再赚大钱。这个建议符合胡雪岩的初衷："要办就办一家像北京同仁堂那样气派的药堂，成为江南最大药号。"于是他聘请余修初为胡庆余堂的首位经理。

胡雪岩在杭州涌金门外（今南山路）购地10余亩建胶厂，下设晒驴皮工场、制驴皮工场、丸散工场、养鹿园等。光绪四年，大井巷店屋落成，正式营业。胡庆余堂内设制丹丸粗料部、制丹丸细料部、切药片子部、炼拣药部、胶厂部等部门，以制作中成药。由胡雪岩请来的诸多省内外名医，收集整理各种古方、秘方、验方，并在宋代皇家药典《太平惠民和剂局方》的基础上研究筛选出配制丸散膏丹和胶露油酒等432个古方、验方，试制出14大类的中成药，分类补益心肾、脾胃泄泻、饮食气滞、痰火咳嗽、诸风伤寒、诸火湿温、妇科、儿科、眼科、外科、杜煎诸胶、秘制诸膏、各种花露、香油药酒等。这些药物编成的《胡庆余堂雪记丸散全集》，在发掘中华传统药业上起到了积极作用。

胡庆余堂崇尚戒欺经营，著名的"戒欺"匾额系胡雪岩于清光绪四年四月亲笔所写店训，它告诫店员："凡百贸易均着不得欺字，药业关系性命，尤为万不可欺"。"戒欺"的理念，涵盖方方面面，反映在经营上，首推的是"真不二价"，即做生意讲诚信，老少无欺，贫富无欺，不能有丝毫掺假，"采办务真，修制务精"。"戒欺"是胡庆余堂以"江南药王"饮誉120年的立业之本。

为此，在胡雪岩众多的产业中唯胡庆余堂得以留存于世。"北有同仁堂，南有庆余堂"，传播着"江南药王"长盛不衰的故事。

第4章 商号文化

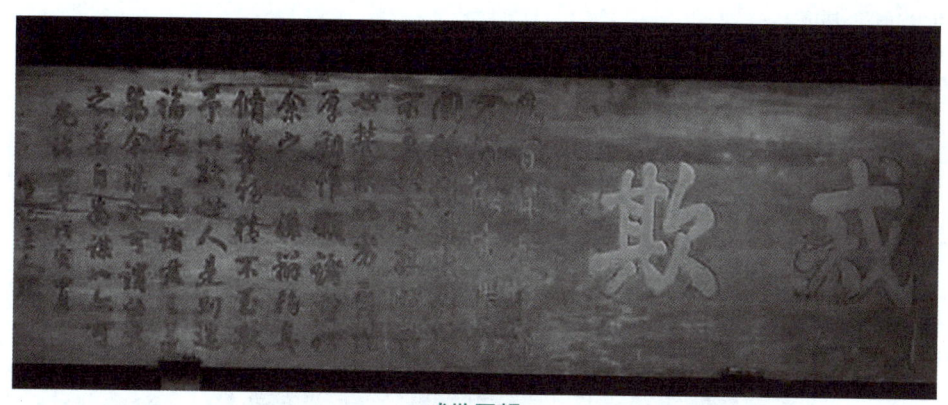

戒欺匾额

 知识拓展

### 红顶商人——胡雪岩

胡雪岩（1823—1885年），清代红顶商人，19世纪七八十年代的中国商界名人，幼名顺官，字雪岩，著名徽商。

他初在杭州城"仁德钱庄"做跑街，后因擅自借钱给官兵被开除后在湖州买卖粮食为生，后在杭州设银号，又入浙江巡抚幕，为清军筹运饷械。1866年胡雪岩协助左宗棠创办福州船政局，在左宗棠调任陕甘总督后，他主持上海采运局局务，为左大借外债，筹供军饷和订购军火，又依仗湘军权势，在各省设立阜康银号20余处，并经营中药、丝茶业务，操纵江浙商业，资金最高达二千万两以上，是当时的"中国首富"。而且，他开办了胡庆余堂中药店，留传至今。

白手起家，他凭借其超凡的能力在中国商史上写下了灿烂的一笔。他怀着一颗爱国之心，协助左宗棠兴办洋务，以图强国；怀着一颗仁厚之心，开办胡庆余堂，以图济世救人。

终其一生，他以仁义经商，对当今的商人仍有借鉴意义。但他不谙政界之道，终于成为政治斗争的牺牲品，最终钱财散尽，黯然离世。

（资料来源：中国古代历史上十大商人（九）：红顶商人——胡雪岩：红顶商人之路，经验教训多，2023.）

#### 3. 荣宝斋

荣宝斋是驰名中外的老字号，迄今已有三百余年的历史。荣宝斋坐落在北京和平门外琉璃厂西街，是一座古色古香、雕梁画栋的高大仿古建筑。荣宝斋的前身是松竹斋，始建于清朝康熙十一年（1672年），其创办者是一个浙江人，姓张，他最初是用其在京做官的俸银开办了一家小型南纸店，纸店的经营范围主要是三部分：一是书画用纸，以及各种扇面、装裱好的喜寿屏联等；二是各种笔、墨、砚台、墨盒、水盂、印泥、镇尺、笔架等文房用具；三是代客订购书画篆刻家的商业作品，从中提成。自1672年以来，北京荣宝斋前身"松竹斋"南纸店的建立至今已有三百余年历史。1894年设立"松竹斋"连号"荣宝斋"，并增设"帖套作"机构，为后来木版水印事业的发展奠定了基础。

荣宝斋

鸦片战争后，松竹斋难以维持。店主聘请广交京师名士的庄虎臣为经理，1894年，店名改为荣宝斋，取"以文会友，荣名为宝"之意，并请当时著名的大书法家陆润庠（清同治状元）题写了"荣宝斋"的大字匾额。

1950年，荣宝斋实现公私合营，"荣宝斋新记"诞生。中华人民共和国成立以来，北京荣宝斋得到政府和社会各界的广泛支持，创造并积累了难以计数的精神财富和物质财富。尤其是近三十年来，国家以经济建设为中心推进了各项改革和对外开放，在这期间，北京荣宝斋在发展传统业务基础上，拓宽了经营领域和业务渠道，在山东、浙江、四川、辽宁、山西、陕西、湖北、吉林等地设立了经销处，加强了国内的商业和文化活动。

荣宝斋的发展走过曲折的道路，直至20世纪70年代，尤其是党的十一届三中全会以来，荣宝斋又逢发展传统文化的春天，逐步明确了坚持"以传统业务为核心，开拓传统文化的多元业务，稳步扩大经营规模"的企业战略。近二十年来，荣宝斋的传统主营业务在发展，经济效益在持续增长，先后在外埠开设了多家分店或经销处，并相继成立了荣宝艺术品拍卖有限责任公司以及其他所属公司。在此期间，荣宝斋拓宽了经营领域和业务渠道，增进了国内和国际间的文化交流和业务往来。

 **知识拓展**

### 陈毅元帅与荣宝斋的故事

荣宝斋作为中国传统文化艺术的橱窗，在弘扬中华文化、促进中外文化艺术交流方面发挥了重要作用，得到中央领导的肯定和各方面的好评。60年代初期，陈毅外长就说过这样意思的话：荣宝斋几乎天天接待外宾……咱们国家不论哪个出版社出版的刊物，人家外国人都不准入境，可荣宝斋却例外，它出版的书画、刊物却能堂堂正正地进入许多国家。我们可不要小看荣宝斋，它可为统战部、为外交部、为"对外友协"做了不少工作。我陈毅是很感谢荣宝斋的！

据荣宝斋老经理侯恺（1922—2015 年）回忆，陈毅老总由上海来北京公干，就曾来过荣宝斋，调北京后就来得较多了，每次来时总是既不声张也不说什么，看后就匆匆走了。后来，每次来，侯经理总是给他提取点藏品慢慢欣赏，以示休息，陈毅老总说，这里是个好地方，环境幽雅、安静，还能看到古旧的老字画。

（资料来源：荣宝斋：建党百年｜陈毅元帅与荣宝斋的故事，2021.）

### 4. 王致和

"闻着臭，吃着香"的王致和臭豆腐，上登宫廷御膳，下入百姓厨房，香遍京城已逾 300 年。它的发明人是清初安徽举人王致和。王致和本是安徽省宁国府太平县仙源举人，康熙八年（1669 年）进京赶考名落孙山，但因没有了回家的盘缠而不得不滞留京城。小时候在家曾做过豆腐，王致和为了生存便在京城做起了豆腐生意，每天用手推小磨的方式制作和售卖豆腐，同时刻苦攻读准备下一次科考。有一次，王致和做的豆腐没有卖完，正值盛夏，担心腐坏浪费，于是就将剩下的豆腐切成方寸小块，然后撒上盐、花椒等调料放在一个密封小缸中。随后王致和暂时停止豆腐生意，一心准备科考，等秋凉后重新开张才忽然想起小缸中的豆腐，可当打开后却发现豆腐已经臭了，但王致和不舍得扔掉，于是大胆试吃了一下，却不承想风味独特，臭中带香，就此王致和便卖起了臭豆腐，名气也越来越大。

在多次科考落榜后，王致和便一门心思地投入到了臭豆腐生意上，并于 1678 年正式成立王致和南酱园，主营臭豆腐，兼营豆腐干、酱豆腐和酱菜，并迅速将销路扩广到了西北、华北和东北等地。南酱园店门上悬挂的两块醒目的牌匾"王致和"和"南酱园"，就分别出自两位科举状元孙家鼐、鲁琪光之手。孙家鼐是咸丰年间的状元，也是王致和的安徽同乡。他不仅为王致和题了牌匾，还为王致和南酱园写过两副对联，分别是"致君美味传千里，和我天机养寸心"；"酱配龙蟠调芍药，园开鸡跖钟芙蓉"，四句联起来就是一首藏头诗，首字横读为"致和酱园"。

 **知识拓展**

## 王致和的臭豆腐诗

关于王致和臭豆腐的起源有两个版本，王致和的臭豆腐诗来自第二个版本。

清光绪八年，王致和参加乡试，试题题目是《知味下车》。因为王致和家是卖臭豆腐的，他独出心裁地写了一首五言诗，题为《国香臭豆腐》：

明言臭豆腐，名实正相当；自古不钓誉，于今无伪装。

扑鼻生奇臭，入口发异香；素醇饶回味，黑臭蕴芬芳。

珍馐富人趣，野味贫者光；既能饫饕餮，更可佐酒浆。

餐馔若有你，宴饮亦无双；省钱得实惠，赏心乐未央。

考官看后大怒，说王致和"玩世不恭，玷污考场"，不仅不取，还要治罪。清廷重臣张之洞则不以为然，极力为之说情。张说，《知味下车》的题目考生们都是咏酒，未免千人一面，而王致和的《国香臭豆腐》则立意新颖，别开生面，词意豁达，是首好诗，重新录取才好。王致和因之得中 107 名举人，放任铁岭知县。后因为官清正，升任卫辉知府。

王致和辞官后在北京延寿寺街开设了一个臭豆腐铺，门旁贴了一副妙联，非常引人注目。

联曰：可与松花相比美　敢同虾酱做竞争　横批：臭名远扬

（资料来源：https://baijiahao.baidu.com/s?id=1695297931523859524&wfr=spider&for=pc）

王致和

王致和南酱园 300 年来也曾数易主人。到清末光绪年间时，王致和及其后代早已经无迹可觅了，随他而来的安徽人也逐渐退出。一位河北玉田县的官员买下这号老店后，直到北平解放时，都由玉田人经营。

清末咸丰时期起，王致和臭豆腐"臭"名远扬，飘进了皇宫大内。据说连慈禧太后也喜欢这一口，赐名"青方"。王致和南酱园为了能随时保证"大内上用"，又开设了夜间售卖。当然，大内出来夜购毕竟很少，却由此方便了京城百姓，也增加了酱园新的销售形式。夜晚售卖成了王致和南酱园的销售特色之一。

王致和南酱园在清末民国初期达到鼎盛。随着买卖越做越兴隆，利润越来越丰厚，名声越来越大，京城陆续出现了十几家酱园与之明争暗斗。如前门外延寿寺街南口王致和的邻居开了个王芝和、兴隆街有个致中和、广安门内的同致和、菜市口的一家汪致和，此外还有王政和、天瑞和等，多取自王致和字号中的一两个字或取其谐音命名，一来表示与王致和南酱园有渊源，经营者大多数都是河北玉田县人；二来表示与王致和南酱园的产品风味、品质一致，以借名牌乘凉；三来以假乱真，混淆真假。其中的王芝和竟然明目张胆地把店开在了王致和南酱园所在的同一条街上，甚至连店面装饰、店堂布置、商标都做得与王致和毫无二致：同在延寿寺街开店，也是前店后厂形式，店内同样的 L 形柜台，就连王致和商品的"金狮"商标也照用不误。

北平解放以后，制作经营臭豆腐的王致和、王政和、王芝和、致中和等几家合并为北京腐乳厂,迁址到海淀区田村,产品除臭豆腐、酱豆腐等腐乳,另有门丁腐乳、桂花腐乳等十多个品种。

今天,北京王致和食品集团有限公司是一家以生产酿造调味品为主业的科工贸一体化、跨行业经营的集团公司,拥有王致和食品厂、金狮酿造厂、龙门醋厂等7个生产厂,以及北京龙门和田宽食品有限公司等4家合资企业和1个酿造研究所,生产和销售酱油、食醋、腐乳、酱、酱油粉、酱油膏、咖喱卤、清酒、料酒及其他复合调料等几大类百余种产品。王致和腐乳在北京市场占有率为90%,是北京市最大的生产经营酿造调味品的专业化公司。产品畅销全国各地,远销欧美、东南亚等各国,深受全球华人的喜爱。"酿人间美味,造百姓口福",已成为王致和集团今天的经营宗旨。

### 5. 日昇昌

日昇昌票号成立于清道光三年(1823年),是中国第一家专营存款、放款、汇兑业务的私人金融机构。总号占地面积1 600多平方米,分号达35处之多,遍布全国大中城市、商埠重镇。年汇兑额白银100万两到3 800万两,历时108年,累计创利白银1 500万两,以汇通天下闻名于世,对清末民初商业贸易以及近代工业的发展起到了极大促进作用。

日昇昌

日昇昌票号的前身是西裕成颜料庄,总庄设在平遥,并在北京崇文门外设有分庄。清嘉庆末年,由于社会商品货币经济的发展,埠际间货币流通量大增,而过去的起镖运银由于很不安全,已不能适应新形势的需要,西裕成颜料庄首先在京、晋间试行汇兑办法,结果效果很好,便开始兼营汇兑业。道光初年,西裕成颜料庄正式更名为日昇昌票号,专营汇兑山西平遥日昇昌票号。

日昇昌由平遥县达蒲村人李大全联合细窑村掌柜雷履泰创建,李大全出资30万两白银,雷履泰出资2万两白银,每股1万两。日后日昇昌生意兴隆,执全国金融之牛耳,平、太、祁巨商大贾,争相效仿。并在北京崇文门外设有分庄,雷履泰总理"日昇昌"业务。道光六年(1826年),李大全去世,其子李箴视接任财东。

雷履泰谙熟生财之道,先后在汉口、天津、济南、西安、开封、成都、重庆、长沙、厦门、广州、桂林、南昌、苏州、扬州、上海、镇江、奉天、南京等地设置分庄。雷履泰日后独裁独断,引起毛鸿岁(副经理)的强烈不满,雷履泰以辞职要挟,李东家跪下求雷履泰不要离去。最后毛鸿岁辞职，接掌"蔚字号"。

道光二十九年（1849 年），雷履泰去世，李箴视依照雷履泰生前交代，聘请程大培之子程清泮为大掌柜。咸丰三年（1853 年），太平天国战事爆发，程清泮捐银 750 两。咸丰十一年（1861 年），因太平军战事损失，日昇昌撤回北京、汉口、长沙、沙市、开封、张家口、成都等地分号。光绪三年（1877 年），山西大旱，日昇昌财东赈灾捐银 5 万两。光绪六年（1880 年），程清泮病故，由郝可久接任日昇昌总经理，白沛李、王启元为二掌柜和三掌柜。郝可久曾携款从海上乘船回山西总号，途中遇台风，飘流到菲律宾，三个月后才回到总号，钱款无失。光绪八年（1882 年），李箴视去世，由过继李箴听之子李五典管理。光绪十二年（1886 年）日昇昌陆续在沙市、上海、杭州、湘潭、桂林五城镇增设分号。

光绪十六年（1890 年），郝可久病故，王启元继任日昇昌总经理。光绪十七年（1891 年），王启元病故，以张兴帮担任总经理，年汇兑白银总额达三千万两。光绪二十六年（1900 年），八国联军入侵，慈禧太后出逃。沿途花费用度，均由日昇昌票号汇兑。韩业芳《山西票庄皮行商务记》载："庚子之乱，虽在内地，而受伤者不过直鲁二省，肢体之伤，仍非心腹之害。"光绪三十四年（1908 年），张兴帮病故，由郭树柄接任。

李氏后代生活以奢侈著称，家中仆人达数十人，子孙好吸鸦片。辛亥革命后，山西票号毫无准备，放出之款无法收回，日昇昌票号在四川、陕西各省的损失"总计损失白银 300 万两以上"。此外，时局不稳，湖北、河南、南京等地出现挤兑风潮。1914 年，梁怀文因反对东家李王典多次从票号中提款，最后辞职，赵邦彦托病回山西，最后由侯垣代理日昇昌。侯垣因替祁县合盛久票号担保不当，被债权人苏锡绵等告至北京地方司法机关，平遥总号、北京分号被查封。梁怀文赴京清理号事。1922 年，由于日昇昌债权人 296 户有 293 户赞成日昇昌复业，经司法部批准复业。1932 年，日昇昌正式歇业，日昇昌的部分伙友发起日昇昌钱庄。1948 年，日昇昌钱庄歇业。

**汇通天下牌匾**

日昇昌票号创立之后，继有祁县、太谷富商大贾竞相效仿，后有南方票号崛起，从而形成了全国性的金融网络，对清末民初商业贸易以及近代工业的发展起到了重大促进作用。

日昇昌票号旧址于1995年开始大规模开发整修，1995年12月，日昇昌票号被山西省人民政府列为省级重点文物保护单位，现已被辟为"中国票号博物馆"。中国票号博物馆在以日昇昌完整批营业务、丰富的珍贵资料及实物作典型展示的同时，还搜集、整理、收藏了平遥票号、山西票号、中国票号百余年间的大量历史资料，专馆布展，对中国票号业兴衰历史作了形象简明的揭示和反映，同时对当代金融业的进步提供了极大的动力。

## 二、典型商号的经营管理方式

传统商号的
经营之道

正如我们在第一节中提到的，中国的老字号企业或者说传统商号从其形成时间和行业内容来看有两大源头：一类是鸦片战争以前所形成的完全依靠手工生产和传统经验而经营的作坊和店铺，主要集中在手工业、商业、饮食服务业和中医药业等领域，与广大人民群众的日常生活关系密切。另一类是鸦片战争以后所形成的依靠机器生产和现代理念而经营的机器工厂和商号企业。无论是哪种类型的商号，其经营者的身份、学养、阅历以及知识结构、价值观念上可能存在着巨大的差异，他们中既有旧式商人、手工业作坊主，也有官僚、地主，还有出身于洋行的买办；既有科举出身的秀才、举人和进士，又有新式学堂培养的学生，还有学有所成的留学生和海外经商成功后回国投资的华侨。他们在企业经营理念和管理方法上各有千秋，经历过不同的风雨沧桑，但都拥有一些行之有效、可供借鉴的经营特色和管理经验，值得我们认真加以总结。

**1. 工精艺高，质量取胜**

每一家传统老字号企业都以拥有自己独特的名优特产品或者操作者高超的技艺而著称，这些产品的优异质量和特色主要依靠独特的生产工艺、操作者的祖传秘法以及一丝不苟的工作态度来保证。

质量是传统老字号企业得以传承久远的生命源泉。任何一家老字号之所以能够决胜于商场，甚至以小胜大，除了需要具备资金、规模、设备等方面的强有力的支撑，更重要的是它们的产品质量得到了广大用户的认可，赢得了千金不换的信誉。正因为如此，许多老字号不惜代价提高产品的质量以维护自己的信誉。

例如，济南汇泉饭店的风味小吃"清油盘丝饼"，济南人称"一窝丝"，以其独特精致的制作工艺令食者难以忘怀。张裕葡萄酿酒公司始终坚持"品质至上"的宗旨，在重品质轻功利方面的例子举不胜举。如，葡萄结果多，会影响酒的品质，为此公司在给葡萄剪枝时只留下可结五斤果实的枝条；再如，试酒之初，经内行人品尝，品质欠佳，公司毅然放弃前期已酿之酒，继续试制新酒；又如，当第一批白兰地、葡萄酒酿造好，公司并没有急功近利地立即进行销售，而是将酒放在地窖的橡木桶中做长久储存，历时18年之久，直到经上海大医院英人柯医生化验确认为滋养妙品，并认定张裕酒已经达到"成熟香醇，色泽深浓"的境界时，才申请商标注册并投放市场。济南宏济堂药店为了保证产品质量，在原料采购中，不怕价高，但求货好，真正做到采用上等地道药材，人参必须是东北吉林的野山人参，当归用的是甘肃岷县的，陈皮用的是广东新会的，即使是制药用的蜂蜜也是专用山东、河北产的枣花蜜，杜绝以假乱真、以次充好。

 **知识拓展**

### 梁实秋盛赞"一窝丝"

散文家梁实秋曾经著文赞叹说："清油饼实际上不是饼，是细面条盘起来成为一堆，轻轻压按使成饼形，然后下锅连煎带烙，成为焦黄的一坨。外面的脆硬，里面的还是软的，山东馆子最善此道。我认为最理想的吃法，是每人一个清油饼，然后一碗烩仁或烩鸡丝，分浇在饼上。"

（资料来源：李平生. 山东老字号［M］. 济南：山东文艺出版社，2004.）

#### 2. 以德讲信，诚实待客

诚信待人、热情待客是一些老字号长期以来所形成的优良传统。俗话说，"顾客就是上帝"，"买卖不成仁义在"，商品流通的终端在于广大消费者，他们的认可是老字号企业生存与发展的关键，因此真诚热情的服务必不可少。许多的老字号一方面营造温馨和谐舒适的经营环境，从门脸招牌到店堂布置，均着眼于吸引顾客，方便顾客，使顾客进商店有一种宾至如归、如沐春风的感觉；另一方面则为顾客提供详尽周到的产品性能介绍，当好顾客的购物参谋，同时讲究文明经商、礼貌待客，在接待用语、行为方式等方面都有严格的规定。商店员工不仅坚持"顾客为衣食父母"的理念，而且善于察言观色，根据顾客的不同需要提供恰到好处的服务。

瑞蚨祥在门市销售时，由一个售货员专门招待一位顾客，自始至终一包到底，而且服务态度好，对顾客一视同仁；另外，还为外埠顾客办理函购业务。济南汇泉饭店除了预定酒菜、包办宴席之外，还一直坚持送外卖的服务，大大地方便了顾客，树立了良好的形象。

 **知识拓展**

### 瑞蚨祥的铺规

瑞蚨祥对铺规极为重视，强调店内人员必须严格遵守。该铺规用宣纸打上朱红格，再用毛笔正楷书写并镶进镜框挂在厅堂的正面墙上。其规定共27条，主要内容为：因私出门，必须向掌柜请假说明理由及去址；同仁往家打行李，须经指定人员检查后，始得包裹；同仁之间，不能吵嘴打架，如有违反，双方同时出号；营业时间，不得擅离职守，不得交头接耳，妨碍营业，影响观瞻；对待顾客态度要谦和、忍耐，不得与顾客争吵打架；同仁必须注意仪表，无论冬夏，一律穿长服，不得吃葱蒜，不得在顾客面前打扇；柜上同仁不得在瑞蚨祥所在地区开设同类企业；在同仁中，挑拨是非致伙友不和者立即出号；结伙营私，要挟柜方者立即出号。其他规定：以经营业绩决定个人升迁；货物须有专人保管，随时清点；招聘职员须有两人担保；在财务方面，营业员和出纳员核对交账，因业务需要而动用支票者须经理亲自签发。

（资料来源：李平生. 山东老字号［M］. 济南：山东文艺出版社，2004.）

### 3. 重视人才，讲究人和

万业以人为本，"天时不如地利，地利不如人和"，"得人才者得天下"，诸如此类的千年古训，在近代老字号企业中得到成功的运用。传统的"老字号"企业深谙此道，注意形成良好的人际关系，重视发现和培养掌握着现代科学知识和专业技术的人才，视之为决定企业命运的关键人物，注意从工作、生活各方面为其提供便利条件，营造和谐的经营环境，温情化、亲情化的人才管理笼络了一批精英。人才的选拔与重用成为老字号发展史上的核心内容。

例如，瑞蚨祥开业不久，孟洛川就拉来了长于商业管理的沙文峰担任瑞蚨祥经理，并亲自培训徒弟，为进一步发展储备人才。玉堂酱园得以振兴的一大元勋梁圣铭原是店主的伙计，因有真才实学被店主不拘一格而提拔为总经理，制作出"味压江南"的玉堂风味小菜；酿造专家、经销行家陈守和被玉堂酱园慧眼识英才，担任总经理之后，拓展了产品销路，使玉堂酱菜跻入皇宫，他是玉堂品牌"名驰京省"的主要功臣。张裕葡萄酿酒公司在早期的发展史上曾遇到过技术人才方面的困境，几经选择，三易酒师，最终选中了奥匈帝国驻烟台领事拔保，为张裕产品享有"品重醴泉"的美誉而奠定了工艺技术基础。

## 三、传统商号的困境与变革

中国传统的老字号企业大部分是私人资本企业，大多数采用的是父业子承的家族式经营特征。这种模式以血缘关系为核心，具有最地道的中国传统特色。家族性的企业有一定的优势：企业的创办人有魄力、有威信，决策迅速，应变能力强；家族企业中人际关系比较单纯，比较容易形成和谐的人际环境，家庭成员认同和忠诚于企业，表现出巨大的向心力和凝聚力。但这类家族企业也有自身难以克服的天然缺陷：一是家厂不分、家店不分的现象严重，家族矛盾干扰着企业的正常运营；二是任人唯亲，不能吸纳优秀人才进入企业的核心决策层和管理层，体内自我循环不利于企业的开拓创新。一般情况下，家族企业的创办者能力较强，具有开拓精神，而守业者则保守、平庸，导致企业退化现象比较普遍，所谓的"富不过三代"就是对这种情况的概括。

传统商号的困境与变革

### 1. 传统商号面临的经营困境

传统商号有着几十年、上百年的艰苦创业、苦心经营、历经风霜的光辉历程，在漫长的商品经济的大潮中塑造了一个个久负盛名、经久不衰、驰名中外的非凡形象。然而，历史的进程不是凝固的，星移斗转，沧海桑田，时代的变迁必然会给老字号打上深深的烙印，尤其是改革开放以来进入中国特色市场经济体制时代以后，老字号迅速分化，呈现出三种迥然不同的走向：有的衰退败落，销声匿迹；有的老态龙钟，步履蹒跚；有的生机盎然，雄风不减。反差如此之大，令人深思。

例如，1913 年在济南建立的济南振业火柴公司，曾经是山东民族工业中的佼佼者，结束了山东依赖"洋火"的时代，振兴了山东民族火柴工业。在当时曾长期雄居全国同行业前列，并在青岛、济宁设立分公司，其产品行销全省各地甚至全国，有效地抵制了外国火柴业在山东的倾销，其行业规模也较为可观。而伴随着各个火柴厂纷纷破产，火柴全行业濒临被"消灭"的边缘，济南振业火柴公司在劫难逃，于 1994 年被山东渤海集团股份有限公司合并重组。这类情况的出现，也许我们不必伤感地去唱挽歌，而应该清醒地认识到：这也是人类文明进步的结果，是历史的必然。从发展的角度看，一个老字号品牌是以一种文化的兴衰和社会经济的需求为生存基础的，如果它所以生存的基础已经消失了，那么老字号淡出历史舞台也在所难免。出于感情，面对那些历经沧桑、曾经为中国经济立下汗马功劳的老字号企业在市场经济发达的今天岌岌可危甚至破产倒闭，我们自然会为之扼腕痛惜。但认真分析起来，因为电子技术的发明而导致人类取火方式的改变，一度时髦的火柴不再是人类生活的必需品，况且火柴生产需要大量的木材，而木材又是人类需求颇多而供应不足的宝贵资源，因此从人与环境、人与自然关系的角度来看，火柴行业的衰落也许是必然的，代之以新的取火方式则是值得庆幸的事情。

另外一种情况则是随着人类生活节奏的加快，生活方式和消费方式的改变，加上生产中机械化、自动化程度的提高，使一些老字号企业在生产规模、技术手段、经营管理、市场占有等方面遇到了一些新问题。老字号企业因其发展历史一般都比较长，一般都会养成一些已成惯性的企业行为，这些都共同构成了企业的文化传统和经营特色，不可否认，这些为企业的生存和发展曾经作出了重要的贡献，可以看作企业长期积累的宝贵财富。但是凡事有利也有弊，过分厚重的传统理念和企业奉为不二法门的经营惯例也往往会因为不再适应新时代社会发展的需要，而成为企业发展的沉重包袱和绊脚石。一些企业文化传统是在手工作坊式的生产实践中形成的，并且只适用于该种生产方式，在现代生产方式中它们很难起到推动企业发展的作用，还可能恰恰成为企业裹足不前、丧失竞争机遇的消极因素。

也有些传统商号墨守成规，不思进取，满足于以往的名气和声望，"酒香不怕巷子深""皇帝女儿不愁嫁"，观念陈腐，管理方法落后，凭经验，靠人治，无法调动各方积极性，企业缺乏生机活力；还有的设备简陋，手工作业，技术含量低，满足于祖传秘方，跟不上科技发展日新月异的步伐。这一切，使得许多老字号所拥有的往昔辉煌难以在市场经济的大潮中完成现代转换，金字招牌难褪色，留下一个个渐行渐远的背影，甚至彻底从人们的视野中消失，使辉煌和繁华尘封在了人们的记忆之中。

当然，有些老字号并不受上述不利因素的影响，在风风雨雨的社会变迁中特立独行。有一大批老字号承载着往昔的辉煌，无愧于时代的进步，在弘扬优良传统的基础上，引进先进的技术和设备，采用新式的管理方法，生产出适销对路的产品，塑造出崭新的企业形象，使企业实现了空前的发展，在同行业中仍然独树一帜，饮誉中外。这类老字号之所以能够永续经营，长盛不衰，是因为这些生产性的老字号企业拥有无法替代的特色产品。

 **知识拓展**

### 山东胶东老字号：张裕、青啤、亨得利

张弼士是19世纪90年代创办的烟台张裕葡萄酿酒公司，精品意识代代相传，奉献出了一批又一批饮誉中外的名牌产品，为中国争得了唯一"国际葡萄酒城"的美誉，成为老字号企业中最为璀璨且最具生命力的明珠之一。张裕公司不仅是民族工业史上的一面旗帜，留下一个跨越世纪的历史见证，而且现在已发展成为亚洲最大的多

元化并举的集团化企业，成为老字号企业扬名世界的标志和典范之一。

诞生于 1904 年的青岛啤酒，历经百年风雨，在新的形势下，与时俱进，锐意创新，以其国际知名啤酒品牌形象成为青岛的名片和中国老字号长盛不衰的象征。

青岛老字号亨得利，这个以经营钟表、眼镜而名扬各地的老字号始终不倒"架"，根本原因是它将老字号这一无形资产赋予了新内涵，始终以高档精品的定位来赢取消费者，并通过股份合作制改革激发员工积极性和主动性，利润增长在全国同行业中处于领先地位。

（资料来源：李平生. 山东老字号［M］. 济南：山东文艺出版社，2004.）

### 2. 传统商号的品牌保护

在导致老字号企业逐渐衰退甚至消亡的众多原因中，忽视了品牌资产的培育和品牌管理是其致命之处。有的学者指出，纵观全球，凡称得上世界级品牌的企业皆有一套长期、规范的品牌操作系统来积聚品牌资产，特别是国外的老字号大多从开始就是在发达的市场经济中产生的实实在在的现代企业，拥有大规模标准化的生产、统一的配方、统一的包装，同时还有专利制度等作为保护和支持。而中国老字号则大都起步于传统的私营家庭作坊，生存基础是自给自足的自然经济和发展并不健全、不完善的商品经济，奉行的是祖传秘方、前店后厂等形式，并没有经受过现代市场经济的洗礼，因而缺乏有效的品牌管理措施，在进入市场经济的过程中使得已有的无形资产大量流失，这不得不说是传统商业经营模式的一大弊端和悲剧。

长期以来，众多的老字号凭借口头传播来建立声誉并囿于这种传统的沟通方式，限制了品牌传播的速度和广度，使老字号在当今快速的信息流和广阔的商业圈面前手足无措，不知所从。如今全球化已成为经济发展的一大特点，而品牌的国际化扩张则是经济全球化的一个重要标志。换句话说，在经济全球化趋势下，任何想要塑造强势品牌的企业都要实现品牌经营的国际化。这就需要老字号企业积极吸收国内外先进的东西，形成新的特色，使老字号焕发青春。

关于老字号的自我保护措施，商标保护是老字号发展的基本前提，老字号企业要依法注册商标，积极组织申请中国"驰名商标"，进行商标的有效保护。对于历史名店，要注册服务商标；对于传统名优特产品牌，要加快证明商标和集体商标的注册。

 **知识拓展**

#### 《商标国际注册马德里协定》

据《商标国际注册马德里协定》规定，凡申请商标国际注册的，必须经本国注册为基础。从 1905 年 3 月 1 日起，中国各级商标机关开始正式受理证明商标和集体商标的注册。采取这些措施，将有利于解决传统名特产名称和原产地名称纠纷，并为传统名特产品到国外注册发放通行证，为其开拓国际市场奠定法律基础。

（资料来源：李平生. 山东老字号［M］. 济南：山东文艺出版社，2004.）

老字号要积极进行无形资产评估，利用品牌价值跨地区、跨国界发展。老字号虽有良好的名牌效应，但若不及时根据市场需求变化而调整经营方式，则将被市场所淘汰。优胜劣汰的市场竞争客观上要求老字号企业补上"无形资产"这一课，当务之急是转变传统的投资观和树立动态的无形资产价值观。如果说有形资产是企业的"肉身"，那么无形资产是企业的"灵魂"。老字号本身就是一笔可观的无形资产，再也不应该任其白白流失。各级政府、各工商部门实施名牌战略时要充分发挥当地老字号的作用。从某种意义来说，不少"老字号"就是现成的名牌，各级政府、各工商部门若能充分利用这笔不菲的无形资产，往往能取得事半功倍的效果。

老字号企业在长期的历史发展中，形成了自己独特而稳健的经营模式和老字号所特有的历史文化遗风。但是在当今时代正面临着社会主义市场经济大潮的机遇和挑战，老字号企业必须把传统经营方式与现代管理理念结合起来，找到其历史传统与现代经营的契合点，让企业的生产服务和经营方式既体现民族风格又符合国际标准，焕发出新时代的风采。

### 3. 传统商号的自我革新之路

在经济全球化的背景下，老字号企业面对市场经济的风起云涌，必须把继承优良传统与不断锐意创新结合起来，二者不可偏废。这要求老字号首先要扔掉"老"的包袱，放下"老"的架子，摆脱"老"的束缚。如果倚老卖老、坐吃老本，那些曾经风光一时的老字号在当代市场经济的海洋中就有被淹没的危险。因此，老字号在观念上一定要牢牢树立竞争意识、风险意识、创新意识，才能适应新形势，抓住新机遇，青春永驻，源远流长。

（1）技术创新。如果老字号的生产技术仍停留在原始的手工操作水平上，显然会越来越不适应当今新的科技革命的趋势。只有不断在传统的生产工艺方面加大新的科技含量，才会青春常在。

（2）经营创新。一些老字号应该从过去手工作坊式的经营向现代化、规模化、产业化的经营进军，从而适应现代社会的要求。比如，"青岛啤酒""张裕公司"在证券交易所发行 A 股，成立股份有限公司，扩大融资渠道，一方面在国内建立了营销网络，另一方面走向世界，开拓国际市场。

（3）服务创新。服务创新包括服务质量、服务态度、服务项目等主要方面的创新，这也是老字号在新形势下生死攸关的问题。有一些老字号在激烈的市场竞争中，孤芳自赏，不思进取，结果砸了自己的牌子，教训惨重。

我们深信，老字号在社会主义市场经济的发展道路上，只要坚定不移地把继承优良传统和不断锐意创新结合起来，高度重视自己既有的品牌效应，采取切实可行的自我保护措施，它们的金字招牌就一定能够更加金光闪闪，永不褪色，再现往日的亮彩，增添未来的辉煌。

企业文化的
传承与创新

## 第 3 节　企业文化的传承与创新

老字号发展和延续离不开一代一代人的努力，传统老字号在历经岁月洗礼后所凝结的经营智慧和文化理念是当代企业经营制胜的重要法宝。岁月更迭，时光流转，市场环境波谲云诡，优秀的商号文化却在时代浪潮中历久弥新，不断地焕发出新的时代意义，创造巨大的商业价值。

# 一、客户至上文化

作为世界500强的华为，一直将"以客户为中心"作为其重要的服务管理理念之一。任正非曾说，"华为走到今天，就是靠着对客户需求宗教般的信仰和敬畏，坚持把对客户的诚信做到极致，才能做大做强。"秉持着"客户比天大"的理念，任正非号召华为员工将客户的要求视为"军令"。他曾说，"从企业活下去的根本来看，企业要有利润，但利润只能从客户那里来。华为的生存本身是靠满足客户需求，提供客户所需的产品和服务并获得合理的回报来支撑。我们不为客户服务，还能为谁服务？为客户服务是我们存在的唯一理由。"

华为企业文化

### 1. 华为"客户至上"的文化内涵

为客户服务是华为存在的唯一理由，也是华为人奋斗的方向和目标。当然，"以客户为中心"不是单纯地以某个客户为中心，也不是毫无底线和无边界地屈从于客户超越商业规则的需求。对于华为的"客户至上"文化可以从以下几个方面解读：

（1）以客户为中心是建立在对客户需求的精准理解和把握的基础之上，要共同遵循商业规则和法律要求。

（2）以客户为中心的底线是企业生存，只有企业持续发展，才能达成以客户为中心的持续性和长期性。

（3）以客户为中心的价值衡量标准是企业经营绩效的持续提升。

### 2. 华为以客户需求为导向的价值观落地策略

1）制定以客户需求为导向的战略目标

在《华为的核心价值观》讲话中，明确提出了为客户服务是华为存在的唯一理由，并介绍了其与战略结合的四个方面：

（1）为客户服务是华为存在的唯一理由，客户需求是华为发展的原动力；

（2）质量好、服务好、运作成本低，优先满足客户需求，提升客户竞争力和盈利能力；

（3）持续管理变革，实现高效的流程化运作，确保端到端的优质交付；

（4）与友商共同发展，既是竞争对手，也是合作伙伴，共同创造良好的生存空间，共享价值链的利益。

2）建立以客户需求为导向的管理机制

（1）基于客户需求导向的组织建设。在经营管理团队（Executive Management Team，EMT）中设置战略与客户常务委员会，该委员会担任务虚工作，通过务虚拨正公司方向。委员会主要的职责是为EMT履行其在战略与客户方面的职责提供决策支撑，并帮助EMT确保客户需求，驱动公司的整体战略及其实施。

（2）基于客户需求导向的产品投资决策和产品开发决策。在公司的行政组织结构中，建立战略与营销体系，专注于客户需求的理解、分析，由此确定产品投资计划和产品开发计划。已立项的产品在开发过程的各阶段，要基于客户需求来决定是否继续开发或停止或加快或放缓。

（3）在产品开发过程中充分考虑客户需求。建设由市场、开发、服务、制造、财务、采购、质量人员组成的产品开发团队，对整个产品开发过程进行管理和决策，确保产品质量、成本、可服务性、可适应性及可制造性等都符合客户的需要。

（4）基于客户需求导向的人力资源及干部管理。从总裁到各级干部进行客户满意度考核。将客户需求导向和为客户服务蕴含在干部、员工招聘、选拔、培训教育和考核评价之中，强化对客户服务贡献的关注，固化干部、员工选拔培养的素质模型，固化到招聘面试的模板中。

3）形成以客户为中心的衍生文化

以客户为中心在落地过程中，出现了很多衍生的文化，如"让听得见炮声的人做决策""胜则举杯相庆，败则拼死相救""烧不死的鸟是凤凰""上甘岭上出将军"等。这一个个衍生文化的背后都有一套完整的管理制度作支撑，保障其衍生文化在组织中真正落地和实行。

## 二、制度管理文化

美的作为全球白色家电龙头企业之一，制造工厂和研发中心遍布世界各地，产品及服务惠及全球 200 多个国家和地区，约有 4 亿用户。纵观美的历年财报，可以发现：美的不断跳脱原有市场天花板，向外衍生品类与业务，成功在各细分领域占据龙头地位，公司毛利与净利不断提升，体现出极强的品牌竞争力和经营效率。

美的有没有成功因子呢？当然有。在美的，创始人何享健曾说过，"美的持续成功得益于机制建设"。董事长兼总裁方洪波，作为美的集团接任者，对机制助力美的成功是这样总结的："美的的核心竞争力是内部经营管理机制"。对于机制，何享健一直是当成企业的头等大事来对待。"机制是企业管理中的第一重要因素，是工作中的重点和主要问题。""宁可容忍一个亿的投资失误，也绝不容忍机制的弱化和衰退。"何享健在职业化理念的驱动下，花费数十年时间，不断建立和强化企业机制。整套机制的建立，上到公司治理、下到内部管理，打通了美的的任督二脉。

### 1. 美的公司治理

1992 年，何享健积极拥抱股份制改造，在企业内部发布职工内部股，鼓励员工购买公司股票，成为当年广东省少有的八家试点企业之一。1993 年，美的电器挂牌上市，成为中国第一家由乡镇企业改造的上市公司。在架构上，美的成立了股东大会，并增设了审计委员会和监事会。成为上市公司，是美的建立现代企业制度的开始。按照何享健的回忆："当时来讲，虽然不太懂股票，股份制改造也理解得不深。但是，我有一个总体概念，一个企业的进步、规范需要股份制改造，这种代表未来方向的手段。"

在治理结构上，美的迈出了第一步，但还有更关键的第二步，需要去突破。美的实现了公开上市，但当时并没有实现政企分开，所以如果不进行产权改革，美的就无法完全按照市场规律去运作企业。从 1998 年开始，何享健就不断推动政府，进行产权改革。2001 年，美的成功受让顺德政府 30%的股份，管理层变为第一大股东，美的成了完全意义上的民营企业，也成为中国第一个上市公司管理层收购（Management

Buy-out，MBo）的案例。实现上市和管理层收购两大标志性事件，使得美的极为超前的原因是，在治理结构上，打通了现代企业制度上的最大障碍，在职业化道路上可以昂首前行。

### 2. 美的内部管理

在内部管理上，美的主要建立了四大机制：分权机制、绩效导向机制、激励约束机制、变革机制。

（1）分权机制。

1997年，美的进行事业部制度改革，并由此开始建立分权机制，同时出台正式文件《分权手册》，作为分权机制的制度保障，并每半年更新一次。没有分权机制的建立，美的最多只会出现第三类职业经理人，即专业管理者，而不会出现职业经营者，更不会出现内部企业家。

（2）绩效导向机制。

绩效导向机制是伴随着分权机制，随之建立起来的。因为随着经营权下放给事业部，首先要对权力的使用有明确的目标导向，其次才是对权力的监控。否则，权力很容易被滥用，也会造成博弈与内耗。绩效导向机制的建立，就是明确所有事业部的经营权，都是为了达成经营业绩而获得的，而无须讨好老板或上级，绩效就是王道。

绩效导向机制在美的最明显的体现，就是每年的经营目标责任制。美的每年都会召开正式的年度会议，集团总裁与每个事业部总经理，在众目睽睽之下，签署第二年的经营目标责任制。回顾多年来，美的身居高位的所有职业经理人，无一不是绩效突出而且长期突出的人。没有绩效，一切免谈。

（3）激励约束机制。

激励约束机制是绩效导向机制能够发挥作用的最主要保证。不对军功做奖赏，就没人愿意带兵打仗。不对逃兵做惩罚，就会出现劣币逐良币。美的的激励约束机制，遵循"论功行赏、赏罚分明"的基本逻辑。

美的的第三类职业经理人，每年都会签署年度经营责任制，后来增加了三年责任制。在责任制中，除了明确经营目标的关键绩效指标考核（Key Performance Indicator, KPI）以外，也会将相应的奖惩条件，同步明确。美的从上至下，都严格遵守内部契约，签署过的责任制就是军令状。人力资源部门，每年都会严格根据完成情况来做具体的兑现。绩效完成好的，奖金可以达到固定收入的3~5倍，甚至更多，完成不好则颗粒无收。美的实施的期权、股权激励，除了和美的股价挂钩以外，也是和职业经理人的经营业绩挂钩的。经营业绩好，会增加期权数或股权数。如果业绩差，会被减少甚至取消当年的期权、股权激励资格。

奖惩除了体现在物质上以外，在精神上也体现得淋漓尽致。例如，在内部开会的座位上、发言的顺序上、周围人眼神里的尊重上，都会有非常明显的变化。当然，最大的惩罚就是直接撤职。

何享健在内部大会上公开讲过："跨国企业的普遍做法是，经营单位两个季度未完成指标尚可原谅，第三个季度还未完成，职业经理人就要下课。以后我们也要形成这样一种文化，原则上不完成指标、不完成任务的就要承担责任。"

2006年之后，美的在绩效考核的约束之外，也加大了其他方面的约束，如规范运作、诚信和职业操守等，相继出台了《职业经理人基本行为规范》《职业经理人六条红线》《竞业限制》等制度。

（4）变革机制。

变革机制虽然没有像分权机制、绩效导向机制、激励约束机制一样，出过明确的制度或文件，但却是美的不成文规定中，最为深入人心的机制。变革，在美的，是机制，也是文化，是"半年一小变、一年一大变"的标配模式。正是变革机制的建立，才让美的始终充满活力，才让分权机制、绩效导向机制、激励约束机制，能不断根据市场变化及时调整，才让职业经理人，在成就感和危机感的双重交替下，不断奔跑前行。有了治理上的规范，就没有了产权机制上的后顾之忧。有了管理上的分权机制、绩效导向机制、激励约束机制、变革机制，这四大机制的环环相扣，就没有了坐等老板发号施令的被动局面。

正是这套机制长期的良性运转，才将一家只有23人的乡镇企业发展成为中国白色家电龙头企业之一。当然能够在外部环境复杂多变、竞争白热化的情况下仍然保持灵活的适变能力，这套管理机制绝不简单。所谓"台上一分钟，台下十年功"，企业经营管理之道亦如此，机制背后的逻辑及商业思考更为关键。

## 三、人才发展文化

2023年中国最具影响力的50位商业精英榜单发布，比亚迪创始人王传福位居榜首。比亚迪是中国少有的市值超过万亿的制造业企业。2022年比亚迪发布的财务业绩显示，比亚迪售出新能源汽车186万辆，收入2 801亿元。再算上电池、光伏以及消费电子代工业务，全年一共收入4 241亿元，营收相比2021年翻倍。2023年8月，比亚迪成为全球首个达成500万辆新能源汽车下线的车企，这不仅是中国品牌第一家，更是全球第一家新能源车企。

从一间名不见经传的"电池制造小作坊"成长为引领新能源汽车行业的龙头企业，比亚迪的迅猛成长速度有目共睹。比亚迪是如何保持高速增长的？比亚迪成功的要素到底是什么？王传福总裁认为，比亚迪成功的第一要素是"以奋斗者为本"。比亚迪最大的财富在于人才。

比亚迪坚持"以奋斗者为本"的战略导向。比亚迪拥有一支优秀的研发团队，通过他们的努力，比亚迪的产品获得了成功，在IT和电池产业上的成绩已经证明了这一点。而比亚迪汽车成立后，比亚迪把这个传统延伸了过去。汽车产业建立之初，比亚迪就在上海成立了一个庞大的研发团队进行研究。而在新能源汽车领域，也投入了巨大的精力和资金。比亚迪有近一万名工程师，未来还要发展到三万名。王传福说要把工程师的"人海"优势发挥到极致。

比亚迪坚持"以奋斗者为本"的企业文化导向。尊重人，培养人，善待人，为员工建立一个公平、公正、公开的工作和发展环境，是公司企业文化的发展方向。比亚迪坚持不懈，逐步打造"平等、务实、激情、创新"的企业核心价值观，并始终坚持"技术为王，创新为本"的发展理念，公司矢志与员工一起分享公司成长带来的快乐，努力把比亚迪打造成像军队一样严肃、像学校一样成长、像家庭一样温暖的三位一体的公司。

比亚迪坚持"以奋斗者为本"的人力资源方针。比亚迪在留人方面，提出了三句话,"事业留人,待遇留人,感情留人"。比亚迪不断打造更大更广的事业平台,让比亚迪的精英分子有充分施展的舞台:从最早的镍电池到锂电池,从手机零部件到造汽车,从一个事业部到二十八个事业部,人才越来越多,舞台越来越大。王传福总裁总笑言,他是个搭台子的,财富分享员工,比亚迪上市后打造几十名千万级富豪。随着比亚迪不断有上市公司出现,比亚迪的富豪会越来越多。比亚迪为了员工无后顾之忧,建设了亚迪村和亚迪学校,为员工配房配车,为员工子女建子弟学校。亚迪村是比亚迪员工包括高管的住宿小区。公司的高级管理人员包括总裁王传福在内都住在小区里。这样一来,比亚迪就不仅仅成了员工的工作场所,也成了员工的家。自从比亚迪做汽车后,比亚迪又启动了员工配车计划,这可谓一举多得。比亚迪人开比亚迪的车,又成了比亚迪的口碑营销的活广告。这种感情,让比亚迪的员工对比亚迪归属感大大增强。比亚迪不仅仅提供房子和车子,还提供小孩上学的一条龙服务。比亚迪与深圳中学联手,组建亚迪中学,还有亚迪幼儿园。这无疑是给比亚迪的员工提供了全身心投入工作的环境和氛围。

企业成长与转型的成功,引用王传福在晋升评审会议上的话就是,要建立一个庞大的"人才蓄水池",让比亚迪的人才能做到"招之即来,来之能战,战无不胜"。

## 四、改革创新文化

据统计,中国家电产量在全球占比为49.1%,而中国自主家电品牌出口量占比仅有2.89%,其中86.5%来自海尔,也就是说,在出口的白色家电品牌中,每十台就有8台来自中国海尔。诞生于1984年的"海尔",从一家资不抵债、濒临倒闭的集团小厂,到如今经过几十年的发展,已经跃居为全球白色家电的第一品牌。2022年6月15日,全球品牌数据与分析公司凯度集团发布了"2022年度凯度BrandZ最具价值全球品牌100强"排行榜。海尔连续四年作为全球唯一物联网生态品牌蝉联百强,品牌价值逆势增长33%,位居全球第63名。海尔集团公司成功的秘诀是什么?

海尔企业文化

"听历史诉说变中求胜,让基因传承自主创新",在海尔创派大楼的大厅里,这副对联非常醒目。不管是海尔的员工,还是外来人员,总会不自觉地抬头注目这副对联,并思索其具体含义。海尔的董事局大楼中庭立有一座"火凤凰"雕塑,寓意"凤凰涅槃,浴火重生",这尊雕塑意味着海尔不断自以为非,不断自我颠覆,在涅槃中重获新生的决心。

张瑞敏曾说:"海尔的发展史,就是一部创业创新史。"对海尔来说,创业和创新永远是现在进行时,而非完成时。对企业而言,创新是专利的源头,也是其生存与发展根本之道。如何持续保持领先,这是海尔人一直以来反复思考的问题。从电冰箱到洗衣机再到智慧家庭;从经营单一自主品牌到并购国外品牌再到多个品牌齐驱并驾;从技术创新到模式创新再到理念创新;从20世纪90年代末,海尔凭借自主创新和过硬的产品质量,率先走出国门,到美国建立了第一个海外工厂,到如今步入智能时代,家电企业智慧家庭专利在全球的专利数量和专利布局,成为抢占家电智能话语权的关键。多年来,海尔构筑了"10大研发中心、5大创新中心、1个社群平台"的三层研发体系,通过全球创新能力布局,海尔逐步在全球各地的研发中心和创新中心,高效地对接着全球创新资源,辐射全球用户的需求,进行着"因需而变"的全面技术创新,海尔搭建了面向全球开放的"社群全球平台",正引着全球各地的创新者积极地加入。海尔开放创新式的研发生态模式,将在全球家电格局竞争中持续实现科技引领!正是这一系列对于持续创新的执着和努力,海尔获得了超过 255 余项世界级工业设计大奖,赢得众多国际荣誉;同时海尔还是中国唯一进入国际电工委员会市场战略局(IEC/MSB)的家电企业,中国家电领域 80%的国际标准修订提案来自海尔;另外,海尔还在四大国际标准组织(ISO、IEC、IEEE、OCF)全面主导智慧家庭国际标准。

海尔文化是以观念创新为主导,以战略创新指引方向,由组织方面的创新提供保障,利用技术创新作为手段,并且一直以市场创新作为目标!如今,创新精神早已融入海尔的每个部门,融入每个海尔人的血液,不断改革创新锐意进取,成为海尔在国际化市场乘风破浪前行中最有力的支撑。

## 本章小结

● 框架内容

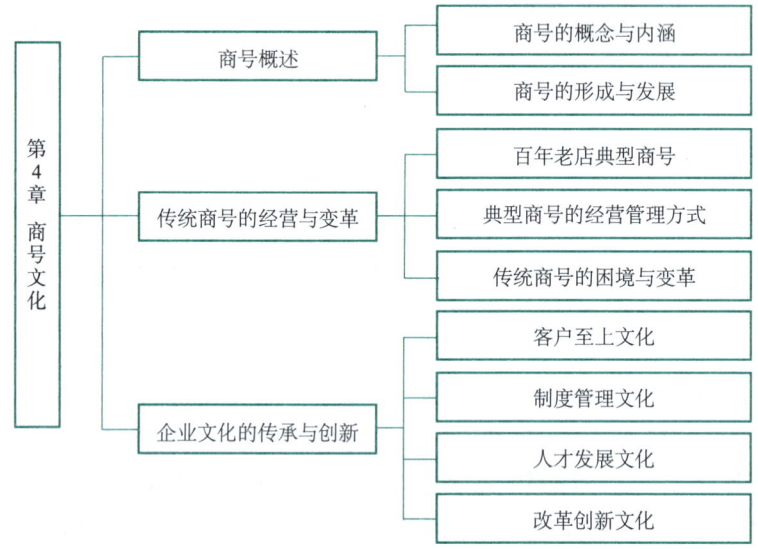

理论自测

## 理论自测

□ 选择题

1. 商号一般不包括( )。
   A. 历史名店　　B. 老品牌　　　C. 商帮　　　　D. 票号
2. 目前能见到的中国最早的图文并茂的商标出现于( )。
   A. 汉代　　　　B. 唐代　　　　C. 宋代　　　　D. 明代
3. 老字号的主要特点不包括( )。
   A. 技术先进　　B. 产品优良　　C. 信誉良好　　D. 文化深厚
4. 中国传统商号常用"字"是( )。
   A. 寺　　　　　B. 庙　　　　　C. 观　　　　　D. 堂
5. 中国近代民族工商业商号有一个重要精神是( )。
   A. 引进外资　　B. 复兴传统　　C. 发家致富　　D. 实业救国

6. 六必居的创办时间是（　　）。
   A. 宋代　　　　　B. 明代　　　　　C. 清代　　　　　D. 民国
7. 胡庆余堂的主要经营产品是（　　）。
   A. 食品　　　　　B. 药品　　　　　C. 文化用品　　　D. 金融产品
8. 中国票号的创始人是（　　）。
   A. 雷履泰　　　　B. 杨全仁　　　　C. 胡雪岩　　　　D. 孟洛川
9. 以"戒欺"为核心理念的商号是（　　）。
   A. 六必居　　　　B. 胡庆余堂　　　C. 荣宝斋　　　　D. 王致和
10. 日昇昌的核心业务是（　　）。
    A. 存款　　　　　B. 放款　　　　　C. 汇兑　　　　　D. 借贷

◆ 判断题

（　　）1. 老字号都是指创办于鸦片战争前的古代商号。
（　　）2. 商号可以以个人的名字作为字号。
（　　）3. 古代商号发展相对稳定，近代商号变化较大。
（　　）4. 职业经理人制度在中国古代商号中已经出现。
（　　）5. 中国大多商号长盛不衰的原因主要是靠独家"秘方"。
（　　）6. 商号作为商业组织的核心精神是"大国工匠"精神。
（　　）7. 中国商号一般都不重视广告宣传。
（　　）8. 庆余堂的名字由来于"积善之家必有余庆，积不善之家必有余殃"。
（　　）9. 荣宝斋是由北京人创办的文化用品店。
（　　）10. "酿人间美味，造百姓口福"，已成为王致和集团今天的经营宗旨。

◆ 理论自测步骤

1. 学生打开中国大学慕课平台 https：//www.icourse163.org/。
2. 平台首页输入"中华商文化"查询，加入课程学习。
3. 在左侧导航列表中选择"测验与作业"，在"专题四　商号文化"中，单击"前往测验"，进入测试页面。
4. 在限定时间内完成测试。测试完毕，系统自动评卷。

 应用自测

应用自测

**1. 总体要求**

根据本章节学习的内容，选择一家你感兴趣的老字号企业进行调研并完成《老字号企业发展调查报告》，内容可以包括但不仅限于：企业的发展历程；企业的经营现状；企业的经营环境；企业的经营发展策略等。

**2. 自测目标**

（1）加深学生对商号文化的理性理解；
（2）让学生对中国老字号企业的经营特点有清晰的认识；
（3）训练学生搜集、归纳、整理信息的能力。

**3. 背景资料**

通过课程学习，同时利用网络、报纸、图书等方式，搜集中国商号文化的相关资料，搜寻老字号企业发展的脉络，完成应用自测要求。

**商道传承**

1. 国不以利为利,以义为利也。——《大学》
2. 奇计胜兵,奇谋生财。——《史记·货殖列传》
3. 经商之道:一是守信,二是讲义,三才是取利。——乔致庸
4. 义以生利,利以丰民。——《国语·晋语》
5. 人要长交,账要短算。——中国古代商业谚语
6. 一分信誉十分财,十分信誉黄金来。——中国古代商业谚语

# 第5章
## 商业精神

企业家要带领企业战胜当前的困难，走向更辉煌的未来，就要在爱国、创新、诚信、社会责任和国际视野等方面不断提升自己，努力成为新时代构建新发展格局、建设现代化经济体系、推动高质量发展的生力军。

——摘自习近平总书记2020年7月21日在企业家座谈会上的讲话

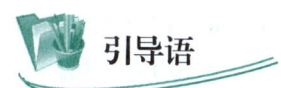

## 引导语

商业精神是商人的灵魂,它是指引历代成功商人走出穷乡僻壤、历经艰难险阻、战胜险风恶浪,从无到有、从发展到鼎盛的无形力量。中华优秀传统文化是孕育商业精神的土壤,企业在发展壮大的过程中秉承这种精神并将其发扬光大。中华民族的商业精神是历代中华商人留下的宝贵财富,是值得后人学习和传承的宝贵遗产。本章将学习传承文化影响下的商业精神的内核及其在数字经济浪潮下的时代表达,领略和体会商道成功的精神价值,共探商道之华。

教学说明

◎理解商业精神的内涵;
◎了解爱国敬业、勤毅诚朴的商业精神及其文化内涵;
◎理解"四千精神"和新商业文明中的企业家精神的要义;
◎弘扬商业精神,传承中华优秀传统文化。

导学单

# 第1节 商业精神概述

## 一、商业精神的内涵

商业精神是指在商品交易和商业活动中所体现的利己利人、促进发展的社会氛围和职业道德,它是一种相对稳定的思想方法、行为规范和价值理念,它是商人在商业实践中形成的优良精神风貌。在过去千年的经商历史中,中国商人在中华文化的滋养下成长,以儒家伦理为准则,融入西方经营理念,发展出内涵丰富的商业精神,逐渐形成并且传承延续一种共同的精神文化基因。

商业活动是人类社会发展的必然产物,在原始社会末期出现,并随着生产力的发展而愈加频繁。战国时的白圭是先秦时期的商业经营思想家、经济谋略家、理财家,《汉书》称其为经营贸易发展生产的理论鼻祖,被后世商人奉为商业行业的祖师爷。他率先提出做商人的必备素质,谓"智、勇、仁、强",这是对中华商业精神的最早概括。秦汉以后,历朝历代几乎都奉行抑商政策,社会主流长期充弥轻商思想,在近2 000年的历史长河中,商业发展始终处于国计民生的边缘地带。内因外因综合作用下,商人的形象经常被贬低和丑化。对于普通百姓而言,做买卖是"不得已而为之",绝非"人生正途"。直至明清,由于人口剧增,农业发展达到极限,加之很多地区山稠地狭,资源匮乏,大量剩余人口转向商业,才迎来中国商业的新一轮快速发展。这个时期,商业活动空前活跃,商业市场空前繁荣,资本积累空前巨大,形成了空前规模的商业集团,即"十大商帮"。新一代商人遵循市场规律,关注供需均衡,并且在艰苦的商业实践中，他们娴熟技巧，积累经验，体悟道理，在为社会创造巨大财富的同时，也形成了优良的精神风貌，磨砺锤炼出新的商业精神。纵观中国悠悠历史长河，中国传统文化对中国商业精神的形成影响深远，商人们吸收了传统文化中的精华，受儒家思想文化影响，积极提倡勤俭节约、不畏艰险、以义取利、以质求胜，而近现代商人则更加注重家国情怀、实业报国、开拓创新等。这种商业精神的凝练与传承，极大地影响着商业实践活动，对中国商业发展有着重要的意义。

首先，商业精神是精选的价值观。春秋赵国宰相范蠡仗义疏财，被后世尊为"商圣""文财神"；三国名将关羽义薄云天，被人们奉为"武财神"。商业精神是中华优秀传统文化影响下的商业价值观，它架起功利与诚信的桥梁，把人的逐利动机纳入契约精神的轨道。

其次，商业精神是一种精神风貌。中华商业精神，如勤俭节约、弘毅宽厚、诚实守信、质朴无华、开拓创新等，是商人思想面貌的一种表现。商业精神长期指导商人的生产经营活动，是商人群体成就商业的经验总结。

最后，商业精神是规范的商业行为。精神是一种理念，积极的价值观使人高尚，可以帮助商人摒除不良杂念的影响，对营商行为进行自我约束。"天下熙熙皆为利来，天下攘攘皆为利往"，商人在合法经营的过程中追求利益最大化合情合理，但商业精神可使其更加自律，不取不利之财，以信取利。

 **知识拓展**

### 白圭的商业理论

白圭提出贸易致富的理论，他提出农业经济循环说，认为农业的一个周期为12年。主张根据丰收歉收的具体情况来经商。谷物成熟时，进收粮食；蚕茧出产时收进絮帛，出售粮食。

白圭通过观察市场行情和年成丰歉的变化，奉行"人弃我取，人欲我予"的经营方法，丰收年景时，买进粮食，出售丝、漆。蚕茧结成时，买进绢帛绵絮，出售粮食。用观察天象的经验预测下年的雨水多少及丰歉情况。

白圭经商速战速决，不误时机。他把经商的理论，概括为四个字：智、勇、仁、强。他说，经商发财致富，就要像伊尹、吕尚那样筹划谋略，像孙子、吴起那样用兵打仗，像商鞅推行法令那样果断。如果智能不能权变，勇不足以决断，仁不善于取舍，强不会守业，就无资格去谈论经商之术了。

（资料来源：编者整理）

商业思想与商业精神

## 二、中国商业思想与商业精神

中国商业从业者特别注重"商德"，提倡如勤劳、节俭、诚信、仁义等多种美德。中华传承千年的优秀传统文化，涵养着商业精神，成为中国商人广博而精深的思想宝库，植根于中国传统文化的商业哲学和伦理，助推了当前的经济腾飞。

中国的商业文明萌芽得很早，但恰恰是由于受到了儒家文化重义轻利以及中国封建时代重农抑商观念的影响，缓慢衍生成为一种独特的文化现象、哲学现象。"不义而富且贵，于我如浮云。"这是来自《论语·述而》中的一句话，也是孔子义利观的体现。孔子说，"义以生利，利以平民"，这句话道出了儒家义利观的本质。春秋时期，孔子的经济思想是理论学说的重要组成部分，其指导原则是"因民之所利而利之"，具体构成内容为先富后教、崇俭黜奢、轻徭薄赋及着眼于政治的分工论、均贫富等，这些思想对后世产生了深远影响。中国商业历史中，也出现了以商为德、以仁待客、诚信为本、谋利有度的中国"儒商"。

宋代以前，中国古代主流思想的义利观主要是重义轻利、贵义贱利或先义后利。公元960年后，随着宋朝文化的突破，中国古代经济也在同一时期得到空前发展，宋朝经济，无论在农业、商业还是手工制造业都高度发达，经济思想也空前活跃。叶适作为浙江永嘉学派的代表人物，对传统主流的义利观提出挑战，他主张义利统一，大胆肯定求利的正当性、合理性，但又主张以义来规范求利，即以义理财，成其利，致其义等。叶适的经济思想继承和发展了儒家传统的经济观点，突破了传统思想的局囿。

清末到近代，在国弱民贫，国家处于危亡之际，涌现了一批经济学家，他们偏重"强国之道"，他们始终有着赤子之心，忧国忧民，为中国民族工业的兴起作出了巨大贡献。资产阶级改良主义思想家郑观应主张用"商战"抵抗外国资本主义的经济侵略，仿造西方国家发展民族资本主义工商业、培育商业专才；思想家、教育家、翻译家严复认为，一个国家想要富强，经济自由主义是最灵验的法宝。听民自谋，政府尽可能少干预民众的生产经营；变法是发展经济自由主义的基础，提高民力、民智、民德，则是必要途径。洋务派张之洞提出"以工立国"，主张学习西方先进科学技术，创办实业，轻重工业并举，对中国工业化的发展作出了积极贡献。教育家张謇则提出了"实业救国"和"教育救国"的口号，冲破阻力大办教育和实业，谋求国家富强和改造社会，将爱国情怀贯穿于一生。

春秋至清，无论是义利观、调控观、强国观，都历经着千百年中国传统文化的洗礼，包含着古人求真求实的智慧和一心为国的初心。不管是天下统一，还是战乱纷纷，商业文化一直在持续发展，最终演变成为博大精深的经营策略。在儒家传统文化滋养中发展的商业精神是中国古代商人"秘而不宣"的经商之道。

中国的商业精神，既有儒者的道德和才智，又有商人的财富与成功；既是儒家文化传承的楷模，也是商业领域拼搏的精英。商业精神有超功利的最终目标，有对社会发展的崇高责任感，有救世济民的远大抱负和忧患意识，有追求兼善天下的理想情怀。在中国的历史上，对文化与社会的关切深深地影响着中华文明的发展进程。

 **知识拓展**

## 义利观

义利观，是一种经济伦理思想。义利观，义者，"事之所宜也"，是某种特定的伦理规范、道德原则，是儒者们心中至高无上的道义。利者，"人之用曰利"，后世多指物质利益。如何看待二者的关系，便形成义利观。

春秋战国时期，范蠡"治产业，积居，与时逐""候时转物，逐什一之利""十九年之中，三致千金"，他能够拥有巨额财富的秘诀就在于他能够"见利思义"而不是"见利忘义"，薄利多销只取"什一之利"。

先秦儒家"见利思义"的义利观，对古代的商业活动具有非常重要的意义和深远的影响，它促进了中国古代经济体制的建立，完善了中国古代商业运作规范，帮助工商业主体建立了正确的经济伦理道德规范。

（资料来源：编者整理）

## 第2节　商业精神的文化内核

### 一、爱国敬业，经商之魂

#### 1. 爱国爱家，立身之本

商业精神的
文化内核

中国古代商德是以爱国为前提的，爱国是大节问题，是商人安身立命的第一要义。"爱国"在传统的道德观中涉及"忠""节"二字，为国家民族的利益作出奉献，而不惜牺牲一己的利益，是一种令人景仰的高尚美德。

商人的命运与国家的命运从来都是联系在一起的，二者是命运共同体，商人的商业活动是否利国利民，是评判商人的最高标准。家国情怀，因其深深根植在传统文化和现实土壤中，具有极其顽强的历史传承性。历朝历代，不乏把国家主权的捍卫、国家利益的维护和传统文化的弘扬放在首位的优秀商人和企业家。春秋时期郑国商人弦高"矫称君命犒师、智退来袭秦军"；明代徽商阮弼，在倭寇的侵门踏户中，组织乡团率众御倭，建起了一座芜湖城；清朝晋商乔致庸，在西北边境战事时放下了与清廷的个人恩怨，效力疆场。近代以来，随着民族资本企业的产生和艰难成长，爱国逐渐成为近代以来优秀企业家的光荣传统。他们把爱国情怀倾注在报效国家的实际行动中，成为企业家精神的鲜明底色，为中国摆脱贫穷落后和崛起作出了突出贡献。"皮之不存，毛将焉附；国家兴亡，匹夫有责；与国同在，同仇敌忾。"这些与祖国命运相关联的精神理念，经过历代商人群体薪火相传和长期演变，在潜意识中内化为有良知商人们自觉的价值观追求，历久弥新，永不过时。

抗日爱国的
赤脚财神
——虞洽卿

"商之大者，为国为民"，"利国利民乃大利大义"，这些自古以来颠扑不破的真理，已凝结为中华文化之魂，深刻影响着不同时期商人的社会责任担当和精忠报国的远大理想志向。新时代的中国商人已经站在新的历史起点上，适逢"百年未有之大变局"，中国商人明白胸怀祖国才能放眼世界，心有祖国才能做大做强，实现中华民族的伟大复兴，每一个人都责无旁贷。

 知识拓展

### 张謇：爱国企业家的典范

张謇（1853—1926年），江苏南通人，近代伟大的爱国者，著名的实业家、教育家、社会活动家。

张謇出身寒门，1894年中状元以后，本应如士大夫"修身齐家治国平天下"，但他发现在深重的民族危机、社会危机背景下，政府的软弱无能、官场的昏聩腐败令他也无法实施救国救民、兴业强国的计划和方案。在对现实政治极度失望之中，张謇把目光转向了自己的家乡。

"士负国家之责，必自其乡里始。"他辞去官位，回到南通开始兴办实业，筹建大生纱厂，关注基础教育的普及和均等化，领导乡绅、企业家陆续建立了一批新型的自治组织，将他的爱国情感转化为对家乡、对民众的具体行为。20世纪初，南通建成了以大生纱厂为核心的，拥有工业、交通、金融、贸易等37家企业的集团，由一个落后的小县城迅速变成了近代化的新兴城市。

（资料来源：编者整理）

### 2. 敬业进取，处事之要

"敬业乐群"语出《礼记·学记》，意思是专心学业、乐于与同学相切磋。对商人来说，其职业、本职工作就是商业。封建社会末期重商思想的昂扬，为中国的传统文化增添了一项积极的合乎时宜的新内容。对商人来说，重商思想正是他们敬业思想的来源，使他们乐于并敏于投身到商业这个行业，而不再妄自菲薄。

中国商人的"敬业"源自中国农耕时期传承的"工匠精神"。中国自古就是一个崇尚工匠精神的国度。"工匠"一词最早出现在春秋战国时期。《周礼》的《考工记》是中国现存可见的年代最早的关于手工业及工匠的记述文献。其中对于"工匠"之"工"有着明确的释意："知者创物，巧者述之守之，世谓之工。"古代对于工匠所需要具备的品格有着明确的规定。《左传·文公七年》记载："六府三事，谓之九功。水、火、金、木、土、谷，谓之六府。正德、利用、厚生，谓之三事。义而行之，谓之德礼"。"三事"就是古代工匠的基本职业操守。"正德"在三事之中居于首位，是要求工匠们必须无条件服从统治者的"德政"；"利用"是指掌工匠需要从事创造物质财富的生产活动，并在此过程中精益求精，力求完美；"厚生"是指工匠在劳动过程中要时刻牢记服务于国，惠泽于民的精神。"工匠精神"对于个人，是干一行、爱一行、专一行、精一行，务实肯干、坚持不懈、精雕细琢的敬业精神；对于企业，是守专长、制精品、创技术、建标准，持之以恒、精益求精、开拓创新的企业文化；对于社会，是讲合作、守契约、重诚信、促和谐，分工合作、协作共赢、完美向上的社会风气。

敬业精神，是对事业执着的追求，表现出惊人的顽强毅力，不是浑水摸鱼，投机取利，把从商当作大捞一把的捷径。有敬业精神的商人，才是真正的有作为的商人。敬业是群体文化与商业机制的结晶，它的实际内涵就是注重细节、追求完美和极致，

用心做好做细一件事情，而这种行为来自内心的热爱，从商、从业、做人不投机取巧，不唯利是图，将一件事情做到极致。当这种精神落实在商业层面，它就成为商业领域品牌内涵的重要体现，是商业发展的有效途径。

## 二、诚毅勤朴，行商之道

在中华五千年浓郁的历史文化的滋养下，历代崛起的商帮、叱咤风云的商人，无一不是继承和发扬了中华民族的传统美德，不仅商人自身在成长过程中形成了诚毅勤朴的精神，还将其融入企业文化之中，用文化传承的精神瑰宝带动企业的发展。

### 1. 诚：货真价实，诚实不欺

诚信是中华民族的传统美德。传统诚信思想主要包含三个方面，即诚信是处世之本、诚信是立业之基、诚信是为政之要。《说文》曰："诚，信也。"《中庸》有言："诚者，天之道也。""诚"与"信"之间存在着天然的意义相通性，诚信即诚实而有信用。在中国的传统文化当中，人们把诚信诠释为做人的标准和行为规范，它是市场有序发展的必然条件，是防止社会动荡和商业失衡的重要手段。"诚"在传统哲学中有着至高的地位和重要的价值，在现代社会契约中仍然发挥着重要影响，是实现中华民族文化伟大复兴的重要推动力。

上海道台
一颗印，
不及朱三葆
一封信

在中国商业发展的历程当中，讲究诚信的商人在商品交换时，注重商品的品质、获取正常水平的利润。在中国的传统文化当中，商人是否讲究诚信影响到对商人行为的评价。遵循诚信标准的商人，我们把他们称为"诚商"或"良商"，反之，被称为"奸商"。管仲在《管子·陈马》当中提出"诚贾"的概念，指出"非诚贾不得食于贾"，意思是说，不是诚实的商人就不能吃经商赚钱这口饭。

历史学家、汉学家余英时在他的《中国近世宗教伦理与商人精神》一书中特别指出"诚信"与"不欺"乃是明清商人伦理中占有中心位置的戒条。明清商人以诚信为本，树立良好商誉。在生意场上，他们努力做到待人接物诚实不欺，以信义取人，不只讲求物质利益而不顾道德，甚至宁可损失货财，也要保住信义。商人以诚信作为对自我的要求和真正的价值追求。大量流传至今的店铺对联反映了商人对于诚信的追求，如"货真价实、童叟无欺""货是草，客是宝""买卖不成仁义在，一团和气福自生""仁义经商，义财方取""经商有德，奉公以廉""君子爱财，取之有道"等。

商会、行会组织也为诚信观念在商业中的发展提供了土壤。在行会组织中，诚信成为集体的主要凝聚力量。晋商会馆的行规也称"规牌"，规定了会员的权利、义务、会费和奖惩办法等。如道光八年的颜料会馆会规就规定必须使用统一砝码，以维持交易中分量的确定性，以诚待客，公立行秤四杆，俱以校准，彼时来置银砝。

 **知识拓展**

### "半斤八两"的由来

"半斤八两"一词中的半斤与八两并非递进关系，而是等同置换关系。中国早期的度量衡中，是以十六两为一斤的。中国的老秤，秤杆上一般有十六个刻度，每个刻度代表一两，每一两都用一颗星来表示。

这十六颗星都是有来头的——秤杆上的七颗星代表北斗星，六颗星代表南斗星，除这十三颗星外还余三颗星，分别代表福、禄、寿三星。如果商人给顾客称量货物少给一两，则缺"福"；少给二两，则表示既缺"福"还缺"禄"；少给三两，则"福、禄、寿"俱缺。

在杆秤提绳和福星之间有颗大星，当秤砣挂在这一位置，秤盘又无任何东西时，提起提绳，则两边重量相等，秤杆平衡，这颗大星叫"定盘星"。"定盘星"则被赋予了公平、公正、公开之意。

（资料来源：编者整理）

### 2. 毅：志向坚毅，百折不挠

"宝剑锋从磨砺出，梅花香自苦寒来。"商人原始资本的积累，都是从创业开始的，是一个从无到有、从寡到多、从贫到富的过程。古代商人的创业环境是艰苦的，一是因为当时的外部环境对商业不够重视，认为商业是"末业"；二是商人创业资本少，往往白手起家，从小本经营入手。这就意味着要想取得商业成功，几乎每一个古代商人都必须历经挫折，艰苦奋斗。

志向坚毅，既是商人的一种淡泊简朴的生活状态，又是一种自强不息，昂扬向上的精神状态。当今社会，物质生活日益丰富，我们学习、传承和发扬商人坚毅的精神，不是刻意节衣缩食，劳作不息，而是将其作为一种内在精神，镜鉴初心，始终激励我们奋斗不息。

百折不挠，是一种坚守初心、超越自我的精神追求。习近平总书记说过，山再高，往上攀，总能登顶；路再长，走下去，定能到达。创业的道路充满荆棘与挑战，只要精神不倒，失败了还可以卷土重来。绝大多数商人都经历过艰苦的创业历程。以徽商为例，"足迹几遍天下"，岭南塞北、寒来暑往、吴越荆襄、频历风波。徽商中很多从小就出门学做生意，历经劳苦艰辛。为了创业，商人们离其故土、别其家庭，远走四方，鲜有定所，甚有创业者，客死他乡，不能归葬。没有这等创业的辛酸史，就没有商人的辉煌。改革开放初期，浙商依靠"四千精神"走南闯北，吃苦耐劳，从事小商品生产和交易，四十多年来，为推动浙江经济的飞速发展作出了重要贡献，同时也积累了丰富的原始资本。

商海浮沉，竞争无处不在，如同没有硝烟的战场。战场上没有常胜将军，从商也要面临各种决策的风险。胜败乃兵家常事，商家中亏本折阅之事也难以避免。有人不禁打击，一蹶不振，从此，商海之中销声匿迹。而但凡最后成功的商人，都能始终秉承着志向坚毅、百折不挠的精神绝地逢生。"一贾不利再贾，再贾不利三贾，三贾不利犹未厌焉"，直到成功。

 知识拓展

## "徽骆驼"与"绩溪牛"

"徽骆驼"和"绩溪牛"指的是走出家乡四处经商的徽州商人。以骆驼和牛来形容,一方面说明的是徽商创业的艰辛,另一方面指的是徽商具有忍辱负重、坚忍不拔的精神。这种精神正是徽商创业成功的重要因素之一。

徽州地处皖南崇山峻岭之中,素有"七山半水半分田,两分道路和庄园"之称。穷困的生存环境迫使徽商走出家门,他们一般以小本起家,闯荡商海。商海浪涛汹涌,凶险异常,一不小心就会搁浅甚至是沉没。然而徽商的可贵之处在于,他们受到挫折之后,并非一蹶不振,从此便销声匿迹,而是义无反顾、百折不挠,不成功决不罢休。

(资料来源:编者整理)

### 3. 勤:勤以修身,俭以养德

"佟而惰者贫,而力而俭者富""历览前贤国与家,成由勤俭破由奢""克勤克俭"才能治"商"有道,勤是开源,俭是节流,想要肥家守业,缺一不可。

在中国千年的封建社会,商人为"四民之末",社会地位极其低下。明清十大商帮的徽商、晋商、浙商,无一例外不是从"七山二水一分田"的山区走出来。山区赖以生存的土地资源极其匮乏,山民生活贫困,"穷"则思变。恶劣的自然环境非但没有阻挡商人勤勉的脚步,反而创造了自己的商业沃土。从山区走出来的商人们,奋发图强,胸怀大志,立志改变现状,在这种精神的鼓舞下,走出深山、四海为家,长途跋涉、风雨无阻,继而成就贾业。

比如晋商中曹家的创始人曹三喜,由于自然环境恶劣,终年风沙,粮食常常颗粒无收,听闻东北土地肥沃,不远万里迁徙到东北,种豆、养猪、磨豆腐,只要通过辛勤劳动能挣到钱,再苦再累也不会拒绝。在辛勤的劳动中,曹三喜终于攒到了人生的第一桶金,然而他并没有小富即安,而是在原有基础上开始经营杂货业、典当业、酿酒业,把家业经营的风生水起,成为有名的晋商。

创业难,守业更难。商人们的勤俭不仅体现在创业阶段,还体现在守业阶段。商人巨贾的成功,不仅表现在创业之初、失利之时勤奋进取的精神,更重要的是在获得了成功之后,也没有小富即安,奢靡享乐,仍然克勤克俭。即使腰缠万贯也依然保持着勤俭节约的作风。如乔家大院上的门楣"慎俭德",王家大院"创业维艰,祖辈备尝辛苦,守成不易,子孙宜戒奢华"的门楹都将勤俭节约作为优良传统,代代传承。

古往今来,奋发图强、勤俭持家是多数成功商人身上必备的精神品质。当下,我们熟知的李嘉诚、任正非、宗庆后等知名商人,勤俭节约也是他们的生活常态。正是始终保持这样的精神,才能使自己的商业发展立于不败之地。

 **知识拓展**

### 陆费逵

陆费逵,浙江桐乡人,中华书局创始人。他"精思擘画"中华书局30年。创业之初,凡编辑、印刷、发行、总务等各事务,他都亲自过问,每天工作十多个小时。书局扩展后,企业规模达五六千人,但涉及重大事务他仍亲自处理,而且从不聘秘书。生活上，他与局内同人常以勤朴相勉，以俭治局。陆费逵认为，勤奋、节俭是在迅速发展的现代经济中激烈竞争的实业家不可或缺的素质，"事业成于勤劳而毁于怠惰""天下多嗜欲之人，未有健康福寿者，也未有能成大功者也"。

（资料来源：编者整理）

### 4. 朴：抱朴归真，不忘初心

"抱朴归真"，是一种向内心深处寻求智慧的哲学思维方式，它追求的是审美的本质，而不是外表的浮华，强调的是简朴自然，以内在为重。商贾们在自己的商业领域辛勤劳作，不忘初心，才能成就伟大的商业神话，让商业保有不竭的生命力。商人的"朴"体现在以下方面：

商业精神：朴

首先，体现在对经营之道的极致追求。如明清徽商经营本着"必轨于正经"和"毋扛文罔以规利权"的原则，为了维护良好的商誉，绝不会为了一己私利损害消费者的利益。在经商过程中，坚守质量底线，不售伪劣产品，不急功近利，宁愿自己蒙受损失，也要将伪劣商品付之一炬。在长期实践的过程中，为了想尽办法把生意做好，商人们还不断总结经验教训以指导实践。例如，商人常常四海为家、居无定所，徽商编纂了标明天下道路里程的《水路行程图》，记载了各站点的物产、客栈、民俗风情、运费，非常有助于商人出行。

其次，体现在对商业一生无悔的投入。徽州有民谚"前世不修，身在徽州，十二三岁，往外一丢""大抵徽俗，人十三在邑，十七在天下"，意为徽州商人年少之时便大多外出经商，从黑发到白首，穷其一生，苦练技能，营商不止。胡雪岩13岁就开始了在杂粮行的学徒生涯，勤快自不必说，老板交代的事情一丝不苟地完成，老板没有交代的事情，也尽力去做。他得知钱庄的学徒要算账算得很快，打算盘打得很熟，写字写得很漂亮，二话不说每天按字练习书法，练习珠心算。

最后，体现在乐善好施，肩负社会责任。中国古代的商人深受儒家文化思想的影响，《礼记·曲礼》中记载："积而能散，安而能迁。临财毋苟得，临难毋苟免。"意思是说，能集聚财富，又能散而济贫。既能过安安稳稳的生活，又能过变化多端的生活。遇到财富不要随便得到，遇到危难也不要苟且逃避。通过散财济贫，可以获得"义"的美名。商人整天从事着"获利"的行业，如何正确处理利和义的关系呢？很多商人在经营活动当中，把公益活动和树立企业形象结合起来，关心百姓的疾苦，热心于赈灾济困活动，这既是商人的社会责任，又可以扩大企业的社会影响，提升商人及其产品在消费者心目中的形象，有利于扩大市场，争取客户，增加销售。热心公益乐善好施，能够帮助商人获取更多的"商誉"。商誉是企业的无形资产，有商誉的企业才能在客户和顾客当中建立起信任感，把买卖做得更好。

 **知识拓展**

#### 歙商江演修新岭路

歙邑处万山中，路最险峻。东界绩溪，山势斗绝，参嵯盘亘。有曰新岭，其险隘尤难名状，公（盐商江演）每过必怆然。岭之北有故道，依山傍溪，由镇头趋孔灵约三十余里，新岭之号始著。而下路梗塞，为行旅者苦……岁甲戌，公请于督抚，捐金开凿，凡驿汛、寺观、茶庵之设，四五年间约费数万金。由是往来络绎，坦夷自由，迥非昔比。

（资料来源：王世华. 第一商帮［M］. 芜湖：安徽师范大学出版社，2016.）

## 第3节　商业精神的时代表达

中华人民共和国成立以来，中国改革开放的巨大成就有目共睹。从走街串巷"鸡毛换糖"到踏出国门"买卖全球"，从首批民营航空公司开航到首条民营控股高铁开通运营，从中小企业铺天盖地到世界级企业顶天立地……改革开放以来，中国经济经历了从小到大、从弱到强，不断发展壮大。中国经济未来发展的最大动力和支撑，要基于社会民众的积极参与，勠力共为。在新时代的洪流中，商业精神具象为筚路蓝缕、披荆斩棘的"四千精神"和新商业文明中的企业家精神。

### 一、改革开放与"四千精神"

"四千精神"发轫于改革开放初期，中国当时正从计划经济转向市场经济，发展个体私营经济和乡镇企业面临着资金、设备、技术和人才的匮乏。创业者靠着一股精神，凭着一腔激情，克服了种种困难。

四千精神

改革开放以来，浙江人率先普遍开展个体工商活动，但那时的浙商是一个"三无"起步，"五低"起飞的群体。三无，即"无资金、无技术、无市场"；五低，即"起点低、知名度低、文化程度低、企业组织形式低、产业层次低"。创业者没有经验，没有文凭，面对社会物质财富匮乏、总体科学技术水平低下、计划经济烙印影响深厚的特定时期，浙商从街头的小商贩开始干起，凭着智慧和胆略，"白天当老板，晚上睡地板"，日日夜夜"撸起袖子加油干"。靠着一股子气、一股子劲，才在无中生有中走出了一条路。

正是靠着"四千精神"，浙江的民营经济做大做强，浙江各项改革创新事业奋起直追冲到了全国的第一方阵。"四千精神"，体现了中国民营企业勇于克服各种困难、创业创新的伟大力量，也表现了在中国经济发展当中，民营经济在活力、创造力方面具有不可或缺的重要作用。"四千精神"是中华商人的本色传承，犹如梅自苦寒而香，峰至巅绝而秀。在中国商人身上，彰显着敢作敢为、能作能为的魄力胆识。

#### 1. "四千精神"的内涵

"四千精神"，即为走遍千山万水、说尽千言万语、想尽千方百计、历经千辛万苦。"四千精神"发轫于浙南，但集中体现了改革开放之初浙江人敢于改革、善于拼搏、不畏艰险的品质。习近平总书记在《之江新语》的《不畏艰难向前走》一文中指出："浙江之所以能够由一个陆域资源小省发展成为经济大省，正是由于以浙商为代表的浙江人民走遍千山万水、说尽千言万语、想尽千方百计、吃尽千辛万苦。"

"走遍千山万水"是个空间概念,说明浙商不辞劳苦,足迹遍布全国乃至全球。浙商不拘于自己家乡的小天地,为了生存"闯出去"。"走遍千山万水"生动刻画了浙商敢于闯荡江湖、不恋乡土、走南闯北打天下的精神。他们善于经商,即使语言不通、气候不一或风俗不同,也敢将生意扩展到异乡乃至海外。

走遍千山万水

"说尽千言万语"指浙商不仅能够苦干、实干,更善于巧干。他们大多具备精明的头脑,具有坚持不懈的韧劲,善于说服对方和推销自己。"说尽千言万语"的浙商,是为了企业生存发展取得更好效益,而不是花言巧语去欺骗。精诚所至,金石为开,诚信至上的浙商总给人好的形象。

说尽千言万语

"想尽千方百计"体现了当代浙商多种多样的商业技巧,他们采取"以小博大""借船出海""借鸡生蛋""信誉订单"等各种商战谋略,走出了一条从无到有、从小到大的发展之路。

"历经千辛万苦"概括了出身低微的浙商勤奋务实和吃苦耐劳的精神品质,是一种逆境中有担当的能力体现。只有在经受千辛万苦的磨难之后,才能取得令人仰慕的辉煌业绩。浙商正是有着"白天当老板,晚上睡地板"的"两板精神",吃苦耐劳,凭自己勤奋的精神和务实的态度去拼搏,才实现了一个又一个创业的梦想。

想尽千方百计

"走遍千山万水,说尽千言万语,想尽千方百计,历经千辛万苦。"短短24个字,浓缩了老一辈商人在极致环境下艰苦创业、从无到有的苦和累;道尽了他们身上筚路蓝缕、披荆斩棘的创业精神以及"敢为天下先"的勇气魄力。

历经千辛万苦

 **知识拓展**

### "两板精神"

浙商有"两板精神",大多数浙商具有勤奋务实和吃苦耐劳的创业精神。

鲁冠球一直说"退休没有时间表",一直到去世,他都关注新能源汽车的开发进程,几十年如一日几乎没有休息天,为中国新能源汽车的创新与发展贡献自己的智慧与汗水。

浙西桐庐县的一帮年轻人,看中快递这个市场机会,迅速投入经营。老板白天是快递员,晚上是搬运工,历经千辛万苦,促进了中国快递乃至物流经济的发展。现在"三通一达"借助资本市场再显神通,快递业务扩展全球。

浙商愿意从小生意做起,卖打火机、领带夹、眼镜、做鞋修鞋。他们不嫌生意小,不怕别人笑。"白天当老板,晚上睡地板"的"两板精神"是浙商艰苦创业的生动写照,也是他们坚定不移、坚韧不拔、坚持不懈、不达目标永不言弃的创业精神。

(资料来源:编者整理)

2. "四千精神"的时代意义

浙江"四千精神"的起源,最早是在1983年1月11日《浙南日报》的第二版《社队企业极需各方支持》一文中提道:"社队企业人员'走遍千山万水,讲了千言万语,想了千方百计,吃尽千辛万苦'"。1985年5月12日《解放日报》头版头条刊发的《温州33万人从事家庭工业》,文中提到"他们走千山万水,吃千辛万苦,想千方百计,说千言万语",这是第一篇将温州的改革实践冠以"温州模式"的媒体报道。改革开放之初,部分温州百姓的穷苦可用"令人震惊"形容。国家级贫困县文成当时做过调查,称缺半年以上口粮的人口占全县的35%。为摆脱贫困,当温州民众看到改革第一线松动的光亮时,就蜂拥而上,经商办厂,迸发出令人惊叹的活力。"四千精神"的实质是意志力,是浙商在初创时期为了生存而充分激发的意志力。浙江经济的腾飞与民营经济的发展紧密相关,这背后折射出浙商在改革开放初期艰苦创业的奋斗精神。

"四千精神"蕴含在浙商面对困境逆境的信念中——事不避难,无惧风雨。回眸改革开放之初,浙商在极致环境下艰苦创业,"白天当老板,晚上睡地板"是他们的真实写照。即使在今天,攒下了身家的浙商依然保持着"闯劲"和"拼劲",带队出海抢订单,在商海一线搏击风浪。

"四千精神"也体现在浙商发展方式的选择上——专注深耕,厚积薄发。从一块磁铁到一根吸管,从"鸡毛换糖"到全球最大的小商品市场,如今浙江培育了众多制造业"单项冠军"企业和在全球细分行业中具有话语权的新浙商。

"四千精神"的本质力量源于民营经济、源于市场经济、源于群众摆脱贫困的永不放弃的奋斗。浙商数十年的斐然成就不只是改革洪流中偶然溅起的一朵浪花,更是浙商长期沉淀而来的独特企业家精神的一种必然彰显。正是在"四千精神"的激励下,才造就了鲁冠球、宗庆后、徐冠巨等一大批风云浙商,同时也滋养了千千万万个开着小店网店的"草根"老板,书写了浙江民营经济发展的传奇。

浙商博物馆
实践学习——
筚路蓝缕

### 知识拓展

#### 义乌商人的"鸡毛换糖"

"百样生意挑两肩,一副糖担十八变,翻山过岭到处走,混过日子好过年。"这是旧时流行在义乌"敲糖帮"里的顺口溜,体现出这个平凡群体生活的不易。正是他们厚重的肩膀,南下广西、福建,北上天津,把义乌红糖挑到全国各地。

如今,走街串巷"鸡毛换糖"的敲糖帮将义乌打造成了中国最大的小商品市场。正是他们,让小商品城开遍全球,这是义乌商人走南闯北,不断进取,扩大生存空间的成就。在那物质贫乏的岁月里,敲糖帮充满了进取的雄心。

(资料来源:编者整理)

#### 3. "四千精神"的时代新发展

"四千精神"是浙江企业在创业阶段吃苦、拼搏的精神写照。随着国内外经济环境的变化,当科学发展观成为社会的主流,对于浙江经济来说,转变发展模式已是"箭在弦上不得不发"。为适应转型升级发展需要,浙江在"四千精神"的基础上总结了以"千方百计提升品牌,千方百计拓展市场,千方百计自主创新,千方百计改善管理"为内涵的"新四千精神"。

"四千精神"是在改革开放历程中总结提炼出来的，而以创业创新为核心的"新四千精神"，生动反映了浙江精神的内涵，随着时代发展不断拓展深化，激发出新的活力。"新四千精神"是一个整体，相互有内在联系。知名品牌是占领市场的关键，改善管理是打造品牌的根基，自主创新是提升品牌的动力。一家企业经过多年努力，有了自己的品牌，如何保持品牌在市场竞争中的优势，这就需要自主创新，而自主创新正是拓展市场、改善管理、提升品牌的"引擎"。"新四千精神"，是转型升级、可持续发展的新"引擎"，也为正在危机中"爬坡"的浙江企业提供了新"坐标"。从"四千精神"到"新四千精神"，表明浙江精神在金融危机的磨炼中愈加成熟。

全面建成小康社会进入决胜阶段，中国经济发展步入新常态，创新驱动成为国家战略，供给侧结构性改革成为推动经济发展质量变革、效率变革、动力变革的主线。2017年，浙江省委省政府与时俱进地提出了"新时代浙商精神"，即广大企业家要弘扬"坚忍不拔的创业精神，敢为人先的创新精神，兴业报国的担当精神，开放大气的合作精神，诚信守法的法治精神和追求卓越的奋斗精神"，简称"新六条"。

从传统"四千精神""两板精神"到"新四千精神"新时代浙商精神，浙商精神的内涵在传承中创新。新时代浙商精神是一种与时俱进的精神，呈现出阶段性的显著特征。"四千精神"的发展史，是浙商的拼搏史，也是企业家精神的淬炼史。从"鸡毛换糖"到"机器换人"，从代工贴牌到自主研发，从浙江制造到浙江智造，从前店后厂到全球配置资源……浙江企业走过的路，正是中国经济向产业链高端奋力攀升的缩影，凝聚着几代浙商的求索与顿悟、奋起与自强。

2023年3月13日，国务院总理李强在人民大会堂出席记者会时重谈浙商"四千精神"。新发展阶段的发展主题是实现高质量发展，在如今的新形势下重提"四千精神"，既是提振民营企业家们创办企业的信心，也是全力推动民营经济"二次创业"的动能，带动企业家们紧跟时代步伐，敢闯敢试、敢为人先，增强创新意识。新时代开启新征程，积极实施创新驱动发展战略，扎实推进标准化建设、品牌建设，积极开拓国内外市场，进一步增强大局意识，增强社会责任感，主动服务国家战略，在共享发展上实现新飞跃。就如李强总理在记者会上所说，虽然现在创业的模式、形态发生了很大的变化，但是当时那样一种筚路蓝缕、披荆斩棘的创业精神，是永远需要的。

 知识拓展

## "一带一路"中的浙商

"一带一路"贯穿亚欧大陆，东连亚太经济圈，西进欧洲经济圈。过去，浙江便是海上丝绸之路的重要发祥地。而今，站在国家"一带一路"建设的风口，浙江"丝路征途"也以全新姿态再出发。

千年丝路，再涌商潮。在"一带一路"的"筑梦空间"里，浙商早已瞄准新机遇，凭借干在实处、走在前列、勇立潮头的精气神，全面参与"一带一路"建设，开辟开放发展新空间；凭借开放发展的先发优势，浙商积极应对全球贸易寒冬，勇拓市场立潮头；参与全球电子商务规则制定，建设境外经贸合作区，通过海外并购实现全球布局，形成新的发展合力。投身"一带一路"建设更使得浙江众多优势成熟产业、产能在更大范围进行配置，也打开了其跨国经营新空间。

（资料来源：编者整理）

## 二、新商业文明与企业家精神

新商业文明与
企业家精神

习近平总书记曾在多个场合提到"企业家精神"。2014 年 11 月，习近平总书记在亚太经合组织工商领导人峰会开幕式演讲中指出："我们全面深化改革，就要激发市场蕴藏的活力。市场活力来自人，特别是来自企业家，来自企业家精神。"2017 年 9 月 25 日，党的十九大前夕，《中共中央国务院关于营造企业家健康成长环境弘扬优秀企业家精神更好发挥企业家作用的意见》正式公布。中央首次以专门文件对企业家精神提出了要求，其总括为 36 个字：爱国敬业、遵纪守法、艰苦奋斗，创新发展、专注品质、追求卓越，履行责任、敢于担当、服务社会。2018 年 11 月，在民营企业座谈会上，习近平总书记说："民营企业家要珍视自身的社会形象，热爱祖国、热爱人民、热爱中国共产党，践行社会主义核心价值观，弘扬企业家精神，做爱国敬业、守法经营、创业创新、回报社会的典范。"2020 年 7 月，习近平总书记主持召开企业家座谈会，对企业家提出了"增强爱国情怀""勇于创新""诚信守法""承担社会责任""拓展国际视野"的五点希望，为新形势下弘扬企业家精神提供了思想指引和行动指南。2021 年 9 月 29 日，中国共产党人的精神谱系第一批伟大精神正式发布，企业家精神也被纳入，这高度肯定了企业家精神的历史地位和时代价值。

### 1. 新时代企业家精神内涵

（1）爱国是根本要求。

"企业营销无国界，企业家有祖国。"爱国是企业家内心的本质情操和企业家精神的鲜明底色。习近平总书记指出："优秀企业家必须对国家、对民族怀有崇高使命感和强烈责任感，把企业发展同国家繁荣、民族兴盛、人民幸福紧密结合在一起，主动为国担当、为国分忧，正所谓'利于国者爱之，害于国者恶之'。"

爱国情怀是企业家精神的核心之魂。浸润成长于中华传统文化影响下的中国企业家在经济发展过程中，为国担当、为国分忧的勇气和能力不断提升，在促进经济高质量发展中发挥了重要作用。企业家们将企业发展融入实现中华民族伟大复兴中国梦的实践中来，带领企业奋力拼搏、力争一流，实现质量更好、效益更高、竞争力更强、影响力更大的发展。

 知识拓展

#### 慈善商人曹德旺

曹德旺，男，1946 年 5 月出生于上海，福建省福州市福清人，福耀玻璃工业集团股份有限公司创始人、董事长。

他是不行贿的企业家,自称没"送过一盒月饼",以人格做事;他认为施财不过是"小善",从1983年第一次捐款至今,曹德旺累计个人捐款已达150亿元。2009年5月30日,曹德旺登顶企业界奥斯卡之称的"安永全球企业家大奖"(安永企业家奖),是首位华人获得者。

他说:"我们要为中国人做一片自己的汽车玻璃,这片玻璃要代表中国人走向世界,展示中国人的智慧,在国际舞台上与外国人竞争。兴邦强国从我做起,我们国家13亿人,如果只要有5%的人能够从心里头喊出这句话,国家就有希望。"

(资料来源:编者整理)

(2)创新是核心要求。

习近平总书记说:"企业家要做创新发展的探索者、组织者、引领者,勇于推动生产组织创新、技术创新、市场创新,重视技术研发和人力资本投入,有效调动员工创造力,努力把企业打造成为强大的创新主体,在困境中实现凤凰涅槃、浴火重生。"

《现代汉语词典》中创新有两层含义:"一是抛开旧的,创造新的;二是指创造性、新意。""创新"是一个经济概念而非技术概念。创新不仅仅是指在科学技术上取得新的突破,更重要的是指把新发明的科学技术投入企业生产实践,提高生产效率和适应市场需求。也就是说,创新是建立一种新的生产函数,是在已有的生产体系中引入新的突破性的科学技术,是以获取潜在利润为目的的。

创新即运用新技术和新观念创造新的价值和新的市场,从而给社会带来巨变。著名经济学家熊彼特认为,企业精神的核心是创新,是进行创造性破坏,重新组合生产要素重建生产体系。企业家应该在创新活动中表现出特有的创新精神,一种改变现状的强烈冲动和欲望,一种不畏艰险、勇往直前的信念,一种超出他人、扩张自我、实现理想的坚定信心,一种对社会发展、人类进步的高度责任感。

当下日趋复杂的国际形势中,持续创新成为打造世界一流企业的必经之路。创新凝聚了企业管理者的聪明才智,事关企业获得革命性进展、超越竞争力的成功与否,企业家代表了新时代践行创新型经济、成就制造业强国的中流砥柱。改革开放后,中国企业的发展由落后至陪跑、并列甚至超越,各项重大创新项目、重大工程中企业不断突破,充分展现了企业的创新硕果,更彰显了企业家具备的创新精神与能力。进入新时代,企业家们更要突破传统,以不同于凡人的智慧与实力,尤其是技术创新方面,以自主研发带动其他领域关键技术的革新,使"卡脖子"问题得到解决,牢牢掌控核心技术,不断强化核心竞争力,进而强势主导市场的优先地位。

 知识拓展

## 任正非的创新策略

任正非,1944年10月25日出生于贵州省镇宁县,祖籍浙江省浦江县,华为技术有限公司主要创始人兼总裁。

华为凭借自主研发的领先技术，成功在全球市场竞争中立于不败之地。任正非的技术引领战略使华为成为全球通信领域的重要参与者，并在5G技术等领域保持领先地位。

华为的成功得益于任正非对创新和技术的持续投入。任正非鼓励员工勇于探索和创新，推动技术的不断进步和应用。他坚信创新是企业发展的核心驱动力，因此，华为持续加大研发投入，推动自主创新。任正非提出的"工匠精神"理念，要求员工精益求精，追求卓越。他始终强调以客户需求为导向，不断提高产品和服务的质量与竞争力。

（资料来源：编辑整理）

（3）诚信、有社会责任是基本要求。

一个具有家国情怀的企业家，是不会缺乏诚信和社会责任感的，他们往往能够做到"穷则独善其身，达则兼济天下"。

"一个现代化国家必然是法治国家。"对社会主义市场经济而言，企业家必须有法治意识，要守法经营。这是任何企业参与社会主义市场经济活动时必须遵守的原则，也是长足发展、基业长青之道。社会主义市场经济还是信用经济，意味着企业家必须有契约精神，要诚实守信。诚信守法是企业家精神的底线之规。中国企业家的诚信守法不断内化，有效带动了全社会道德素质和文明程度的提升。

"任何企业存在于社会之中，都是社会的企业。"对企业家而言，不仅要承担经济责任，也要肩负法律责任，还要履行社会责任。社会责任是企业家精神的应有之义。中国企业家的社会责任不断升华，得到了社会的广泛认可，有力推动了中国经济社会健康可持续发展。

企业是社会发展的活力细胞，是经济发展的动力来源，是人类进步的助推器。企业家的经济责任行为、社会责任行为和环境责任行为不仅关系着企业自身健康发展、企业与社会和谐发展、企业与环境协调发展，还关系着企业的现在与未来。在构建社会主义和谐社会的进程中，诚信、有社会责任是企业家的基本要求。

浙商博物馆
实践学习
社会责任

（4）国际视野是现实必然要求。

国际视野是首次以企业家精神要素出现的，是着眼未来的必然要求。随着中国改革开放的深入，中国开放的大门越开越大，中国企业"走出去"步伐明显加快，更广更深参与国际市场开拓，产生出越来越多世界级企业。对于企业家而言，应顺应经济全球化的大趋势，培养全球化的大眼光、大格局、大思维、大战略，在充分了解国际市场规则和知悉国际市场风险的前提下，深入挖掘国际市场的供需缺口，同步开展"走出去"和"请进来"，即将国内相应的产品、服务、文化等"输出去"，将国外先进的技术、人才、理念等"引进来"。在这个过程中，提高把握国际市场动向和需求特点的能力，提高把握国际规则能力，提高开拓国际市场能力，提高防范国际市场风险能力，带动企业在更高水平的对外开放中实现更好发展，促进国内国际双循环。

国际视野是企业家精神的客观之理。目前，逆全球化及贸易保护主义有所抬头，中国企业家必须居安思危、提高警惕。在持续拓展国际视野的同时，不断加大、加强、加深嵌入全球产业链的跨度、供应链的广度、价值链的厚度，为提升中国在世界舞台上的地位发挥重要作用。

 **知识拓展**

### 汽车工业：全球化发展的重要基础

2023年是中国汽车工业发展70周年。70年来，中国汽车工业的发展路径清晰、坚韧，实现了跨越式大发展。在中国汽车工业的发展路径中，企业家精神已经成为行业向上进阶、挺进全球化的重要基石。

2022年4月3日，比亚迪宣布停止燃油车整车生产，成为全球首个停止燃油车整车生产的传统车企。比亚迪董事长王传福认为，减少对石油的依赖和打好蓝天保卫战，从汽车大国变成汽车强国，发展新能源车是必由之路，这是国家战略。与国家战略同频，正是比亚迪第一个"对燃油车说不"的首要原因。

企业家的责任担当和冒险精神让比亚迪成为全球汽车市场"第一个吃螃蟹的人"。如今，比亚迪在新能源汽车领域拥有全球领先的技术积累，并掌握了电池、电机、电控及车规级芯片等新能源车全产业链核心技术。

（资料来源：节选自中工网《企业家精神：推动中国汽车工业全球化发展》）

企业家精神的内涵既有世界观层面的指导，又有企业家经营中方法论层面的要求，其内涵紧密相连、环环相扣。企业家精神，爱国是"纲"，一纲举则百目张。企业家首先要立足中国，才能放眼世界；创新是"途"，勇于推动生产组织创新、技术创新、市场创新，重视技术研发和人力资本投入，才能将企业打造成为强大的创新主体；诚信是"本"，以守法为表率带动全社会道德素质和文明程度提升；社会责任是"初"，要真诚回报社会、切实履行社会责任；国际视野是"拓"，要立足中国，放眼世界，提高把握国际市场动向和需求特点的能力、把握国际规则能力、开拓国际市场能力和防范国际市场风险能力，带动企业在更高水平的对外开放中实现更好发展。

#### 2. 传统商业文化传承与企业家精神

（1）新时代企业家精神源于中华优秀传统文化的丰厚滋养。

中国企业家精神的形成离不开中华优秀传统文化。中华优秀传统文化中所蕴含的价值理念深深融入企业经营发展、企业家素养提升和服务强国建设、民族复兴的实践中。

企业家精神集中展现了中华优秀传统文化的时代价值，充分展示了中华文化的精髓和特质。中华优秀传统文化对企业家精神形成的影响具有原发性和渐进性，同时具有深刻性和持久性。

中华优秀传统文化为企业家精神的形成提供了基本精神涵养。同时，企业家精神的形成，绝不是对中华优秀传统文化的简单继承，而是随着时代和实践的发展，不断进行创造性转化、创新性发展。

（2）新时代企业家精神是中国商业文化的传承。

老一辈企业家在挽救民族危亡、救亡图存的过程中，形成的艰苦奋斗、敢闯敢干、聚焦实业、做精主业的精神为新时代企业家精神提供了精神之源。打开中国任何一个优秀企业家的成长史，都可以清晰地发现，他们的成功一定离不开爱国、诚信等优秀精神品质。

清末著名实业家张謇拒绝"述而不作""坐而论道"，崇尚"实干兴邦""士负国家之责，必自其乡里始"，他身上所反映的"爱国情怀、开放胸襟、创新精神、诚信品格、社会责任"等精神特质，为以"爱国情怀"为主要内容的新时代企业家精神的形成提供了思想基础。在强国建设、民族复兴的新征程上，需要广大企业家主动承担促进共同富裕的社会责任，继承和发扬老一辈企业家的精神，为促进全体人民共同富裕发挥应有的作用。

（3）新时代企业家精神是社会主义核心价值观价值追求的发展。

企业家精神是市场活力的重要源泉，体现了广大企业家对社会主义核心价值观的精神追求。社会主义核心价值观在企业家精神的生成中发挥了巨大作用。

当代企业家精神正是在培育和践行社会主义核心价值观的过程中形成的。比如，企业家恪守"增强爱国情怀、诚信守法"这一基本道德准则，从个人层面践行社会主义核心价值观。"拓展国际视野"，增强开拓国际市场的能力，是实现国家富强的重要条件。企业家"勇于创新"践行了"富强"这一国家层面的社会主义核心价值观。"和谐"是强国建设、民族复兴在社会层面的价值追求，是推动经济高质量发展的重要保证。企业家"承担社会责任"是践行"和谐"这一国家层面的社会主义核心价值观的生动体现。

### 3. 新商业文明下企业家精神的价值意蕴

进入数字化时代，探寻新商业文明正在成为全球共识。新商业文明是"信息时代的商业文明"，是随着信息技术的发展、影响而兴起的新的商业文明。在新商业文明中，基础设施进入智能时代，包括互联网、物联网和智联网在内的智慧地球，成为人类新的基础设施；多品种、小批量生产，应用共享平台可分享成本，更便宜、更快速地生产高附加值的多种产品和服务，柔性生产方式为其提供了实现的可行性；组织结构从金字塔向扁平化发展，信息流动从信息不对称向信息透明化、对称化发展；诚信、分享、平等和责任成为新价值观；金字塔状的社会结构进一步转变为蜂窝状，经济系统与社会系统、生活世界相融合。

在这种变化下，中国商业文明的创新重塑要求企业家突破自我成长。传统秩序中所依赖的正确经验被颠覆，而正在形成的新秩序中，新商业文明体系有了新的特点：开放是新商业文明的灵魂，透明是新商业文明出发的起点，分享是新商业文明扩散的机制，责任是新商业文明不可分割的一部分。商人与企业被要求去确定和解决问题，去决策、实验、创造新思想和不断学习新的技术和行为。而在此期间发展的以创新为导向的企业家精神，是新商业文明持续演化的重要动力。中国经济高质量发展之路上，企业家精神是推进强国建设、民族复兴的重要动力和宝贵精神财富。

（1）企业家精神是新时代广大企业家健康成长的重要依托。

企业是社会主义市场经济的主体。大力弘扬企业家精神，对更好发挥企业家才能、体现企业家作用、激发企业发展活力具有重要作用。完善中国特色现代企业制度是新时代新征程中国企业改革发展的重要方向。"加快建设世界一流企业是完善中国特色现代企业制度的目标成果。"这也是中国企业改革发展的目标导向。

（2）企业家精神是新时代推动中国经济高质量发展的澎湃动能。

企业家精神是推动中国经济高质量发展的重要精神力量。社会主义市场经济的活力来自企业家、来自企业家精神。改革开放以来，中国经济建设取得重大成就，一个重要因素就是改革开放带来的制度创新激发了企业家精神。"企业家精神是企业的重要灵魂，是新时代企业领导力、凝聚力之所在。"

（3）企业家精神是新时代引领世界经济增长、促进世界共同发展繁荣的重要精神力量。

当今世界面临更为复杂多元的挑战。弘扬企业家精神有利于企业家做开放发展的推动者，有利于促进贸易和投资自由化与便利化，维护和发展开放型世界经济，为推动世界经济走向复苏、走向繁荣提供精神力量；弘扬企业家精神有利于企业家做互利共赢的合作者，深挖合作潜力，造福世界各国人民；弘扬企业家精神有利于企业家做社会责任的践行者，积极参与国际合作，关注和帮扶弱势群体，为全球发展注入更多正能量。

## 本章小结

● 框架内容

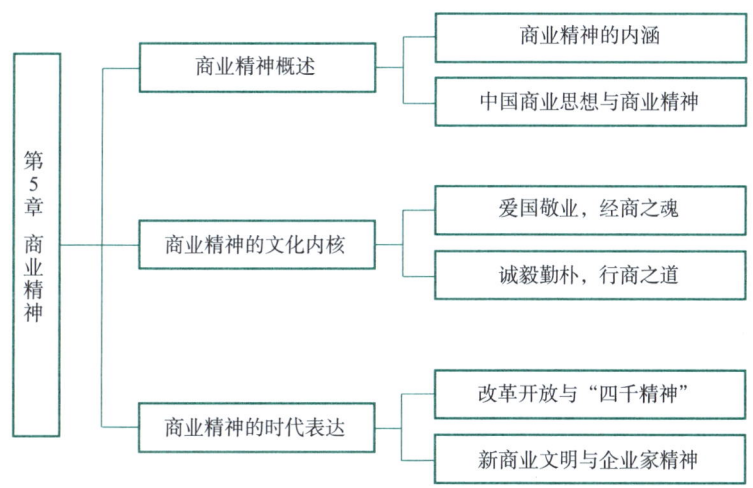

## 理论自测

□ 选择题

1. 商业精神是商人从事商业活动的一种相对稳定的（　　）。
   A. 思想方法　　B. 行为规范　　C. 价值观念　　D. 外在表现
2. "不义而富且贵，于我如浮云"体现了（　　）的义利观。

理论自测

A. 儒家　　　　B. 道家　　　　C. 墨家　　　　D. 法家

3. "诚者，天之道也"体现了中华传统文化中对（　　）的重视。

A. 爱国　　　　B. 敬业　　　　C. 诚信　　　　D. 毅力

4. 宗庆后"布鞋老总"的称呼体现了（　　）的品质。

A. 勤劳　　　　B. 俭朴　　　　C. 诚信　　　　D. 毅力

5. "四千精神"起源于（　　）。

A. 义乌　　　　B. 杭州　　　　C. 温州　　　　D. 台州

6. 浙商的"四千精神"指的是（　　）。

A. 走遍千山万水　　　　　　B. 道尽千言万语

C. 想尽千方百计　　　　　　D. 历经千辛万苦

7. 新商业文明的变革体现在（　　）等方面。

A. 基础设施　　B. 商业模式　　C. 组织关系　　D. 社会结构

8. 企业家精神的内容包括（　　）。

A. 爱国　　　　B. 创新　　　　C. 责任　　　　D. 诚信

E. 国际视野

9. （　　）是企业家精神的核心之魂。

A. 爱国　　　　B. 创新　　　　C. 责任　　　　D. 诚信

E. 国际视野

10. 履行企业社会责任是（　　）。

A. 构建社会主义和谐社会的必然要求

B. 提升企业竞争力的有效途径

C. 企业与环境和谐相处的连接链条

D. 以上都是

应用自测

## 应用自测

### 1. 总体要求

根据本章节学习的内容，选择一位你喜欢的中国商人或商企，说说"商人（企）故事"，总结其精神内涵，要求：

（1）说好商人（企）故事；

（2）提炼其精神内核。

### 2. 能力目标

（1）加深对商业精神的理性理解；

（2）学习并弘扬优秀的商人（企）文化；

（3）提升搜集、归纳、整理信息的能力。

### 3. 背景资料

通过课程学习，同时利用网络、报纸、图书等方式，搜集中国商业精神的相关资料，搜寻中国优秀商人（企）故事，完成应用自测要求。

**商道传承**

1. 富与贵,是人之所欲也;不以其道得之,不处也。贫与贱,是人之所恶也;不以其道得之,不去也。——《论语》

2. 德者本也,财者末也。——《礼记·大学》

3. 诚者自成也,而道自道也。诚者物之终始,不诚无物。是故君子诚之为贵。——《中庸》

4. 不卖低假货物;不高抬市价;不用大戥小秤;不谋夺生理;不卖污秽肴馔;不欺童叟;人来买急需物货,不故意逼勒以图重财;不忌他人生意茂盛,彼此多方谗毁。——《传家宝·功券》

5. 紧提酒,慢打油,卖果卖菜秤抬头。——中国古代商业谚语

6. 裁衣先量体,经商先摸底。——中国古代商业谚语

# 第6章
## 商业模式

"明者因时而变，知者随事而制。"要摒弃不合时宜的旧观念，冲破制约发展的旧框框，让各种发展活力充分迸发出来。要加大转变经济发展方式、调整经济结构力度，更加注重发展质量，更加注重改善民生。

——2013年4月7日，习近平在博鳌亚洲论坛2013年年会上的主旨演讲

第6章 商业模式

 **引导语**

　　随着经济的快速发展，企业要在激烈的竞争中脱颖而出，商业模式的作用不可小觑。企业之间的竞争从产品的竞争、营销的竞争、服务的竞争延伸到人才的竞争、商业模式的竞争。正如，现代管理学之父彼得·德鲁克所说："当今企业之间的竞争，不是产品之间的竞争，而是商业模式之间的竞争。"自20世纪90年代以来，商业模式的重要性逐渐得到了一致认同：企业要获得竞争优势，离不开商业模式的持续创新。本章将围绕着商业模式的含义和构成要素、商业模式画布、设计和创新路径、商业模式案例等内容展开。

教学说明

 **学习目标**

◎理解商业模式的含义和构成要素；
◎掌握商业模式创新的主要方式；
◎能使用商业模式画布工具；
◎弘扬创新创业精神，传承商业文化。

导学单

## 第1节　商业模式概述

　　商业模式（Business Model）是一个比较新的名词。尽管早在20世纪50年代就有人提出了"商业模式"的概念，但直到20世纪90年代后期才开始被广泛使用和传播。电子商务蓬勃发展的今天，促使商业模式一词总是被创业者和风险投资者津津乐道。几乎每个人都确信，有了一个好的商业模式，成功就有了一半的保证。

### 一、商业模式的含义

　　实际上，商业模式很早就已经存在。自从商业诞生的那一天起，商业模式就随之诞生；而且，商业的发展进程中商业模式的创造与革新从未间断。如果说商业就是"如何把采购或生产出的价值提供给他人，以换取同等价值"，那么这些活动要素的组合就是商业模式。换言之，商业模式是企业进行赖以生存的业务活动的方法，也就是我们可以把企业以什么产品和服务、什么样的方式来获取盈利的整个体系称为商业模式。

商业模式的起源

　　虽然商业模式在商界出现的频率极高，但关于它的定义仍然没有一个权威的版本，下面是商业模式的几种定义。
　　定义一：商业模式是为实现客户价值最大化，将能使企业运行的内外各要素整合起来，形成一个完整的、高效率的、具有独特核心竞争力的运行系统，并通过最优实现形式满足客户需求、实现客户价值，同时，使系统达成持续赢利目标的整体解决方案。
　　定义二：商业模式就是企业为了最大化企业价值而构建的企业与其利益相关者的

商业模式的含义

交易结构。

定义三：商业模式是企业围绕客户价值最大化构造价值链的方式。

综上所述，商业模式，是一个企业赖以生存和持续发展的一种模式。商业模式的核心在于"价值"，从本质上说，商业模式就是价值的创造和分配机制，规定了价值传递的方式和过程。商业模式是指企业为实现各方价值最大化，把能使企业运行的内外各要素整合起来，形成一个完整的、高效率的、具有独特核心竞争力的运行系统，并通过最优的实现形式满足客户需求、实现各方价值（各方包括客户、员工、合作伙伴、股东等利益相关者），同时，使系统达成持续赢利目标的整体解决方案。简单来说，商业模式就是描述与规范了一个企业创造价值、传递价值以及获取价值的核心逻辑和运行机制。

商业模式对企业是不可或缺的，不管企业经营者是否意识到，商业活动总是按一定的方式组织生产经营要素，并形成了一种运营机制。

商业模式是一个企业得以运转的底层逻辑和商业基础，如果没有弄清楚一个企业的价值实现模式，就开始运作一个企业，那就是无源之水，无本之木。完善的商业模式可以让一个企业更加科学合理，有的放矢地去运营。没有商业模式的企业，很难长久生存下去。

从决策和管理层面上说，商业模式可以被看作高于企业战略和其他一切管理行为的顶层行动规范。企业的任何决策和管理活动，如果与商业模式相冲突，都是非常危险的，甚至是致命的。所以商业模式是一个企业健康发展的根本前提，是一个企业最高级别的竞争方式。成功的商业模式一般具有三个特征：

（1）具有独特性和创新性，能提供独特价值。商业模式必须要塑造企业的独特性和创新性，使自己的商业模式有别于其他企业，能持续发展和赢利，能提供独特的价值。有时候这个独特的价值可能是新的思想、新的技术；而更多的时候，它往往是产品和服务独特性的组合。这种组合要么可以向客户提供额外的价值；要么使得客户能用更低的价格获得同样的利益，或者用同样的价格获得更多的利益。

（2）商业模式是难以模仿的。企业通过确立自己与众不同的商品或服务，如对客户的悉心照顾、无与伦比的实施能力等，来提高行业的进入门槛，从而保证利润来源不受侵犯。例如，直销模式（仅凭"直销"一点，还不能称其为一个商业模式），人人都知道其如何运作，也都知道戴尔公司是直销的标杆，但很难复制戴尔的模式，原因在于"直销"的背后，是一整套完整的、极难复制的资源和生产流程。

（3）成功的商业模式是通过实践检验的。企业经营要做到量入为出、收支平衡。这个看似不言而喻的道理，要想年复一年、日复一日地做到却并不容易。任何优秀的商业模式，一定需要通过实践检验，是脚踏实地的，不能停留在书本里。

## 二、商业模式的构成要素

认识、构建和创新企业的商业模式是普遍讨论与研究的话题。对商业模式的认识是需要逐步深入的。商业的魅力在于，商业经营是根据市场需求变化不断优化、调整和创新的。深刻认识商业模式离不开对商业模式的构成要素进行深入分析。众多学者对商业模式的构成要素有着不同的见解。

哈佛大学教授约翰逊、克里斯坦森和 SAP 公司的 CEO 孔翰宁共同撰写的《商业模式创新白皮书》把商业模式的构成要素概括为："客户价值主张"，是指在一个既定价格上企业向其客户或消费者提供服务或产品时所需要完成的任务；"资源和生产过程"，即支持客户价值主张和盈利模式的具体经营模式；"盈利公式"，即企业用以为股东实现经济价值的过程。

日本三谷宏治教授撰写的《商业模式全史》认为，商业模式是为了拓展传统经营战略框架而产生的概念，它的目的是应对商业的多样化、复杂化、网络化。商业模式的构成要素主要包括：一是明确利益相关者，凡是参与该商业的各方都属于此范畴；二是企业总体价值创造，包括为直接客户在内的所有利益相关者创造出来的价值总和；三是盈利模式，即如何让企业创造源源不断的收益；四是竞争方法和竞争力。

通过将以上学者的分析整理归纳，从方便理解和经营实践的角度上看，商业模式一般包括以下要素：

（1）客户定位。一个企业要想在市场中赢得胜利，首先必须明确自身的定位。定位决定了企业应该提供什么样的产品和服务来实现客户的价值。定位是企业战略选择的结果，也是商业模式体系中其他有机组成部分的起点。

（2）业务系统。业务系统是指企业达成定位所需要的业务环节、各合作伙伴扮演的角色以及利益相关者合作与交易的方式和内容，业务系统是商业模式的核心。

（3）关键资源能力。关键资源能力是指企业让业务系统运转所需要的重要资源和能力。

（4）盈利模式。盈利模式是指企业如何获得收入、分配成本、赚取利润。在给定业务系统的价值链结构和所有权已确定的前提下，企业利益相关者之间的分配格局。

（5）自由现金流结构。自由现金流结构是指企业经营过程中产生的现金收入扣除现金投资后的状况。不同的现金流结构反映企业在定位、业务系统、关键资源能力，以及盈利模式等方面的差异，体现企业商业模式的不同特征，并影响企业成长速度的快慢，决定企业投资价值的高低、企业投资价值递增速度，以及受资本市场青睐程度。

（6）企业价值。企业价值即企业的投资价值，是企业预期未来可以产生的自由现金流的贴现值，是评判企业商业模式优劣的标准。

为了更直观地了解商业模式的构成要素，做了一个简单的运行图。

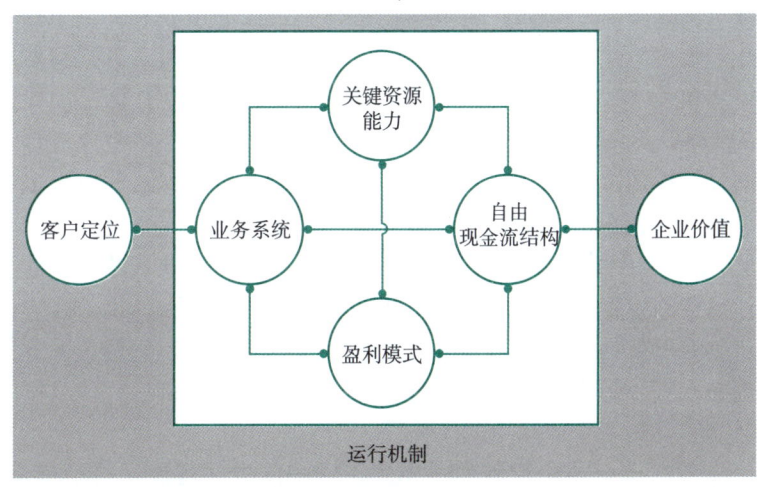

**商业模式的构成要素**

（资料来源：Jimmy Mo，你不知道的知识：商业模式的6大要素，http://www.woshipm.com/pmd/963953.html）

商业模式的六个要素是互相作用、互相决定的；相同的企业定位可以通过不一样的业务系统实现；同样的业务系统也可以有不同的关键资源能力、不同的赢利模式和不一样的现金流结构。例如，业务系统相同的家电企业，有些企业可能擅长制造，有些可能擅长研发，有些则可能更擅长渠道建设；同样是门户网站，有些是收费的，而有些则不直接收费等。商业模式的构成要素中只要有一个要素不同，就意味着商业模式不同。

## 第 2 节　商业模式设计与创新

### 一、商业模式画布

商业模式画布（The Business Model Canvas）是亚历山大·奥斯特瓦德（Alexander Osterwalder）、伊夫·皮尼厄（Yves Pigneur）在《商业模式新生代》（Business Model Generation）（2011 年）中提出的一种用来描述商业模式、可视化商业模式、评估商业模式以及改变商业模式的思维工具。商业模式画布进一步把商业模式分成九个关键模块整合到一张画布之中，可以更加灵活具体地描绘或者设计商业模式。

（1）客户群体，也称客户定位，即企业所瞄准的消费者群体。这个模块用来描述一个企业想要接触和服务的不同人群或组织，这些群体具有某些共性，从而使企业能够针对这些共性创造价值。客户构成了任何商业模式的核心。

（2）价值提供，也称价值主张，即企业通过其产品和服务所能向消费者提供的价值。价值提供确认企业对消费者的实用意义，明确了企业应该向客户传递什么样的价值，帮助客户解决哪一类难题，满足客户哪些需求。价值提供是客户转向一个企业而非另一个企业的原因，它解决了客户困扰或者满足了客户需求。

商业模式画布
九个关键模块

（3）渠道通路，也称用户获取渠道，即企业用来接触消费者而传递其价值主张的各种途径。这里阐述了企业如何开拓市场，它涉及企业的市场和分销策略。沟通、分销和销售这些渠道构成了企业相对客户的接口界面。渠道通路是客户接触点，在客户体验中扮演重要角色。

（4）客户关系，即企业同其消费者群体之间所建立的联系。企业应该弄清楚希望和每个客户细分群体建立的关系类型，哪些关系已经建立了，这些关系成本如何。商业模式所要求的客户关系深刻地影响着客户体验。

（5）收入来源，也称收益流，即企业从每个客户群体中获取的现金收入。这个模块需要回答什么样的价值能让客户愿意付费，客户现在付费买什么，客户是如何支付费用的，客户更愿意如何支付费用，每个收入来源占总收入的比例是多少。如果说客户是商业模式的心脏，那么收入来源就是动脉。企业必须问自己，什么样的价值能够让各客户细分群体发掘一个或多个收入来源。

（6）核心资源，即企业执行其商业模式所需的能力和资源，包括资金、人才等，用来描绘让商业模式有效运转所必需的最重要的因素。每个商业模式都需要核心资源，这些资源使得企业组织能够创造和提供价值、接触市场、与客户细分群体建立关系并赚取收入。

（7）关键业务，即为了确保商业模式可行，企业必须做的最重要的业务活动。任何商业模式都需要多种关键业务活动。这些业务是企业得以成功运营所必须实施的最重要的动作。

（8）重要合作，即企业让商业模式有效运作所需要的供应商与合作伙伴的网络。企业会基于多种原因打造合作关系，合作关系正日益成为许多商业模式的基石。例如，谁是企业的重要供应商，企业正在从伙伴那里获取哪些核心资源，合作伙伴都执行哪些关键业务。

（9）成本结构，即运营一个商业模式所引发的所有成本，描绘在特定的商业模式运作下所引发的最重要的成本。例如，什么是企业商业模式中最重要的固有成本，哪些核心资源花费最多，哪些关键业务花费最多。

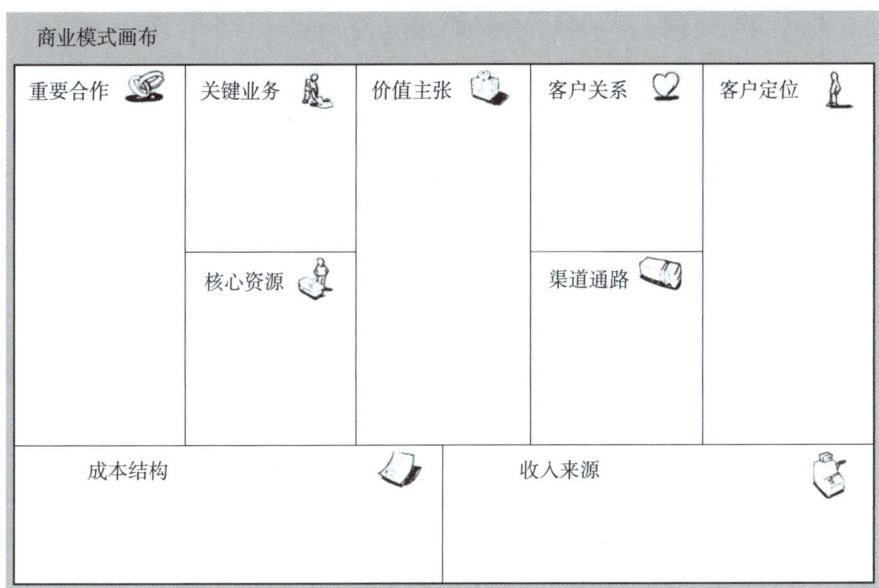

**商业模式画布**

（资料来源：［瑞士］亚历山大·奥斯特瓦德，［比］伊夫·皮尼厄. 商业模式新生代［M］. 黄涛，郁婧，译. 北京：机械工业出版社，2016：34.）

商业模式画布的九个关键模块覆盖了商业的四个主要方面：客户、提供物（产品/服务）、基础设施和财务生存能力。它们可以展示出企业创造收入的逻辑。商业模式画布的作用是能够帮助创业者厘清创业思路，不胡乱猜测，降低项目风险，确保创业者找到真正的目标用户群体，进而合理地解决问题。商业模式画布共由九个方格组成，每一个方格里面都涵盖着成千上万种的可能性和替代方案，而创业者所要做的就是从这成千上万的结果中，找到最佳的那一个。

 **知识拓展**

2001年，苹果公司发布了其标志性的便携式数字媒体播放器iPod。这款播放器需要与iTunes软件结合，这样，用户可以将音乐和其他内容从iPod同步到计算机中。同时，iTunes软件还提供了与苹果在线商店的无缝连接，用户可以从这个商店里购买和下载所需要的内容。

这种设备、软件和在线商店的完美有效结合，很快颠覆了音乐产业，并给苹果公司带来了市场的主导地位。苹果公司是如何实现这种优势的呢？因为它完美地构建了一个更优秀的商业模式。一方面，苹果公司通过其特殊设计的 iPod 设备、iTunes 软件和 iTunes 在线商店的结合，为用户提供了无缝的音乐体验。苹果公司的价值主张就是让用户轻松地搜索、购买和享受数字音乐。另一方面，为了使这种价值主张成为可能，苹果公司不得不与所有大型唱片公司谈判，来建立世界上最大的在线音乐库。

苹果公司通过销售 iPod 赚取了大量与其音乐相关的收入，同时利用 iPod 设备与在线商店的整合，有效地把竞争对手挡在了门外。

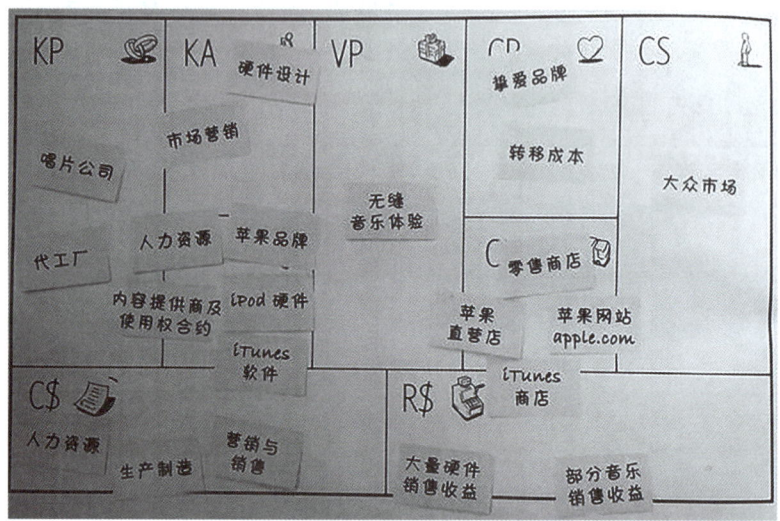

苹果 iPod/iTunes 商业模式画布

（资料来源：［瑞士］亚历山大·奥斯特瓦德，［比］伊夫·皮尼厄. 商业模式新生代［M］. 黄涛，郁婧，译. 北京：机械工业出版社，2016：36.）

## 二、商业模式的改革与创新

企业可以通过改变价值主张、客户定位、渠道通路、客户关系、关键业务、核心资源、收入来源和成本结构等多种因素来激发商业模式创新。归纳起来，主要有四个维度，即战略定位创新、内部资源能力创新、外部商业生态环境创新及这三种创新方式结合产生的混合商业模式创新。

### 1. 战略定位创新

所谓战略定位创新，主要是围绕企业的价值主张、客户定位及客户关系方面的创新。在激烈的市场竞争中，没有哪一种产品或服务能够满足所有的消费者，战略定位创新可以帮助企业发现有效的市场机会，提高竞争力。

在战略定位创新中，企业首先要明白自己的客户定位是谁，其次是如何让企业提供的产品或服务在更大程度上满足客户的需求，在前两者都确定的基础上，再分析选择何种客户关系。合适的客户关系也可以使企业的价值主张更好地满足客户。

日本原宿个性百货商店，打破了传统百货商店的经营模式——每层经营不同年龄段、不同风格的服饰，而是专注打造以少男少女为对象的时装商城，最终成了最受时尚年轻人和海外游客欢迎的百货公司。

王老吉则将企业的产品定位于"饮料+药饮"这一市场空隙，为广大顾客提供可以"防上火"的饮料，正是这种不同于以往饮料行业只在产品口味上创新，而不在产品功能上创新的竞争模式，最终使王老吉成为"中国饮料第一罐"。

### 2. 内部资源能力创新

所谓资源能力创新，是指企业对其所拥有的资源和能力进行整合和运用的创新，主要是围绕企业的关键业务活动，对商业模式所需要的关键资源进行创新。所谓关键业务活动，是指影响企业核心竞争力的行为。关键资源是指能够让企业创造并提供价值的资源，主要是指那些其他企业不能代替的物质资产、无形资产、人力资本等。在确定了企业的客户定位、价值主张及客户关系之后，企业可以进一步进行资源与能力的创新。

20 世纪 90 年代，当通用电气发现传统制造行业的利润越来越低时，试图改变行业中为其关键业务活动提供产品的商业模式，创新性地提出以利润和客户为中心"出售解决方案"的模式。在传统的经营模式中，企业的关键业务活动是为客户提供能够满足其需求的机械设备，但在"出售解决方案"模式中，企业的关键业务活动是为客户提供一整套完整的解决方案，而设备则成为这一方案的附属品。这一创新带来了通用电气业绩的快速提升，在 20 世纪 80 年代中后期，通用电气年收入增长率达到了 18%。

### 3. 外部商业生态环境创新

商业生态环境创新是指企业将其周围的环境看作一个整体，打造出一个可持续发展的共赢商业环境。商业生态环境创新主要围绕企业的合作伙伴进行创新，包括供应商、经销商及其他市场中介，在必要的情况下还包括其竞争对手。

企业战略定位及内部资源能力都是企业建立商业生态环境的基础。没有良好的战略定位及内部资源能力，企业将失去挑选优秀外部合作者的机会及与他们议价的筹码，一个可持续发展的、共赢的商业环境将为企业未来的发展提供保证。

20 世纪 80 年代，美国最大的连锁零售企业沃尔玛和全球最大的日化用品制造商宝洁争执不断，各种口水战及笔墨官司从未间断。由于争执，给双方都带来了巨大损失，后来彼此开始反思，把产销间的敌对关系转变成双方均能获利的合作关系，宝洁给沃尔玛安装了一套"持续补货系统"，该系统使宝洁可以实时监控其产品在沃尔玛的销售及存货情况，然后协同沃尔玛共同完成相关销售预测、订单预测及持续补货的计划。生态环境的优化促进了双方业绩的提升。2004 年宝洁 514 亿美元的销售额中有 8%来自沃尔玛，而沃尔玛 2 560 亿美元的销售额中有 3.5%归功于宝洁。

### 4. 混合商业模式创新

混合商业模式创新是一种战略定位创新、资源能力创新和商业生态环境创新相结合的方式。一般来说，企业的商业模式创新都是混合式的，因为商业模式的构成要素中，战略定位、内部资源能力、外部商业生态环境之间是相互依赖、相互作用的，每一部分的创新都会引起另一部分的相应变化。

苹果公司的巨大成功，不单单在其独特的产品设计，还源于其精准的战略定位创新。苹果公司看中了电子产品终端内容服务的巨大潜力后，将其战略定位从单一的出售电子产品转变为以终端产品销售为基础的综合服务提供商。从"iPod+iTune"到后来的"iPhone+App"都充分体现了这一战略创新。在内部资源能力创新方面，苹果公司突出表现在能够为客户提供充分满足其需求的产品上。例如，消费者所熟知的重力感应系统、多点触摸技术、视网膜屏幕显示技术等都是率先在苹果产品上使用的。

总之，商业模式创新既可以是战略定位创新、内部资源能力创新、外部商业生态环境创新三个维度中某一维度的创新，也可以是其中的两个甚至三个维度的结合创新，有效的商业模式创新正在成为企业家重塑企业、追求超值价值的有效工具。

## 三、商业模式的设计与再造

现实生活中大部分行业都有一个占据主流的商业模式，但商业模式不是一成不变的。商业经营环境每时每刻都在发生着变化，商业模式也随着企业的发展而发展。当企业的资源、行业地位等发生变化时，商业模式可以进行更新、调整和再造。尤其是在数字经济时代，跨界融合、跨行业思考无处不在，行业间的界限正在变得越来越模糊甚至完全消失了。商业人士每天都在不知不觉地进行设计、再造新的商业模式，这种创新往往不会往回看，因为未来商业模式是什么样的，过去的经验参考价值极为有限。这种创新也不是参照竞争对手就能完成的，因为它不是复制或标杆对比的事情，而是要设计全新的机制，来创造价值并获取收益。更确切地说，它是挑战传统，设计全新的模式，来满足未被满足的、新的或潜在的客户需求。商业模式设计有六种方法，即洞察客户、创意构思、可视化思考、原型制作、故事讲述和情景推测。

### 1. 洞察客户

商业活动的出发点是客户的需求。从客户的角度来看待商业模式，有利于找到全新的机会。企业在市场研究上投入了大量的精力，然而在设计产品、服务和商业模式上却往往忽略了客户的观点。良好的商业模式设计应该避免这个错误。这并不意味着要完全按照客户的思维来设计商业模式，但是在评估商业模式的时候需要把客户的思维融入进来。创新的成功需要依靠对客户的深入理解，包括环境、日常事务、客户关心的焦点及愿望。

苹果公司的 iPod 数字媒体播放器提供了一个很好的案例。苹果公司知道人们喜欢的并不是数字媒体播放器本身，这家公司意识到用户需要一种无缝的服务，能够搜索、下载和收听数字内容，包括音乐，并且用户愿意为能成功解决这些问题的服务付费。苹果公司的观点是非常独特的，特别是在非法下载猖獗、大部分公司都认为没有人会为在线音乐付费的时候。苹果公司并不认同这种观点，它为客户建立了一种无缝音乐（消费）体验，将 iTunes 音乐与媒体软件、iTunes 在线商店和 iPod 数字媒体播放器整合到一起。以这种价值主张为核心的商业模式，使得苹果公司成为在线数字音乐市场的领导者。

真正的挑战在于建立对客户的彻底理解，并基于这种理解进行商业模式设计的选择。在产品和服务设计领域，许多领先企业都与社会学家合作，加深对于客户的理解。比如在英特尔还有挪威电信，都有大量的人类学家和社会学家组成的工作组帮助企业开发新的更好的产品和服务。许多领先的消费品公司都为高层经理人提供机会，让他们与消费者交流，与销售团队交流，或参观精品店，进行实地考察。在其他行业，尤其是高资本行业里，跟客户交流是日常工作的一部分。

创新的挑战是建立在对客户的深刻理解上，而不是简单地问客户需要什么。正如汽车制造商先驱亨利·福特（Henry Ford）曾经说过的那样："如果我问我的客户他们想要什么，他们会告诉我'一匹更快的马'。"

另一个挑战在于要知道该听取哪些客户和忽略哪些客户的意见。有时，未来的增长领域就在附近。因此，商业模式创新者应该避免过于聚焦于现有客户细分群体，而应该盯着新的和未满足的客户细分群体。例如，斯泰利奥斯·哈吉·约安努（Stelios Haji-loannou）的易捷航空使中低收入客户可以享受空中旅行，而这些客户以前几乎没飞过。还有，Zipcar消除了城市居民因为拥有汽车所带来的麻烦，取而代之的是支付了一定年费的客户可以按小时租赁汽车。这两个都是新商业模式的案例，这些商业模式全都构建在现有模式边缘客户细分群体上——传统的空中旅行和传统的汽车租赁。

### 2. 创意构思

绘制一个已经存在的商业模式和设计一个新的创新商业模式是完全不同的两件事情。设计新的商业模式需要产生大量商业模式创意，并筛选出最好的创意，这是一个富有创造性的过程。这个收集和筛选的过程被称为创意构思。当设计可行的新的商业模式时，掌握创意构思的技能就非常关键。

为了找到更新、更好的选择，可以想象一个装满创意的摸彩袋，然后将它们缩减到一个可能实现选择方案的短名单。因此，创意构思就有了两个主要阶段：创意生成，这个阶段重视数量；创意合成，讨论所有的创意，加以组合，并缩减到少量可行的可选方案。这些可选方案不一定要代表颠覆性的商业模式，也许只是将现有的商业模式略做扩展，以增强竞争力的创新。

### 3. 可视化思考

对于商业模式的相关工作来说，可视化思考是必不可少的。所谓的可视化思考，是指使用诸如图片、草图、图表和便利贴等视觉化工具来构建和讨论事情。因为商业模式是由各种构造块及其相互关系所组成的复杂概念，不将它描绘出来将很难真正理解一个模式。

商业模式确实是一个系统，其中的一个元素可以影响其他的元素，只有作为一个整体看待的时候才有意义。不将它进行可视化，很难捕捉到商业模式的全貌。事实上，通过可视化地描绘商业模式，人们可以将其中的隐形假设转变为明确的信息，这使得商业模式明确而有形，并且讨论和改变起来也更清晰。视觉化技术赋予了商业模式"生命"，并能够促进人们的共同创造。

将商业模式描绘出来，这个模式就转换成一个持久的事物，也是一个可以随时返回讨论的概念原点。这很关键，因为它把讨论的内容从抽象变为具体，并且大大改善了讨论的质量。通常，如果想要改善一个现存的商业模式，视觉化的描绘更容易发现逻辑上的差距，并促进人们的讨论。类似地，如果要设计一个全新的商业模式，把模式画出来将帮助人们更容易地讨论新商业模式的各种选择。

视觉化技术已经被频繁应用于商业了，例如图表和表格等，这些工具广泛用于澄清报告和计划的相关信息。但是在讨论、探索和定义商业问题时，很少有人会应用视觉化技术。在战略规划过程中，可视化思考可带来巨大的价值。可视化思考通过将抽象变具体，通过阐明各元素之间的关系，通过简化复杂性而增强了战略审查。

### 4. 原型制作

对于开发创新的全新商业模式来说，原型制作是一个强有力的工具。与可视化思考一样，原型制作同样可以让概念变得更形象具体，并能促进新创意的探索。原型制作来自设计和工程领域，在这些领域中，原型制作被广泛地用于产品设计、架构和交互设计。它很少用于企业管理，因为组织行为和战略的本质很少可被形象感知。原型制作在商业和设计交叉领域已经发挥了很长一段时间的作用，例如在工业产品设计上，近些年来，原型制作在诸如流程设计、服务设计，甚至组织与战略设计领域也越来越受欢迎。

尽管术语相同，但产品设计师、建筑师和工程师对什么是"原型"有不同的理解。把原型看成未来潜在的商业模式实例（原型作为用于达到讨论、调查或者验证概念目标的工具）。商业模式原型可以用商业模式画布简单素描成完全经过深思熟虑的概念形式，也可以表现为模拟了新业务财务运作的电子表格形式。

重要的是，不必把商业模式原型看成某个真正商业模式草图。相反，原型是一个思维工具，有助于探索不同的方向——那些商业模式应该尝试选择的方向。例如，如果增加另一个客户细分群体会对商业模式意味着什么，消除高成本资源将是怎样的结果，如果免费赠送一些产品或服务，并且用一些更具创新性的产品或服务替代现在的收入来源又将会意味着什么。制作和使用商业模式原型需要设计者处理结构、关系和逻辑的问题，而这些即使通过更多的思考和讨论的方式也很难达到。要真正理解不同可能性的优点和缺点，以及进一步的调研，需要在不同层次精炼商业模式来构建多个原型。相比讨论来讲，使用原型来互动更加容易产生创意。商业模式原型可能是发人深省的，甚至有点疯狂，因而有助于推动思考。当这一切发生的时候，原型就成为路标，在原本很难想象的方向上指引前进，而不是仅仅作为将要实现商业模式的说明。探究应该意味着一个无比严格的探索最佳解决方案的过程。只有经过深入的探究，才能有效地选择一个原型，并在设计成熟后来实施。

对于商业模式探究的过程，商业人士可能显示出两种反应。有些人可能会说："嗯，那是个好主意，只是我们如果有时间去尝试不同选项就好了。"还有些人可能会说："市场调研相对于提出全新商业模式来说，同样是一个好办法。"这两种反应都是危险的偏见。

第一种反应假设，"一切照旧"或逐步改进就足以在今天竞争的环境下生存了。一般来说，这条路将走向平庸。那些没花时间开发或做出创新商业模式原型的企业有被边缘化的风险，甚至被更多活跃的竞争者所超越或者被不知道从哪里冒出来的挑战者颠覆。

第二种反应假设，当设计一个新的战略选项时，数据是最主要的考虑因素。事实并非如此。在长时间费劲构造一个强有力的全新商业模式原型过程中，市场调研只是一个单一输入，基于此的商业模式才有可能胜过竞争对手或者开发全新的市场。

全新的、可改变游戏规则的商业模式源自深入的、不懈的探究。

### 5. 故事讲述

在商业世界里，讲故事是一门被低估、被轻视的艺术，讲故事可以让新的商业模式变得更形象生动。

本质上，新颖而富有创意的商业模式经常是晦涩难懂的，它们通过全新的方式组合各种元素，挑战现行的模式，它们迫使听众们打开思路，去接受这些新的可能。面对这些陌生模式，听众们很有可能会产生本能的抵触。所以，将新的商业模式呈现出来，而又不招致抵触情绪，呈现的方法就变得至关重要。就像商业模式画布有助于绘制和分析新模式一样，讲故事能更有效地表达新的商业模式和理念。好的故事能引起听众的兴趣，所以，讲故事是一种理想的工具，可以为深入讨论商业模式和其内在逻辑预热。讲故事其实是利用了商业模式画布的说明能力，打消人们对未知事物的疑虑。

要讲故事的理由如下：

（1）介绍新事物。新的商业模式创意在公司的任何一个地方都能涌现出来。有些想法可能很棒，有些可能一般，还有些可能根本不可行。即使是极优秀的商业模式，要想得到各级管理层的点头认可，最终被采纳为公司的发展战略，也颇费周折。所以，有效地向管理层推销新的商业模式创意变得至关重要。这时，"讲故事"就显得至关重要了。虽然管理层最终只对数字和事实感兴趣，但讲一个恰到好处的故事绝对可以博得他们的关注。要想不拘泥于细节，而又能快速地勾勒出一个创意的雏形，讲一个好的故事是一种可以让人信赖的方式。

（2）推销给投资者。如果一个创业者，经常需要把想法或是商业模式推销给投资者，或是一些潜在的股东，可以采取讲故事的方式。投资者和其他一些利益相关者真正想知道的是如何为客户创造价值，在创造价值的过程中，如何赢利。这些问题才是故事背景。着手筹备商业计划之前，通过讲故事的方式来介绍商业模式是最理想的。

（3）鼓励员工参与其中。在一个公司从现有的商业模式过渡到一个新的商业模式的过程中，公司必须说服员工参与其中。员工需要对新的商业模式有一个清晰的认识，理解新的商业模式对于他们的意义。所以，公司需要鼓励员工参与到新的商业模式的建设中。在这方面，传统的以文字为主的幻灯片展示达不到很好的效果，用一个吸引人的故事作为背景介绍（辅以幻灯片、图画以及其他一些技巧），能够更好地调动听众的积极性，赢得人们的注意和好奇心，这可以为下一步的细节讨论奠定基础。

### 6. 情景推测

在新的商业模式的设计和原有模式的创新上，情景推测能起到很好的作用。同可视化思考、原型制作、故事讲述一样，情景推测把抽象的概念变成具体的模型。它的主要作用就是通过细化设计环境，帮助人们熟悉商业模式设计流程。这里，有两种类型的情景推测。

第一种情景推测描述的是不同的客户背景：客户是如何使用产品和服务的，什么类型的客户在使用它们，客户的顾虑、愿望和目的分别是什么。这种建立在客户洞察之上的情景推测更进一步把对客户的了解融入一组独特、具体的图像中。通过描述特定的场景，关于客户的情景推测就能把客户洞察具体形象地表现出来。

第二种情景推测描述的是新的商业模式可能会参与竞争的未来场景。这里的目的并不是要去预测未来，而是要具体形象地草绘出未来的各种可能情况。这种技巧训练能帮助创新者，对未来不同的环境设计出最为恰当的商业模式。在这一领域的商业战略文献中，都称这种技巧为"情景规划"。在商业模式的创新中，运用这种情景规划技巧"迫使"设计者去思考商业模式在特定的环境下可能的演变趋势，这样加深了设计者对于模式的认知和可能有必要调整的理解。最为重要的是，它帮助设计者更好地来迎接未来的商业环境。

## 第3节 商业模式分析与借鉴

### 一、自带优势的电商模式

自带优势的电商模式

随着时代的发展，电商如今非常受欢迎，尤其是年轻群体，都喜欢网上购物。每逢"双11""618"等活动季，许多消费者都喜欢在网上集中购物。根据中国商务部电子商务司发布的《中国电子商务报告（2022）》，2022年中国电子商务交易额达43.83万亿元。

#### 1. 电商模式认知

电子商务（电商）是指通过电子系统进行产品和服务的交易。由于商业和信息技术一直都在不断地向前发展，因此很难对电子商务的确切范畴有一个明确的定义。《国际电子商务期刊》（International Journal of Electronic Commerce）的总编弗拉基米尔·兹瓦斯（Vladimir Zwass）认为，电子商务是"通过远程通信网络来分享商业信息，保持商业关系，进行商业交易"的活动。除了产品和服务的直接销售以外，电子商务还包括客户服务和支持。因此，电商模式，可以理解为在网络环境和大数据环境中，基于一定技术基础的商务运作方式和盈利模式。

电商模式可以从多个角度建立不同的分类框架，最简单的分类莫过于B2B、B2C、C2C、C2B和O2O等。

B2B（Business to Business），即企业与企业之间交易的电商模式，如企业与上下游厂商之间在网上进行的交易。它的利润来源于相对低廉的信息成本带来的各种费用的下降，以及供应链和价值链整合的好处。如阿里巴巴（1688.com）批发网就是全球企业间（B2B）电子商务的著名平台。

B2C（Business to Consumer），即企业面向消费者的零售交易模式。企业通过互联网为消费者提供一个新型的购物环境——网上商店，消费者通过网络在网上购物、在网上支付。天猫和京东就是典型的B2C平台，企业通过天猫或京东平台将商品或服务销售给消费者就属于这种模式。

C2C（Consumer to Consumer），即消费者和消费者之间的交易模式，一般用于拍卖或交易二手货品。比如一个消费者有一台旧电脑，通过网络进行交易，把它出售给另外一个消费者，此种交易类型就称为C2C电子商务。闲鱼就是一个著名的C2C

平台。

C2B（Consumer to Business），即消费者面向企业的电商模式。通常情况是消费者根据自身需求定制产品，或主动参与产品设计、生产和定价。不少人预言，未来的世界将是数据驱动的世界，用户改变企业，制造商走向个性化，否则他们的经营将非常困难。企业将更关注于灵活性、敏捷性、个性化和用户友好。

O2O（Online to Offline），即线上和线下的电商模式，指将线下的商务机会与互联网结合。企业可以在线上发布、展示自己的商品或服务详情，然后导入线下的门店资料，将线上的浏览量转变为线下门店的客流量，把互联网与实体店完美对接。让消费者在享受线上优惠价格的同时，又可享受线下贴心的服务。

相对于传统实体门店销售，电商模式自带优势，主要表现在交易的虚拟化、低成本、高效率和透明化等。比如 B2C 电商模式下，交易不受时间、空间的限制。理论上，一个企业可以面对全球的消费者，而一个消费者可以随时在全球的任何一家网上商店购物。电子商务还减少了商品流通的中间环节，节省了大量的开支，从而大大降低了商品流通和交易的成本。通过电子商务，企业能够更快地匹配买家，实现真正的产供销一体化，能够节约资源，减少不必要的生产浪费，提高了效率。买卖双方交易的洽谈、签约、货款的支付以及交货通知等过程都在网络上进行。通畅、快捷的信息传输可以保证各种信息之间互相核对，使交易更加透明。

### 2. 电商模式应用案例

随着计算机技术和网络技术的不断更新和完善，互联网得到了快速发展和普及，电子商务在这种环境下有了施展的广阔空间，得到了前所未有的发展。很多企业借助互联网，把部分甚至全部的商业活动放在网上进行。这些企业在开展电子商务的过程中，创造了很多成功的商业案例，例如 Dell 公司、HP 公司、亚马逊、阿里巴巴等。当前，已经有越来越多的企业意识到电子商务的重要性，电子商务成为当今企业进行商务活动的一个重要组成部分，甚至可以说是一种必然。

亚马逊公司是网络上最早开始经营电子商务的公司之一。杰夫·贝佐斯在 1994 年创立了这家电子书店，一年后该公司又建立了自己的网站和电子商务平台，并成功地卖出了第一本书。当时，由于亚马逊在物流方面所面临的限制很少，因此它能够比实体书店提供更多的图书选择。亚马逊一开始只经营网络的书籍销售业务，后来则扩展到范围相当广的其他产品，成为全球商品品种最多的网上零售商之一和全球排名前十的互联网企业。亚马逊建立起了综合的订购和销售体系，并且通过它的在线平台，将这些系统提供给其他零售商使用。

农产品通过电子商务成功销售的案例也非常多。比如在 2013 年，著名的浙江遂昌土猪肉在"聚划算"上创造了奇迹。这是遂昌第一次尝试生鲜产品的网络叫卖，而 3 000 家农户养的土猪肉，也第一次以这样的方式走进了江浙沪的普通老百姓家庭。整个活动在"聚划算"吸引了 100 万人关注，仅仅十分钟，就销售了 1 000 斤；3 天，一共销售 2 万斤。这一次遂昌和"聚划算"的合作，先通过"聚划算"导流，用户下订单，然后遂昌网店协会根据订单让屠宰师傅当日屠宰、切割、包装，并用顺丰快递发货，次日一早就能送达江浙沪的消费者手中。其中储藏和配送采用气调保鲜技术（Modified Atmosphere Packaging，MAP），并利用顺丰的鲜品泡沫盒、冰袋保证猪肉新鲜品质。这种新的保鲜技术，可以达到 7 天保质期，哪怕在炎热的夏季也可以保鲜。试想，早晨收到的肉是昨天刚刚宰杀的,这恐怕是去附近的菜市场也很难做到,这就是互联网的力量,也是生鲜电商的一个成功案例。

### 3. 电商模式应用难点

(1)电商不像实体交易,商品可以当场检验,在这一模式下,往往依靠图片、视频等方式向客户展示商品。因此,商品的拍摄、网页的制作等工作就非常重要。对于许多产品来说,尺寸和颜色的差异对客户来说始终是个问题,因此,产品的退货可能是额外的成本。

(2)电商对搜索排名、物流配送的依赖性一直都很伤脑筋,并产生一定的成本。比如电子商务的搜索排名成为很多电商平台和电商商家进行市场竞争的一种方法。因为只有排名靠前,才代表自己的店铺和商品对比受欢迎,更让人信任,会被更多的人搜索购置。当前电商竞争日益激烈,流量成本不断上涨、用户粘性不足、竞争对手众多等问题也增加了运营成本,使得该模式的利润空间受到挤压。

(3)网络安全风险、标准与规制方面不完善、立法不健全、管理不够规范等都是电商模式经常面临的问题。比如在开放的网络上处理交易,保证传输数据的安全成为电子商务顺利开展的最重要的因素之一。

## 二、备受青睐的免费模式

备受青睐的
免费模式

你曾经遇到过商家为你提供免费的产品或服务吗?在什么情况下?

免费是个很有吸引力的商业模式。从字面上理解,就是白给、白用,满足了很多人占便宜的心理,威力大得惊人。任何销售商或经济学家都会证明在零价格点所引发的需求会是任何其他价格所引发需求的许多倍。免费商业模式不是今天才有的,只是今天变得无处不在,特别是进入互联网时代,免费、开放、共享是其主要特征,很多行业似乎都和"免费"沾边。

### 1. 免费模式认知

免费商业模式,顾名思义,就是以免费的形式向用户提供产品或服务的商业模式。企业利用大众乐于接受"天上掉馅饼"的心理,借助免费手段建立庞大的消费群体。当然,问题是系统性地供应某种免费产品或服务的时候,商家还能赚取可观的收入吗?答案是,要产生利润的话,商家在提供免费产品或服务的同时,必须以某种形式产生收入。

因此免费商业模式主要分为以下几种:第一种是用户暂时免费,旨在后续消费;第二种是用户免费,第三方付费;第三种是用户基本功能免费,增值服务收费。不管什么模式,最终是要赚钱的,这是肯定的。

### 2. 免费模式应用案例

(1)用户暂时免费,旨在后续消费的模式。即通过某种免费的产品或服务来吸引人尝试,最后又通过某种盈利产品和服务来让这些人买单。比如一些城市的公园景点宣称免费,吸引了大量的游客。而游客在游玩的时候,难免要买吃的买玩的,其实就是免了小头得了大头。还有一些餐饮或娱乐场所,向顾客提供免费的花生瓜子等干果,顾客一般都不会拒绝这些免费的福利,但是干果吃多了就容易口渴,于是会消费更多的酒水饮料,消费也就上去了。这些免费模式,我们也可以把它称为"羊毛出在羊身上"的免费模式。

最早的桶装水公司免费送饮水机就是应用了这种模式，安装了饮水机的用户自然后续要买水。吉列剃须刀也用过这样的模式，当同行还在卖剃须刀的时候，他们选择了送剃须刀。吉列首创了可更换刀片的剃须刀，而刀片用时间长了要钝，当一个客户免费拿到了刀架的时候，他会为后续的刀片付钱。由于刀架和刀片是需要配套使用的，故这种模式后来也被称为"诱钓模式"。刀架免费或者以低于成本的廉价出售，而其配套使用的附属产品则以高价出售，成为企业的利润来源。附属产品是其基础产品的一种交叉补贴。如果附属产品需要频繁更换，该模式将给企业带来巨大的利润。

 知识拓展

## 交叉补贴

交叉补贴（Cross Subsidization）是一种定价战略。其思路是，通过有意识地以优惠甚至亏本的价格出售一种产品（称之为"优惠产品"），而达到促进销售另一种产品（称之为"盈利产品"）的目的。"天下没有免费的午餐"，商家之所以愿意以低于成本的价格出售甚至免费赠送消费者产品，是因为交叉补贴的存在。他们不但可以从"盈利产品"中获得补偿在"优惠产品"失去的利润，而且还会有更多的盈利。

（资料来源：编者整理）

（2）用户免费，第三方付费的模式。比如很多媒体的运行模式就是属于这一种。纸媒时代，消费者免费或者以近乎免费的低价（远远低于报纸的采编、印刷、分销等成本）获得报纸，报纸除了传递新闻报道外，广告也被推送到消费者那里。消费者购买了商品，企业也就有了向媒体支付广告费的资金来源。

互联网时代，我们使用互联网浏览新闻的时候，并不需要付费，但是会有企业在互联网上购买广告，于是广告费就成了其收入来源。雅虎是最早提出"内容免费+广告收费"商业模式的著名互联网公司。它最初是一个互联网信息分类查询网站，供人们免费使用，吸引了很多人，导致雅虎的流量暴增。有了流量，雅虎就有了广告收入，于是靠着"免费"这个模式开创了互联网免费的先河。后来谷歌做了更进一步的改良与发展，免费的搜索引擎引人注目，流量越来越大，广告投放也越来越精准，从而获得了大笔广告收入。这种模式也被称为"免费+广告"的模式。在这种模式中，平台的一边是以吸引用户为目的而设计的内容、产品或服务，另一边则是产生收益的广告购买者。有了好的产品或服务以及高流量，平台对广告商会变得更有吸引力，广告收费转而得以用于补贴免费产品及服务。

（3）用户基本功能免费，增值服务收费的模式，即免费增值（Freemium）模式。这是由"免费"（Free）和"额外费用"（Premium）两个词合成的。正如这个词的字面意思所表达的那样，这一商业模式包含两个方面：在免费提供一个产品或服务的基础版本的同时，通过追加费用来获得产品或服务的高级版本。产品的免费版本，目的是让公司建立起一个庞大的初始客户群，并希望以此为基础，在将来吸引更多的客

户，愿意跳转到付费的高级版本。

互联网与服务的数字化是促成这一商业模式发展的主要因素。两者都提供了一种"比特经济"的可能性，使大量产品几乎可以免费再生产，并以低价格进行销售。在最早的免费增值服务中，有一批是开发于20世纪90年代的以网站为基础的电子邮件服务。例如，微软公司的Hotmail为用户提供了一个免费的基础账户，但对一些像无限存储这样的附加功能会收取额外的费用。现在免费增值模式非常常见，比如在不少视频播放平台都可以免费看一些电视剧、电影，但是在观看的时候会弹出很多广告，如果付费升级为会员的话，就可以不受此困扰。一些办公软件，诸如WPS、Office，其基础功能也是不收费的，但是付费到升级版本就能享受一些不错的附加服务。

 知识拓展

## 比特经济

比特经济的概念接近于数字经济的概念。比特经济中的"比特"为计算机专业术语，是由英文BIT（Binary Digit）音译而来，是信息量的度量单位，为信息量的最小单位。美国学者香农在他的信息论奠基之作《交流数学理论》（The Mathematical Theory of Communication）中首次使用了bit一词。

因此有不少人把信息经济称为比特经济，即是一种以电脑字节为基础的经济，而非过去建立在物理原子基础上的经济，所有的交易信息均通过数据传递。比特产品是比特经济中的重要组成部分，是指以比特或比特流形式存在的信息产品和服务，如搜索引擎、电子邮件、电子商务、互联网平台等。比特经济能够规避储存运输成本，大规模地生产和复制，能够满足长尾消费者小众化、多元化和个性化的需求，为消费者节约了时间和精力，也能为生产者带来丰厚的利润。

（资料来源：编者整理）

### 3. 免费模式应用难点

免费模式并非是百试百灵的方法，不能不加区别到处滥用，需要注意其适用的市场条件、适用范围和难点。

（1）通过灵巧的设计，免费模式的适用范围可以很广。一般而言，免费模式适用的市场至少具有客户数量众多、市场足够庞大和产品边际成本低、市场影响力大的特点。

（2）免费模式的适用范围具有鲜明特征，即企业必须确保免费平台有足够强大的吸引力和加载产品或服务的能力，即使无法实现产品或服务的加载，那么企业平台上的信息也应该具有开发价值。

（3）免费模式的难点和关键点是由免费向收费的过渡，企业需妥善处理，否则很容易引起顾客的强烈反感而得不偿失；实施全部免费模式的企业则要确保免费模式中能够传递有利于后期产品销售的信息，对顾客心理产生正面影响，并通过高质量的收费产品巩固成果。

## 三、愉悦加倍的体验模式

愉悦加倍的
体验模式

一直以来,经济学家、营销人员都是把顾客作为理智的购买决策者来研究,因此传统商业更多的是注重产品的功能特色、外形美观、价格优势等。但随着科技、信息产业的日新月异及财富的增加,人们的需求在不断改变,消费习惯也发生巨大变化。消费行为已经不再是单纯的购物,而是向精神层面的满足感延伸。

### 1. 体验模式认知

著名的未来学家阿尔文·托夫勒(Alvin Toffler)在《未来的冲击》(Future's Shock)一书中曾提及:未来将从满足物质需要的制度迅速过渡到创造一种与满足心理需求相联系的经济。在产品经济时代,消费者关注的是产品的数量和质量,企业的营销重点为产品。在服务经济时代,消费者则追求生活质量的提高,服务消费在日常消费中的比重逐渐上升。而在体验经济时代,消费者的消费需求已经不单局限于产品和服务所具有的功能和利益,而是更加注重过程中所获得的符合自身心理需要和偏好的体验,体验成为一种新的经济提供物。

可见,体验模式是满足体验式消费的新型商业模式,这种模式认为消费者的体验对其购买行为产生很大的影响。它强调从生活情境出发,通过塑造人们的感官体验与心理认同感,激发消费者的消费意识与消费行为。采用这种模式为企业带来的价值主要体现在三个方面:

(1)在体验模式中,一个产品或服务的价值会因其提供的额外体验而增加。比如当咖啡作为普通产品贩卖时,可能非常便宜;当咖啡被包装为品牌商品,并有了品牌故事后,价格就直接翻倍了;当其在古典怀旧的咖啡店中出售,并加入"服务""气氛""格调",成为一种香醇与美妙的"体验"时,一杯就可能卖几十块钱甚至上百块钱。增添产品的"体验"含量,能为企业带来可观的经济效益。

(2)良好的体验能够提升企业的差异化竞争力。差异化是企业的制胜法宝,千篇一律的模式没有新意,只有差异化才能完美胜出。体验模式下,企业除了设计产品或服务以外,还创造了独特的体验和印象,它为客户提供的是一种更加丰富的体验,而不仅仅是产品的功能,从而把自己和竞争对手区分开来。

(3)良好的体验能为企业赢得客户忠诚度,形成口碑,最终建立强大的品牌形象。体验模式是一种从消费者的感官、情感、行动等多个方面设计的营销思维方式。在客户体验中,企业提供的不仅仅是产品或服务,它提供最终体验,并充满了情感的力量,给客户留下难以忘却的愉悦记忆。体验模式的威力在于使客户以个性化的方式参与其中,通过体验对品牌产生情感寄托,从而成为品牌的忠诚客户。产品是有形的,服务是无形的,而创造出来的体验是令人难忘的,这就是体验模式的力量。

### 2. 体验模式应用案例

体验模式的先驱之一是成立于1980年的Restoration Hardware公司。这家连锁店销售重现永恒经典的家具和具有历史意义的家具和家居饰品的复制品。消费者完全沉浸在家具店所营造的那种舒适和安静的怀旧氛围中,这种氛围激发了他们在这个日益错综复杂的世界中过一种简单生活的渴望。

总部设在美国华盛顿州西雅图的星巴克是一家咖啡连锁店。目前，在全球 82 个市场开了 3 万多家咖啡店。全球的星巴克咖啡店都为消费者提供多种食品和饮料，包括咖啡、点心、快餐、茶、三明治和包装食品等。它的咖啡产品也包括了多种"美食家"类型的饮品，如拿铁咖啡和冰咖啡。此外，星巴克还提供一系列特色产品和服务，它们一道构成了星巴克独特的体验，如免费 Wi-fi、让人放松的音乐以及舒适的氛围和家具。通过采用体验式销售模式，提供多种除咖啡以外的特色产品和服务，使星巴克的知名度越来越高，消费者的忠诚度也逐渐上升，最终实现了收入的增长。

体验型购物中心，作为商场同质化时代提出的一个新名词，在国内也有一批经验丰富的地产运营商在付诸实践。比如上海新天地是国内情景商业的卓越代表，以 6 万平方米的街区式商业营造了一种集历史、文化、购物、休闲为一体的情景式商业群落，成为上海建筑的代表之一。如今的新天地已经成了上海的新地标，是领略上海历史文化和现代生活形态的最佳场所。从本质上说，上海新天地是一个典型的情景式购物中心，保留、修缮旧址，保存每一个历史的细节，同时根据环境对商业进行设计规划，商业与海派文化互相补充，成为一个统一的整体。可以说，上海新天地的成功是文化情景体验式商业的成功。

### 3. 体验模式应用难点

（1）产品及服务质量是前提。体验模式的应用是建立在企业产品及服务质量过关、技术已较为先进的基础上的，也就是产品的质量和功能已经基本满足了消费者的当前需求，消费者才会将注意力转而关注更高层次的"情感满足"上来。否则，产品的质量和功能不过关，空谈体验式营销，不但不会满足消费者感性上的需求，还会为其带来较大的消费心理伤害，破坏公司的声誉。

（2）把握消费者心理需求是关键。以消费者为中心是企业应用体验模式的基本指导思想。体验要建立在满足消费者需求的基础上，在大数据时代，了解消费者需求要借助数据获取、积累和分析。企业要充分利用内外部资源，建立健全企业与消费者沟通的平台。

（3）创新是体验模式的源动力。企业要不断推陈出新，才能满足消费者不断变化的情感体验需求。

## 四、积少成多的长尾模式

积少成多的长尾模式

只要产品的储存和流通的渠道足够大，众多小市场也能汇聚成与主流相匹敌的市场能量。

### 1. 长尾模式认知

长尾（The Long Tail），最初由《连线》的总编辑克里斯·安德森（Chris Anderson）提出，用来描述诸如亚马逊公司、奈飞（Netflix）之类的网站的商业模式，指的是那些原来不受到重视的销量小但种类多的产品或服务，由于总量巨大，累积起来的总收益超过主流产品的现象。因此，所谓长尾模式是指，只要产品的储存和流通的渠道足够大，需求不旺或销量不佳的产品所共同占据的市场份额可以和那些少数热销产品所占据的市场份额相匹敌甚至更大，即众多小市场汇聚能产生与主流相匹敌的市场能量。长尾市场也称为"利基市场"。"利基"一词是英文"Niche"的音译，意译为

"壁龛",有拾遗补缺或见缝插针的意思。长尾模式如图6.1所示。

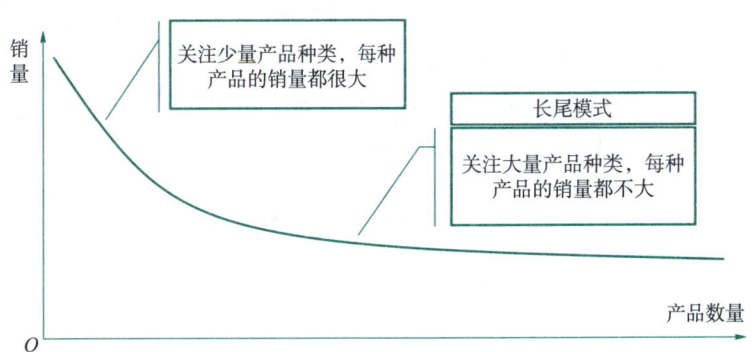

图 6.1 长尾模式示例

由于成本和效率的因素,过去人们往往更关注人或事曲线的"头部",而处于曲线尾部的大多数人或事会被忽略。例如在销售产品时,厂商关注的是少数几个"VIP"客户,无暇顾及在人数上居于大多数的普通消费者。而在网络时代,由于关注的成本降低,人们开始关注曲线的"尾部"产生的总体效益,甚至会超过关注曲线的"头部"。所以网络时代也是长尾产生效益的时代。通俗来说,传统经济追求的是规模生产和销售,品种越少,成本越低;而长尾模式追求的是范围经济,就是品种越多,成本越低。规模经济通向单一品种大规模生产,范围经济通向小批量多品种。长尾模式实际就是如何从单纯依靠规模经济逐步转向依靠范围经济,从大规模生产销售转向小众化营销。

"长尾理论"被认为是对传统的"二八定律"的彻底叛逆。二八定律是1897年意大利经济学家帕累托归纳出的一个统计结论,即20%的人口享有80%的财富。当然,这并不是一个准确的比例数字,但表现了一种不平衡关系,即少数主流的人(或事物)可以造成主要的、重大的影响。以至于在传统的营销中,商家主要关注在20%的商品上创造80%收益的客户群,往往会忽略了那些在80%的商品上创造20%收益的客户群。在上述理论中被忽略不计的80%就是长尾。在互联网的促力下,被奉为传统商业圣经的"二八定律"开始有了被改变的可能性。

 **知识拓展**

## 帕累托法则

帕累托法则由意大利经济学家帕累托提出,又称80/20法则、二八定律、帕累托定律、最省力法则、不平衡原则等。该法则认为,原因和结果、投入和产出、努力和报酬之间存在着无法解释的不平衡。结果、产出或报酬的80%取决于20%的原因、投入或努力。应用在商业领域,包括诸如现有的产品或服务的20%创造了80%的利润;商家应致力于提供优质服务,以最大努力来留住为公司提供80%利润的20%的客户等。

(资料来源:编者整理)

克里斯·安德森认为有三个经济触发因素在媒体行业引发了长尾现象。

（1）生产工具的大众化。不断降低的技术成本使得个人可以接触到之前昂贵的工具。如果有兴趣，任何人现在都可以录制唱片、拍摄小电影或者设计简单的软件。

（2）分销渠道的大众化。互联网使得数字化的内容分发成为商品且能以极低的库存、沟通成本和交易费用，为利基产品开拓新市场。

（3）连接供需双方的搜索成本不断下降。销售利基产品真正的挑战是找到感兴趣的潜在买家。现在强大的搜索引擎、推荐工具、用户评分和关注大量产品种类的兴趣社区，让供需双方能够更容易地找到对方。

### 2. 长尾模式应用案例

创建于1994年的在线零售商亚马逊和创建于1995年的网上交易平台eBay都是应用长尾模式的先驱。图书出版业是小众产品行业，市场上流通的图书达几百万种。大多数图书很难找到自己的目标读者，只有极少数的图书最终成为畅销书。由于长尾书的印数及销量少，而出版、印刷、销售及库存成本又较高，因此，长期以来出版商和书店的经营模式多以畅销书为中心。网络书店和数字出版社的发展为长尾书销售提供了无限的空间市场。在这个市场里，长尾书的库存和销售成本几乎为零，于是，长尾图书开始有价值了。销售成千上万的小众图书，哪怕一次仅卖一两本，其利润累计起来可以相当甚至超过那些动辄销售几百万册的畅销书。如亚马逊高管史蒂夫·凯塞尔所说："如果我有10万种书，哪怕一次仅卖掉一本，10年后加起来它们的销售就会超过最新出版的《哈利·波特》。"

在eBay网站上，独立的个体通过在线商品交易创造了长尾效应。每天都有数百万笔交易在eBay上进行。其中不乏一些罕见而独特的产品，比如罗马教皇十六世的大众—高尔夫牌汽车，或是与沃伦·巴菲特共进午餐的机会。

随着互联网的极速扩张，另一些创新者也开始纷纷效仿亚马逊和eBay。奈飞（Netflix）公司将长尾概念运用到了视频租赁业务中，使其流媒体服务得到了迅速扩张。奈飞公司的用户可以在官网上浏览10万多部电影、电视剧和表演，其数量大约是传统音像租赁店的100倍。借助其独一无二的产品广度，奈飞公司完全超越了传统的音像租赁店。不论以什么标准来衡量，拥有千万级别用户的奈飞公司的确是当之无愧的行业翘楚。

再如YouTube网站，也是成功运用长尾模式的公司之一。2005年创建于美国的YouTube公司是世界上最大的在线视频分享网站。2006年，在谷歌公司以16.5亿美元收购了YouTube以后，YouTube成了谷歌公司的子公司。专业用户和业余用户都可以在YouTube网站免费上传和分享内容丰富的视频，包括个人视频、电影、电视剪辑短片、电影短片、教育资料和视频博客，并且几乎没有时效限制。视频储存的低成本为大规模多样化内容的提供创造了条件。搜索引擎和目录浏览功能可以帮助YouTube用户快捷地搜寻并播放该网站上的数百万个视频短片，以及在其他网站和社交媒体平台分享YouTube上的视频。

### 3. 长尾模式应用难点

要想成功应用长尾模式，企业必须具备高效管理分销成本的能力。更具体地说，一款小众产品的销售成本大体上不能高于热销产品的销售成本。

消费者无须付出相当高的搜索成本就能够轻而易举地找到所需的利基产品。基于消费者以往的搜索习惯和购买行为而设计的智能搜索引擎和产品推荐系统,能有效地帮助消费者毫不费力地找到他们所需要的产品。另一个减少搜索成本的方法是让消费者自己设计产品。这个概念在大规模订制和用户设计模式中应用比较广泛。在这种模式中,消费者可以调整甚至创造一个全新的产品来满足自己的需求。

## 五、无死角的全渠道模式

无死角的全渠道模式

在信息透明化、碎片化的自媒体时代,顾客收集信息的渠道越来越多。例如,某顾客在小红书浏览达人购物笔记时被种草,在网上挑选商品,然后去实体店铺进行实物查看和试用,用手机拍照发在朋友圈征求意见,如果满意,再去网店下订单,用手机支付,通过快递公司将商品送达自己小区的快递点,自己下班后去快递点拿取。这位顾客购买过程的完成无论是决策、下单,还是付款、取货,都面临着多种选择,每次选择也带有一定的随机性。顾客的全渠道购买,要求企业考虑是否进行全渠道销售,否则企业会由于顾客购买过程选择余地有限而失去他们。

### 1. 全渠道模式认知

全渠道模式是从单渠道、多渠道发展演变而来的,因此要了解什么是全渠道模式,先要搞明白什么是单渠道、多渠道。

从定义上来看,单渠道是只通过一条渠道将产品和服务转移到顾客手中的模式,比如商品仅仅采用连锁门店销售的模式就属于单渠道。单渠道的优势是方便快捷地进行部署,易于检测;让有竞争优势的品牌垄断市场,实现利润最大化。但是单渠道模式严重限制了潜在客户的规模和多样性,也约束了更多营销线路和场所。

多渠道模式是指企业通过不同类型的可触达消费者的渠道或平台,在每一个单一平台中和消费者进行互动。比如电子商务出现后,不少企业既通过线下实体店铺销售商品,又在线上商城销售商品。每条渠道完成渠道的全部而非部分功能,相互之间并没有统一的操作标准和规范。多渠道模式下,企业能够触达更广泛、更多样化的受众,并可以在不同渠道利用不同的营销活动策略抓取潜在的消费者需求。但是由于这些多样的渠道并不能流通以及实现连接,往往带来渠道冲突并导致运营效果低下,如分散渠道,几套人马,管理成本上升;内部恶性竞争,抢夺资源,团队内耗、资源浪费;外部价格不同、促销不同、服务不同,顾客体验冰火两重天等。

2011年,美国贝恩咨询公司的研究员达雷尔·里格比(Darrell Rigby)在《哈佛商业评论》发表了文章《购物的未来》(*The Future of Shopping*),提出"随着形势的演变,数字化零售正在迅速地脱胎换骨,我们有必要赋予它一个新名称"Omni-Channel Retailing",即翻译为全渠道零售。里格比认为,在零售过程中零售商在线上和线下的销售渠道是相互关联,并且是互相补充的,数字化零售正在快速改变传统零售。

因此,我们可以把全渠道定义为企业为了满足消费者在任何时候、任何地点、任何方式购买的需求,采取尽可能多的渠道类型进行组合和整合销售的行为,这些渠道类型包括有形店铺和无形店铺,以及信息媒体(网站、呼叫中心、社交媒体、Email、微博、微信）等，提供给顾客无差别的购买体验。全渠道和多渠道的主要区别在于，多渠道是不协调的，每个渠道是独立运作的，而全渠道是协调的。换句话说，通过全渠道模式，所有渠道都可以无缝协作，为客户提供一致的体验。

### 2. 全渠道模式应用案例

小米科技有限公司通过十余年的积累和摸索，形成了较为成功的全渠道模式，主要表现在三个方面。一是全渠道梯度协同。小米有品、小米商城是线上商城，小米之家是线下实体店铺，线下线上的相互引流，向用户介绍更丰富的小米产品系列。比如用户在小米之家购买商品时，店员会引导用户在手机上安装小米商城App，这样用户如果喜欢小米的产品，下次购买就能通过手机完成，而且在小米商城，用户可以在更全的品类中进行挑选。二是全产品线相关协同。比如，线下门店可以优先选择线上被验证过的畅销产品。如果是新品，可以根据口碑和评论来观察，比如看前一周的评论，评论不好的不上架。公司可以根据大数据安排不同地域小米之家的选品，并且统一调度。三是全供应链数据协同。小米前端建设全渠道体系，后端建设数据中台，提升信息化能力，为市场前端赋能。比如通过数据采集、数据清洗，形成数据集市，然后通过数据分析，改进流程，提高业务效率。

良品铺子做的全渠道模式也比较成功。良品铺子早在2015年就与IBM、SAP、华为等企业达成战略合作协议，共同开发O2O全渠道业务平台。它打造了商品中心、价格中心、会员中心、营销中心、订单中心和库存中心，整合线上线下渠道，实现全渠道会员管理和企业运营。同时，启动手机App项目作为全渠道连接器，公司几千家门店实现了线上和线下的联合营销，购物渠道不再是简单的物理或空间的区别。"手机"为门店创造新的场景销售和新增流量机会，线上订单、线下门店配送或自提等新的场景实施有效地提高企业运行效率。其门店除了承载购物体验之外，还将发挥身处社区的功能，成为生活服务中心。

### 3. 全渠道模式应用难点

企业是否能够运用全渠道模式，需先了解一下全渠道的三大特征，即全程、全面、全线。全程，一个消费者从接触一个品牌到最后购买的过程中，有五个关键环节，搜索、比较、下单、体验、分享，企业必须在这些关键节点保持与消费者的全程、零距离接触；全面，企业可以跟踪和积累消费者的购物全过程的数据，并在这个过程中与消费者及时互动，掌握消费者在购买过程中的决策变化，给消费者个性化建议，提升购物体验；全线，即渠道全线覆盖，包括实体渠道、电子商务渠道、移动商务渠道等。全渠道不仅是企业商品所有权转移的渠道，也涵盖了信息、生产、物流、资金等各方面的渠道，同时需要通过一定的技术手段将涉及线上线下的渠道进行全面融合。因此，企业能否真正运用全渠道模式，需要具备以下条件：

（1）企业需要深入了解客户的需求和行为。企业还需要具备支持多渠道的技术，并且能够跟踪这些渠道的数据。

（2）企业需要相关资源来管理全渠道策略的各个方面，包括要有一个能够协调各渠道工作的团队，并能保持同步。

（3）企业需要做好准备，不断发展全渠道模式。企业需要随着客户需求和行为的变化而改变，并不断适应新技术的应用，这意味着对新想法持开放态度，尝试新事物并根据需要进行调整。

事实上,随着零售业的发展,全渠道模式的研究已经从初期的营销策略优化到渠道管理结合其他经营要素过渡,如组织模式、企业绩效等。企业的全渠道整合不仅仅体现在渠道的整合管理等方面,还包括目标顾客、运营方式、组织架构、客户价值以及盈利模式等各方面的整体变革。

##  本章小结

● 框架内容

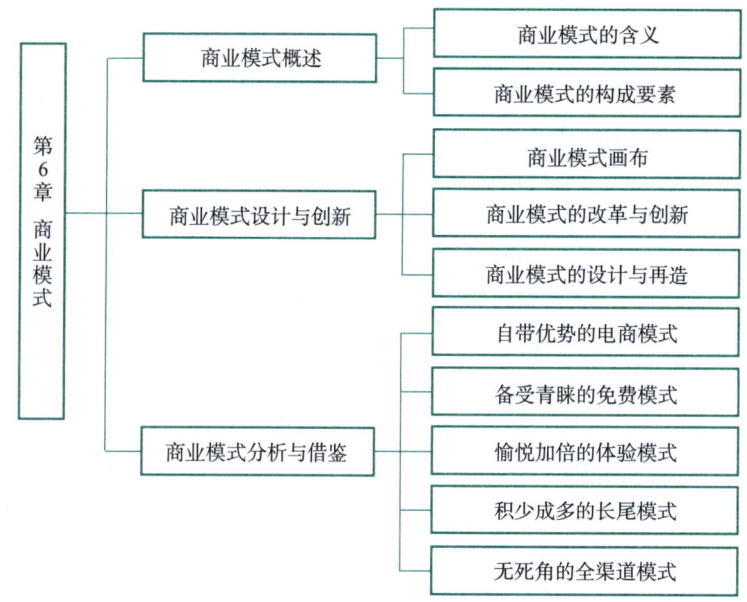

##  理论自测

理论自测

□ 选择题

1. 下列说法错误的是（　　）。
 A. 自从商业诞生的那一天起,商业模式就随之诞生
 B. 自人类社会分工后,商业模式的创造与革新从未间断
 C. 直到互联网时代,"商业模式"作为一种商业术语才逐渐被人们熟知
 D. 商业模式诞生于美国 20 世纪 50 年代

2. 成功的商业模式特征包括（　　）。
 A. 具有独特性和创新性　　　　B. 商业模式是难以模仿的
 C. 成功的商业模式是脚踏实地的　D. 成功商业模式具有可复制性

3. 商业模式构成要素包括（　　）。
 A. 客户定位　　B. 赢利模式　　C. 关键资源能力　D. 企业价值

4. 关于商业模式画布,下列说法错误的是（　　）。
 A. 商业模式画布是一种用来描述商业模式、可视化商业模式、评估商业模式以及改变商业模式的思维工具

B. 商业模式画布是亚历山大·奥斯特瓦德、伊夫·皮尼厄在《商业模式新生代》（Business Model Generation）（2011）中提出来的

C. 商业模式画布把企业商业模式分成六个关键模块

D. 商业模式画布把企业商业模式分成九个关键模块

5. 商业画布包括（　　）等模块。

　A. 关键业务　　　B. 价值主张　　　C. 核心资源　　　D. 收入来源

6. 商业创新的方法有（　　）。

　A. 战略定位创新　　　　　　　B. 内部资源能力创新

　C. 外部商业生态环境创新　　　D. 混合商业模式创新

7. 商业设计的方法包括（　　）。

　A. 洞察客户　　　B. 构思创意　　　C. 可视化思考　　　D. 原型制作

8. 先免费送饮水机，后期卖桶装水赚客户钱属于（　　）。

　A. 免费增值模式　B. 诱钓模式　C. 体验模式　D. "免费+广告"模式

9. 在长尾模式中，处于长尾的产品面对的客户对象是指（　　）。

　A. 大量不同需求的细分群体　　　B. 少量不同需求的细分群体

　C. 大量相同需求的细分群体　　　D. 少量相同需求的细分群体

10. 下列属于全渠道模式特征的是（　　）。

　A. 全程　　　　B. 全线　　　　C. 全面　　　　D. 全局

□ 判断题

（　　）1. 小到便利店，大到超市、商场、企业都有各自的商业模式。

（　　）2. "商业模式"一词于20世纪90年代后期才开始广泛使用和传播。

（　　）3. 商业模式的核心意蕴在于"模式"。

（　　）4. 商业模式就是描述与规范了一个企业创造价值、传递价值以及获取价值的核心逻辑和运行机制。

（　　）5. 商业模式对企业是可有可无的。

（　　）6. 价值提供，即企业通过其产品和服务所能向消费者提供的价值。

（　　）7. 客户群体，也称客户定位，即企业所瞄准的消费者群体。

（　　）8. 核心资源，即企业执行其商业模式所需的能力和资源，包括资金、人才等，用来描绘让商业模式有效运转所必需的最重要的因素。

（　　）9. 成本结构，也称收益流，即企业从每个客户群体中获取的现金收入。

（　　）10. 可视化思考，是指使用诸如图片、草图、图表和便利贴等视觉化工具来构建和讨论事情。

□ 理论自测步骤

1. 学生打开中国大学慕课平台https：//www.icourse163.org/。

2. 平台首页输入"中华商文化"查询，加入课程学习。

3. 在左侧导航列表中选择"测验与作业"，在"专题六　商业模式"中，单击"前往测验"，进入测试页面。

4. 在限定时间内完成测试。测试完毕，系统自动评卷。

## 应用自测

**1. 总体要求**

根据本章节学习的商业模式画布，选择一家企业，从客户群体、价值主张、渠道通路、客户关系、收入来源、核心资源、关键业务、重要合作、成本结构等九个关键模块绘制商业模式画布。

**2. 自测目标**

（1）加深学生对商业模式画布的理解；

（2）让学生对九个关键模块有进一步的认识；

（3）训练学生搜集、归纳、整理信息以及呈现展示的能力。

## 商道传承

1. 见端知末，预测生财。——《夷坚志》

2. 能办货，置货不苛，蚀本便经。——《商训》

3. 商贾者，以通货为本，以鬻奇为末。——《潜夫论》

4. 富在术数，不在劳身；利在势居，不在力耕也。——《盐铁论》

5. 夫商与士，异术而同心。故善商者，处财货之场而修高明之行，是故虽利而不污。故利以义制，名以清修，天之鉴也。——《故王文贤墓志铭》

6. 思路决定财路，一切都是人为。——中国古代商业谚语

# 参 考 文 献

[1] 李强. 中国商业文化简史[M]. 北京：商务印书馆，2021.
[2] 成光琳，杜柳. 中国商贸文化[M]. 北京：高等教育出版社，2019.
[3] 刘卫东，田锦尘，欧晓理，等. "一带一路"战略研究[M]. 上海：商务印书馆，2017.
[4] 刘正. 刚粤商好儒[M]. 广州：中山大学出版社，2016.
[5] 郭斌，王真. 商业模式创新[M]. 北京：中信出版社，2022.
[6] 房秀龙，林锋. 中华商业文化史论：变异的传统商业文化[M]. 北京：中国经济出版社，2011.
[7] 吴慧. 商业史话[M]. 北京：社会科学文献出版社，2011.
[8] 欧阳逸飞. 中国商道[M]. 北京：中国华侨出版社，2011.
[9] 王婉芳. 中国商贸与文化传承[M]. 北京：中国人民大学出版社，2015.
[10] 肖东发. 商贸纵观：历代商业与市场经济[M]. 北京：现代出版社，2014.
[11] 杨紫元. 商业文化与素养[M]. 北京：高等教育出版社，2016.
[12] 张明来，张含梦. 中国古代商业文化史[M]. 济南：山东大学出版社，2015.
[13] 张宝忠，俞溆，陈君. 中华商文化[M]. 杭州：浙江大学出版社，2018.
[14] 王茹芹. 中国商路文化[M]. 北京：高等教育出版社，2018.
[15] 朱偰. 大运河的变迁[M]. 南京：江苏人民出版社，2017.
[16] 王国平. 杭州运河历史研究[M]. 杭州：杭州出版社，2006.
[17] [英]彼得·弗兰科潘. 丝绸之路：一部全新的世界史[M]. 杭州：浙江大学出版社，2016.
[18] 伍鹏. 浙江海上丝绸之路文化[M]. 北京：经济科学出版社，2016.
[19] 王俞现. 中国商帮600年[M]. 北京：中信出版社，2011.
[20] 梁小民. 走马看商帮[M]. 上海：上海书店出版社，2011.
[21] 陈海忠，杨一琼. 浙商文化教程[M]. 杭州：浙江工商大学出版社，2018.
[22] 吕福新. 浙商的崛起与挑战——改革开放30年[M]. 北京：中国发展出版社，2009.
[23] 胡祖光，叶建华，吕福新. 浙商模式创新经典案例[M]. 杭州：浙江人民出版社，2013.
[24] 兰建平. 从"老四千精神"到"新四千精神"[J]. 今日浙江，2009，7.
[25] 杨黎光. 大国商帮：承载近代中国转型之重的粤商群体[M]. 广州：广东人民

出版社，2016．

[26] 谢立民．湘商崛起［M］．北京：中国经济出版社，2013．

[27] 庞利民．晋商与徽商（上、下卷）［M］．合肥：安徽人民出版社，2017．

[28] 张友谊．鲁商文化与齐鲁文化［M］．济南：山东人民出版社，2010．

[29] 陈学文．龙游商帮研究——近世中国著名商帮之一［M］．杭州：杭州出版社，2004．

[30] 庄丹华．宁波商帮文化教程［M］．北京：北京理工大学出版社，2016．

[31] 戎彦．浙江老字号［M］．杭州：浙江大学出版社，2011．

[32] 刘强．中华老字号业态创新：理论、路径与案例［M］．杭州：浙江人民出版社，2017．

[33] ［瑞士］亚历山大·奥斯特瓦尔德．商业模式新生代［M］．北京：机械工业出版社，2015．

[34] 吴声．新物种爆炸［M］．北京：中信出版社，2017．

[35] 高建华．赢在顶层设计：决胜未来的中国企业转型、升级与再造之路［M］．北京：北京联合出版公司，2015．

[36] 许宁．蜕变：传统企业转型心法与手法［M］．北京：中信出版社，2016．